Ô VERLAINE !

DU MÊME AUTEUR

Bandes dessinées

Gens de France et d'ailleurs (Éditions Ego comme X)

Romans

(Tous chez Julliard)

Rainbow pour Rimbaud

L'Œil de Pâques

Balade pour un père oublié

Darling

Bord cadre

Longues peines

Les Lois de la gravité

Ô Verlaine ! (Prix Charles-Exbrayat, 2004)

Je, Francois Villon

Le Magasin des Suicides

Le Montespan (Prix Maison de la Presse, 2008)

JEAN TEULÉ

Ô VERLAINE !

roman

Julliard
24, avenue Marceau
75008 Paris

ISBN : 978-2-260-01632-8

Il faudra bien qu'un jour quelqu'un raconte tout ça.

(Paul Verlaine à l'éditeur Vanier,
parlant de son automne 1895.)

1.

Un garçon aux yeux langoureux poussa la porte vitrée d'une boutique. On entendit un bruit de clochettes. Sur le verre de la porte qui s'ouvrit, on put lire : « Léon Vanier éditeur. 19, quai Saint-Michel ».

En entrant, le garçon fit pénétrer dans la librairie le vacarme des travaux sous la Seine — le forage du futur métropolitain. Dans les profondeurs du sol, l'avenir vibrait.

La porte refermée, le local retrouva un silence à peine troublé par le clapotis de l'eau des fleurs qui tremblait dans un vase. Un jeune gros commis en blouse grise arracha la feuille volante d'une éphéméride de 1895, lut la date du jour : « 21 septembre. Tiens, voilà l'automne. » Et il se retourna vers celui qui venait d'entrer.

Coiffé d'un béret et balluchon sur le dos, chaussé de sabots, il avait l'allure d'un fils de paysan. Les mains dans les poches, épaules en arrière, l'air d'évaluer un champ, il s'adressa au commis qui sortait, d'un carton, des livres intitulés *Bonheur*.

La librairie était profonde et étroite. À droite, la

caisse, à gauche, un fauteuil. Devant, une longue table recouverte de recueils. Contre les murs, des rayonnages envahis d'ouvrages de toutes tailles. Un carrelage en damier recouvrait le sol jusqu'à la porte du fond qui s'ouvrit.

Un tout petit homme à moustaches imposantes apparut en se frottant les mains. Il laissa passer devant lui un plus grand à l'air hautain — cheveux bruns lustrés en arrière, sa bouche était un pli amer et ses paupières lourdes de mépris dominaient les vastes vagues de sa cape. Entre les ondulations de la houppelande, le petit homme aperçut le gamin en sabots.

— Il cherche Verlaine, dit le commis.

L'autre grand, dans sa cape, passa en croassant :

— Verlaine, toujours pas crevé celui-là ? Ça viendra. Espérons seulement que ce ne soit pas sur un échafaud.

L'éditeur se précipita pour lui ouvrir la porte.

— Il paraît qu'hier soir, au Café du Gaz, il a encore blessé quelqu'un d'un coup de couteau.

Dehors, dans le vacarme des travaux, le personnage, rejoignant son fiacre, s'exclama : « Ah, il en aura fait du mal à ceux qui l'ont entouré ! Tant pis pour eux, ils n'avaient qu'à pas être là. »

Le commis était aussi sur le trottoir. Dans la boutique, le petit paysan en profita pour glisser trois livres de Verlaine sous sa veste. Vanier se retourna vers l'enfant qu'il vit de dos : « Les rares fois où l'on demande ses recueils, ce sont toujours de très jeunes gens. Mon employé Lucien a remarqué ça depuis le début de l'été. »

— Ah bon ? fit l'autre hautain en grimpant dans son véhicule. Eh bien, ça leur passera avant que ça me reprenne ! Salut, Vanier. Cocher, à l'Institut !

L'éditeur revint dans sa boutique en se frottant les mains. Parlant du visiteur capé, il demanda au petit paysan : « Vous l'avez reconnu, lui ? c'est François Coppée ! De l'Académie française... »

L'éditeur prit, en vitrine, l'édition luxueuse d'un livre écrit par le locataire du quai Conti. Tranche des pages dorée, sept nerfs à la reliure en maroquin rubis gravée au fer. À l'intérieur, des eaux-fortes délicates protégées par des feuilles de papier cristal.

— Avez-vous lu *Le Reliquaire*. Toute la presse en a dit le plus grand bien.

— Est-ce que je pourrais avoir l'adresse de Monsieur Verlaine, s'il vous plaît ?

Vanier sortit, du carton posé sur la table, un mince recueil à la couverture en papier ordinaire : « Et ça, *Bonheur*, vous connaissez ? »

— Oui.

— Déjà ? Pourtant, c'est sorti récemment.

— Je l'ai pris il y a une semaine à Orléans.

— Orléans, Orléans... Vous l'avez trouvé chez Duchaussoy ?

— Près de la cathédrale.

— Oui, c'est ça, c'est ça...

L'éditeur se frotta les mains puis s'arrêta.

— Que lui voulez-vous à Monsieur Verlaine ?

— Lui dire que je l'aime beaucoup. Je suis venu de Béziers pour ça. Pensez-vous qu'il acceptera de me recevoir ?

Vanier reprit le remue-ménage de ses phalanges : « Alors ça, avec lui, comment savoir ? Paul Verlaine est un très grand poète mais c'est aussi quelqu'un de fort singulier. Il peut être le plus gentil des hommes mais, dame... il a ses mauvais jours. Ça dépend. »

— Où habite-t-il ?

— Rue Descartes, au 18, à l'hôtel de Montpellier, ou alors au 39. Ça aussi, ça dépend...

Et l'éditeur, bonhomme, lui indiqua le chemin : « Vous allez par là et... »

2.

À la fontaine Saint-Michel, entre deux lions de bronze monumentaux assis et dressés sur leurs pattes avant, le petit paysan, qui ne semblait pas encore avoir quinze ans, se rafraîchit la figure et les mains, se massa longuement le cou-de-pied droit.

Le dos de sa veste portait des traces de poussière de bois. Arrivé à Paris dans la nuit, il avait dormi contre des palissades de chantier.

Les lions mythologiques, aux ailes déployées et à l'arrière-train en queue de dragon enroulée, crachaient de l'eau dans l'étonnement du garçon qui ôta son béret. Il passa sa tête sous l'une des cascades jaillies des gueules puis se coiffa soigneusement d'une raie au milieu du crâne.

Il sortit de son balluchon un nœud papillon de premier communiant puis un col en celluloïd à dix-neuf sous qu'il boutonna autour de son cou en regardant le ciel d'un œil professionnel. Il y avait dans l'air une langueur d'automne annonciatrice d'un hiver précoce et redoutable. D'ailleurs, déjà, le vent se levait... L'enfant ajusta son nœud papillon blanc. Il voulait se faire beau pour aller voir Paul Verlaine.

Des porteurs d'eau, un joug sur le dos, emplissaient des seaux de vingt litres dans la fontaine en marbre rose. Puis, les seaux accrochés à deux chaînes qui pendaient aux extrémités du joug, ils repartaient par la rue de la Huchette.

L'adolescent, lui, prit la direction indiquée par l'éditeur. Il remonta le boulevard Saint-Michel. Fils de paysan, il remarqua tout de suite que les arbres de la perspective tracée droite n'étaient pas vieux, à peine une vingtaine d'années. Près de chaque porte d'immeuble, une plaque indiquait « Eau et gaz à tous les étages ». Les hautes fenêtres laissaient entrer beaucoup de lumière. On entendait des pianos faire des gammes dans les vastes salons. Sur le trottoir, un marchand d'oublies (petites gaufres) criait : « Le bonheur, mesdames ! »

Du Soleil d'Or au François-Ier... tous les cafés paraissaient être des palais de fées. Une floraison féminine bigarrée s'y répandait aux terrasses. Ah, la chanson des robes claires lorsque les filles décroisaient leurs jambes ! Et l'étourdissement des parfums à la mode — *Patchouli, New moon hay...*

Assis à l'une des tables rondes alignées et près de deux hommes à chapeau melon à qui il tournait un peu le dos, un étudiant un poil provocateur par la couleur de son couvre-chef — une chapka groseille — referma un livre en faisant la moue. Le petit paysan fila sur lui, ouvrant sa veste : « *Bonheur*, ça vous tente ? »

— Combien ?

— Moitié prix.

Le jeune homme sortit un franc de sa poche en mâchouillant une brindille du coin de la bouche tandis que l'enfant en sabots proposait la même transaction à son voisin — petit monsieur aux épaules étroites avec des moustaches tombant sur un visage doux prolongé par une barbiche.

— J'ai aussi *Parallèlement*, lui dit l'enfant, la bouche en cœur.

« *Parallèlement* ? Tiens, je vais plutôt prendre ça... », sourit le monsieur, tendant une pièce. L'autre homme à chapeau melon s'interposa : « Dis donc, petit, où as-tu volé ces poésies de... »

— Laissez, Michaud, dit calmement, celui qui feuilletait les pages de *Parallèlement*.

Le petit paysan était déjà à une autre terrasse. D'un geste du bras, il semait du Verlaine sur le boulevard. De luxueuses calèches, aux sièges en cuir chocolat, croisaient des cabriolets légers et des lutéciennes bondissant sur les pavés. Quatre chevaux tractaient sans effort un tramway omnibus à impériale.

Un marchand de glaces à la vanille distribuait ses cornets à des enfants à col marin portant sous le bras un voilier qu'ils feraient flotter tout à l'heure sur le bassin du jardin du Luxembourg situé à droite. Le petit paysan tourna à gauche. Rue Soufflot, en face, se dressait le Panthéon : AUX GRANDS HOMMES, LA PATRIE RECONNAISSANTE.

3.

Le cœur de l'adolescent bondit dans sa poitrine. Il eut les mains moites qu'il frotta à son pantalon et des crampes à l'estomac. La gorge lui serrait car il allait voir le plus grand poète vivant.

Contournant le monument par la gauche, il croisa l'envolée de la robe d'un jeune ecclésiastique à long nez et un pensionnat de petites filles conduit par des bonnes sœurs. Devant lui, l'église Saint-Étienne-du-Mont.

Rue Clovis, il tourna à droite et alors là, changement à vue et aussi à l'odeur. Putain, à l'odeur ! Même dans la ferme de ses parents, près de la mare de lisier de porc, ça ne sentait pas aussi mauvais. L'étroite rue Descartes qui s'ouvrait en pente sur le quartier Mouffetard était sans trottoir et à caniveau axial. Des femmes, dans la cohue, y vidaient des seaux hygiéniques et des chiens fouillaient des ordures amoncelées. De chaque côté de la rue, de vilaines hautes maisons noires entassées en arrivaient à se toucher presque. L'ensoleillement y était particulièrement faible. La lumière n'y pénétrait pas.

La disposition anarchique des façades sales et fissurées emprisonnait l'air et aussi l'odeur... L'odeur ! Celle de la Bièvre qui coulait en bas où des tanneurs raclaient et lavaient des peaux, faisant de la rivière un réceptacle de sang et de débris de chairs animales dont les miasmes, venus du pont-aux-tripes, empuantissaient les ombres moisies de la rue Descartes. C'était stupéfiant ! Le petit paysan, qui pourtant n'était pas délicat, en glissa sur une feuille de chou. Un vitrier, portant des rectangles de ciel, passa près de lui en poussant des cris coupant comme le verre : « Viii-trier ! » L'adolescent entendit un orgue moudre un air de malheur et un accordéon déplié étirer sa plainte, crut qu'il s'était trompé de rue. Il était en face du 39, alors il y entra. Dans la pauvre cour emplie d'odeurs de friterie au saindoux rance, il demanda à un morveux de sept ans qui s'épluchait des maladies de peau si c'était bien ici qu'habitait Monsieur Verlaine. Le morveux se tourna vers une loge de concierge à la fenêtre ouverte :

— Maman ! Y a un gars en sabots qui cherche Verlaine !

Derrière les fumées de friterie qui s'échappaient de la fenêtre, une voix de matrone restée dans sa cuisine s'écria :

— Il n'y a jamais eu personne du nom de Verlaine qu'a habité ici !

— Mais, maman !

— François, je te dis qu'il n'y a jamais eu de Verlaine ici !

Ah bon ? Donc, c'était bien ça, il s'était trompé

d'adresse. Le petit paysan sortit rassuré mais sur le trottoir d'en face, un peu plus loin, il lut : « Hôtel de Montpellier ». Ah ben non, c'était la bonne rue... Il croisa des mendiants, des charretiers, des crieuses de tisanes et de vieux chapeaux.

4.

Devant la porte du 18, des femmes en cheveux et combinaisons douteuses fumaient des cigarettes. Il y en avait de trop jeunes et des si vieilles. Certaines étaient édentées. Le petit paysan se faufila entre elles en s'excusant : « Pardon, mesdames. » À l'entresol se trouvait une réception à droite. Une femme apparut à gauche, s'essuyant les mains à un torchon sale. Derrière elle, des harengs grésillaient sur un fourneau en terre.

— Alors, gamin, on veut perdre son pucelage ? Tu t'y prends de bonne heure. T'as vu les filles en bas, qu'est-ce qui te ferait plaisir ? La Rouquine, Poil aux pattes, Nini la vache, La Désossée, Pot à tabac, La Môme, Goutte de sperme, La Sardine, La Merdeuse, Chie par force, Trompe la mort ou Gueule d'empeigne ? C'est cinquante centimes.

— Je cherche Monsieur Verlaine.

— C'est pareil, cinquante centimes.

— On paie pour le voir ? s'étonna le petit paysan.

— Ben, dame, t'es un marrant, gamin ! Comment tu crois qu'ils font, les autres, quand ils viennent se vider ici ? Alors, Verlaine... On ne le réclame jamais, lui. T'es sûr que tu ne préférerais pas Nini la vache ?

— Non merci, madame.

— Bon. Alors, Verlaine... chambre 36, troisième étage au fond du couloir.

Puis elle lui tendit un chandelier allumé : « Tiens, prends ça, sinon t'y verras rien. »

L'enfant posa sur le comptoir le franc d'un *bonheur* vendu tout à l'heure sur le boulevard, ramassa sa monnaie puis il grimpa le sombre escalier en tenant sa bougie à moitié consumée. Il sentit à tâtons la rampe en fer et les marches vermoulues jusqu'au couloir obscur et humide du troisième étage.

La porte de la chambre 36 n'était pas tout à fait refermée. Le petit paysan y frappa timidement puis, devant l'absence de réponse, la poussa doucement.

Il entra dans une pièce de deux mètres sur trois puant le vinaigre et des odeurs de bazar. Une petite table bancale soutenait une cuvette et un broc. Aux murs, un papier peint à quatre sous le rouleau tombait en lambeaux souillés par des crachats et des déjections de toute nature. Des trous dans les murs étaient bouchés par des textes de chansons ordurières. Un journal à images, avec portrait d'un assassin célèbre, jonchait le sol près d'un pot de chambre en fer, plein de choses, et ça sentait mauvais. À la fenêtre, un petit jour de souffrance laissait monter les odeurs pourries de la cour.

Collée à une cloison, une couche, partiellement entourée d'un rideau rouge déchiré qui pendait du plafond.

L'enfant s'approcha d'une forme presque entièrement entortillée dans un drap. Sur l'oreiller, dépassant de la toile vulgaire, ce qu'il prit pour un énorme caillou... Des mèches s'en échappaient ressemblant à des herbes séchées. Il y courait des insectes. L'enfant aux yeux langoureux demanda à cette pierre de bord de chemin :

— Êtes-vous Monsieur Verlaine ?

Les poux paniqués s'enfuirent sous l'oreiller quand la pierre se rida.

— Aouh... Aouh... gémit une âme qu'on aurait réveillée pour lui rappeler un cauchemar.

— Vous êtes malade, maître ?

— Aouh... Aouh..., frissonna, de partout, un corps sous le drap.

— Vous vous êtes couché tard ?

— Aouh... Aouh...

Sur la table de nuit, il y avait des manuscrits, un livre de François Villon et une lettre pleine de fautes d'orthographe : « *Chère poête ! Écri des poème damour sur moi car jais besoin de sous. Je temps brasse. Ton diable, Esther* »

À l'autre bout du matelas, un soulier clouté de vagabond dépassait du drap près d'un pied bandé dans un chausson d'appartement. Et tout le corps se tourna pour aller se tasser douloureusement contre la cloison mitoyenne :

— Aouh... Aouh...

Le petit paysan contempla longuement ce poète jeté à l'oubli au bout du couloir de l'hôtel de passe d'un quartier de misère sordide.

Le vague tas humain, qui tournait le dos à l'ado, resta visage plaqué contre la cloison. Une main anormalement menue, posée sur une épaule, sortit des draps et chassa négligemment le petit paysan, du bout des doigts. L'enfant, dans le couloir, fut décontenancé. Il avait voulu voir Verlaine ? Eh bien voilà, il l'avait vu. C'était ça, Verlaine... Il n'avait plus qu'à reprendre ses sabots et retourner dans sa province. Plus tard, il raconterait à ses enfants : « Un jour, j'ai voulu aller voir Verlaine. » « Ah bon, et qu'est-ce qu'il t'a dit ? » « Aouh, aouh... » « Et puis ? » « C'est tout. »

Laissant sa bougie à la réception, la femme aux harengs grésillants remarqua son désarroi : « Ah, t'es déçu, gamin. Ça ne m'étonne pas. C'est pour ça qu'on ne nous le demande jamais. T'aurais eu plus de satisfaction avec Nini la vache. »

5.

Je suis venu, calme orphelin,
Riche de mes seuls yeux tranquilles,
Vers les hommes des grandes villes :
Ils ne m'ont pas trouvé malin...

À vingt ans un trouble nouveau,
Sous le nom d'amoureuses flammes,
M'a fait trouver belles les femmes :
Elles ne m'ont pas trouvé beau.

Bien que sans patrie et sans roi
Et très brave ne l'étant guère,
J'ai voulu mourir à la guerre :
La mort n'a pas voulu de moi.

Suis-je né trop tôt ou trop tard ?
Qu'est-ce que je fais en ce monde ?
Ô vous tous, ma peine est profonde :
Priez pour le pauvre Gaspard !

6.

Rue Descartes, l'enfant suivit le caniveau axial ne sachant plus où aller. À l'angle des rues de la Montagne-Sainte-Geneviève et de l'École-Polytechnique, il entra au Bar de la Montagne. En pénétrant dans ce café, il entendit une voix s'exclamer :

— Eh ouais, mes cons, c'est comme ça... Le grand poète Verlaine aime beaucoup faire l'amour à ma femme !

Celui qui parlait était debout, adossé au comptoir. Chapeau melon sur la tête et coudes en arrière sur le zinc, il tenait entre ses mains un fin recueil à couverture bleue dont il semblait très fier. Il en feuilletait les pages :

— Tiens, écoutez ce qu'il dit du cul d'Esther :

Je suis foutu. Tu m'as vaincu.
Je n'aime plus que ton beau cul
Tant baisé, léché, reniflé,
Et ton cher con tant piné...

Un porteur d'eau assis dans la salle, ses deux seaux vides sous la table et joug posé contre un mur, s'écria en soulevant la visière de sa casquette :

— Ben moi, je te dis, Lacan, qu'un mec qui écrirait ça sur le cul de ma femme, je le foutrais dans la Seine.

L'autre rétorqua : « Avec ta Madeleine, Daude, on se dit qu'il y a quand même peu de chance que ça arrive... »

Tout le monde rigola. Lacan continua en regardant le dos de son livre :

— Et puis Monsieur Verlaine est sous ma protection. Alors celui qui y touche aura affaire à moi. C'est fragile un poète...

De l'autre côté du bar, le patron — un géant à tricot de laine — mâcha un cigare d'un sou et cracha sec : « Tu ne t'es pourtant pas gêné, toi, hier soir. Quand ta blonde l'a ramené, bourré, du Café du Gaz, le boucan que t'as foutu en le secouant dans les boîtes à monsieur Poubelle... »

— C'est parce qu'il n'écrit pas assez, se justifia l'autre. Et je ne comprends pas ça, moi ! Quand tu rapportes dix sous la ligne, tu peux faire un effort. Il écrit un titre et il signe, ça fait déjà vingt sous... C'est quand même pas compliqué ! Mais non, au lieu de ça, monsieur écrit quand ça lui chante. Alors je peux te dire que si mes autres « marmites » de l'hôtel de Montpellier ne se remuaient pas un peu plus le cul, je serais sur la paille, moi... Sinon, c'est un grand poète, c'est sûr. En forme, il peut me rapporter comme dix filles. Mais il boit trop. C'est ça, le problème...

Le petit paysan était éberlué par ce qu'il entendait. Il s'en assit sur une chaise et commanda ce qu'il y avait de moins cher : une limonade avec du cassis.

— Un pierrot !

Au bar, le jeune souteneur à belles bacchantes reprit :

— Hier soir, quand je l'ai un peu pitonné, il m'a refilé un truc qu'il avait écrit. Alors je lui ai dit : « Ah ben voilà, ce n'est pas mal, ça... » Tiens, je vais vous le réciter. Je l'ai appris par cœur :

Mignonne, allons voir si ton lit
A toujours sous le rideau rouge
L'oreiller sorcier qui tant bouge
Et les draps fous. Ô vers ton lit !

Tout le monde, dans le café au sol recouvert de sciure, pensa qu'effectivement, ce n'était pas mal... Mieux que le premier poème lu, un peu vulgaire. Même le patron, deux nerfs de bœuf accrochés derrière lui (de tailles différentes, dont il usait selon la gravité des cas), trouva ça joli : « *Mignonne, allons voir si ton lit a toujours...* Et donc, toi, là-dessus, tu touches, Lacan ? »

— Ben, dame ! Le rideau rouge, il est où ? À l'hôtel de Montpellier. Et qu'est-ce qui rend les draps fous ? C'est bien le cul de ma femme qu'il y baise dans tous les sens. Je les entends, moi, le soir, de l'autre côté de la cloison !... Alors c'est normal que ça me rapporte un peu, non ?

Et le maquereau expliqua comment il gagnait de l'argent avec sa « marmite » poétique :

— En larmes, il écrit un déchirant poème d'amour pour Esther qui en compte les lignes et va aussitôt le refourguer à l'éditeur Vanier. Ensuite, elle me refile la moitié des sous, garde ce qu'elle veut pour elle et lui laisse le reste. Quand il y en a... parce que, Esther, elle est un peu dépensière.

— Oh, c'est pas con, ça..., fit le patron en allant servir le pierrot au petit paysan.

— Eh non, ce n'est pas con. Mais ça, c'est mieux ! s'exclama le proxo en désignant le livre qu'il avait entre les doigts. Car c'est à moi. C'est moi qui l'ai fait imprimer ! Ce sont tous les poèmes pour Esther dont Vanier n'a pas voulu parce qu'il les trouvait trop cochons. Ça parle de ma femme et il a appelé ça *Femmes* avec un « s » comme si elle était plusieurs, je ne sais pas pourquoi. Ah, les poètes... Tiens, les gars, achetez-moi ça. Deux francs l'exemplaire...

Et le jeune souteneur, en roulant des épaules, circula entre les tables, obligeant tout le monde à lui acheter du Verlaine qu'il sortait d'une poche de sa redingote : « Par ici, la monnaie. Dans la vie, l'instruction, c'est capital. » Oh, tu fais chier, Lacan, dit l'un. Moi, je ne sais pas lire, se justifia un autre. « Ben, ce sera une bonne occasion de t'y mettre. Aboule ton fric ! Toi aussi, gamin, deux balles ! »

L'enfant donna deux pièces et, sur la couverture

en papier bleu, il lut, après le nom de l'auteur et le titre : *Imprimé sous le manteau. En vente nulle part.*

— Sauf à l'hôtel de Montpellier ! s'écria le mac. Maintenant, quand un client a payé cinquante centimes à l'entresol, il doit aussi acheter un recueil aux filles, sinon il redescend ! Ce boxon, je devrais l'appeler l'hôtel de la Poésie.

— Ah, t'as raison ! fit l'un dans la salle, découvrant dans le livre des rimes plus que salaces...

Le patron, sur le zinc, avait proposé à Lacan une partie de zanzibar. Mais le marlou n'avait pas beaucoup d'entrain en secouant les dés dans le cornet :

— Ce qui est embêtant aussi, avec Verlaine, c'est qu'il est jaloux...

— Jaloux ? Mais de qui ? demanda le géant au tricot de laine.

— Ben, des clients d'Esther.

— Comment ça ?

— Ah, tu vois, toi aussi ça t'étonne. Alors je lui dis : « Mais, monsieur Paul, vous connaissez son travail à Esther ! On ne peut pas être jaloux de tous ceux qui baisent une pute. Est-ce que je suis jaloux, moi ? » Ah mais ça, il ne veut pas comprendre — « Je l'aime ! » qu'il me dit — alors pendant plusieurs jours il s'en va et c'est Esther qui doit aller le repêcher dans des débits de boissons.

Lacan continuait de remuer ses dés devant le patron qui s'en agaçait.

— Mais enfin, bon..., se résolut le jeune maquereau, si quand il est là, il écrit, c'est déjà ça...

— Vu ce que tu lui as foutu dans la gueule, hier, à

ta femme à barbe, ce n'est pas aujourd'hui que tu vas avoir beaucoup de sonnets à lire... On ne l'a pas encore vu sortir, ce matin.

— Je ne sais pas quoi faire...

— Joue !

7.

L'adolescent en avait assez entendu, il laissa quinze centimes pour le pierrot et sortit du Bar de la Montagne. À l'entresol de l'hôtel de Montpellier, il demanda à revoir Verlaine.

— Encore ? Dis donc, t'es un pervers, toi !

L'enfant fit ses comptes :

— Je n'ai plus que trente-cinq centimes.

— Bon, allez, ça ira.

Dans le couloir obscur du troisième étage, de l'autre côté de la porte d'une chambre située juste avant celle du poète, il entendit une voix grave à l'accent normand s'indigner :

— Quoi ? Qu'est-ce que c'est, cette connerie ? Alors à c't'heure, il faut aussi acheter de la poésie, ici, pour tirer un coup ? Ah, fi'd'garce, vaut mieux entendre ça que d'être sourd !

— Maintenant, c'est comme ça, mon gros. Si ça te pose un problème, t'as qu'à aller en parler à Lacan. Donne tes deux francs.

Dans la chambre 36, Verlaine dormait toujours sous le rideau rouge. Le petit paysan s'assit sur une chaise près de la fenêtre et, affamé, se régala, en rougissant, de *Femmes* dont il mangeait les pages au fur et à mesure qu'il les avait lues. Scrounch ! Scrounch... Les bruits de mastication réveillèrent le poète qui se retourna :

— Qu'est-ce que vous foutez là, vous ?

L'enfant découvrit un front fantastique d'effrayant dégénéré et des yeux de Chinois ! Un menton fuyant sous une barbe de faune en broussaille. Des pupilles vertes, fluorescentes sous les arcades. Sa face en pierre de démolition avait quelque chose de saisissant, de jamais vu. Le petit paysan en resta stupéfait puis, finissant la couverture, parla, la bouche pleine :

— Che m'appelle Henri-Albert Cornuty et che vous aime beaucoup.

— C'est quoi, ce ciel bleu qui roule dans votre bouche ?

— *Femmes.*

— Ah, vous vous êtes fait refiler ça ? Mais j'espère que vous ne venez pas de la part d'Eugénie... ou d'Esther.

Il entendit des bruits de corps tapant contre la cloison mitoyenne.

— Tiens, écoutez-la, celle-là...

Il s'en désola :

— J'en ai marre... Eugénie, Esther... Elles ne valent pas plus cher l'une que l'autre. C'est la peste et le choléra. Mais aussi, avec ces deux gaupes, c'est bien fini. Ma décision est prise. Vous m'entendez ? Fini ! Plus jamais, je ne reverrai ni l'une ni l'autre... Plus jamais !

Sans bien comprendre, l'enfant déglutit. Le poète, tout habillé et assis sur le lit, le regarda : « Vous mangez mes livres ? »

— Je suis venu d'une ferme, près de Béziers, à pied, pour vous voir. Et dans toutes les villes où je suis passé, je volais vos recueils, les lisais, tentais de les revendre et si personne ne les achetait, je les mangeais.

Verlaine frotta, d'une main, son vaste crâne taché de terre et de croûtes de sang séché :

— Qui vous a donné cette adresse ?

— L'éditeur Vanier.

— Ah, celui-là..., fit-il, l'imitant, en frottant ses mains. Si les deux autres me détroussent en détail, lui me vole en gros. Mais je m'en fous. Je me vengerai. Je lui ai prédit que quand je crèverai, il mourra dans la même année... Vous savez, je suis un peu sorcier.

Les claquements de chair s'accéléraient contre la cloison mitoyenne.

— De sa librairie, reprit le petit Cornuty, j'ai vu sortir François Coppée qui n'a pas l'air de vous aimer beaucoup.

— Coppée ! Cette machine à gloire..., lança Verlaine en se levant et traînant un pied boursouflé et bandé dans un chausson gauche. Avec Rimbaud, quand nous étions jeunes et qu'on voulait rimer des conneries pour rigoler, on se disait : « Viens, allons écrire des vieux Coppée. »

Le poète versa l'eau d'un broc dans une cuvette pour s'y débarbouiller le visage :

— Tout le monde m'abandonne... et les femmes me volent. Mes anciens amis... presque tous sont égoïstes ou obéissent à un calcul. Il n'y a que les ennemis qui ne vous lâchent jamais. Ceux-là tiennent bon, par exemple !

Dans le miroir accroché au mur, il dit au reflet du petit Henri-Albert : « Vous avez l'air étonné. Vous ne me croyez pas ? Patience. L'existence se chargera de vous enseigner ça et bien d'autres choses... à vos dépens, naturellement. »

Puis, se retournant pour essuyer son visage avec une écharpe qui traînait sur la table, il effaça aussi son amertume : « Mais je ne sais pas pourquoi je vous parle de la sorte, grogna-t-il, jetant son écharpe sur le lit. Vous êtes jeune — un bébé par rapport à moi — et je sais qu'il y a encore de braves cœurs sur cette Terre et plus qu'on ne croit. Et vous, en particulier, vous êtes vraiment gentil d'être venu. J'avais un cafard effrayant. »

Lui, qui avait dormi en manteau, prit son chapeau qu'il enfonça du poing sur son crâne et empoigna sa canne :

— Mais ce n'est pas tout ça. Il serait temps d'aller prendre un apéritif sérieux. Vous allez m'aider à descendre l'escalier, vous qui êtes ingambe. Moi, je suis boiteux comme Vulcain ou mieux encore comme la justice, ce qui n'est pas peu dire...

Dans le couloir, il lança un grand coup de canne contre la porte de la chambre 35 :

— C'est pas bientôt fini, là ? Mais qu'on leur jette un seau d'eau !

Se retenant à une épaule du petit Henri-Albert, passant devant la réception de l'entresol, il s'écria en direction de la femme aux harengs :

— Vous direz à la demoiselle Esther et à son « type » qu'ils ont fini de me plaire !

Puis, sortant dans la rue, entre les filles, il gueula :

— Allez, dehors ! Petit bonhomme n'est pas mort...

8.

Le vieux poète scruta les poches vides de son manteau déchiré. « Ah, putain, la kleptomane est encore passée par là ! Bon, tant pis pour l'apéritif... J'ai aussi oublié mon écharpe. Je suis maudit. »

Midi sonnait au clocher de Saint-Étienne-du-Mont. Verlaine, en godillot et chausson, prit le bras du petit paysan qui portait son balluchon sur l'épaule.

— Allons chez Eugénie ! Après tout...

Et, ensemble, ils remontèrent la puante rue Descartes pour entrer sous le porche du 39. Cornuty s'en étonna : « Je suis venu ici, tout à l'heure... mais on m'a dit que vous n'y aviez jamais habité. »

— Ah ça, ce sont les ordres d'Eugénie à la concierge... Aucune visite d'inconnu pour moi ! Quand j'échoue ici, elle a trop peur qu'Esther envoie je ne sais quel émissaire tenter de me reconduire à l'hôtel de Montpellier. Car, voyez-vous, jeune homme, je suis une sorte de sultan très demandé..., plaisanta-t-il de sa voix de tambour voilé. Ce doit être pour la richesse de mes rimes.

Dans la cour malodorante, Henri-Albert reconnut le porteur d'eau vu au Bar de la Montagne. Il posait ses seaux et son joug contre un mur de la loge en demandant :

— Alors, Madeleine, il est-y enfin prêt, c' frichti ?

— Voilà, voilà, Célestin..., s'échappa de la porte ouverte une fumée qui remonta le long de la façade. Ensuite, faudra que tu portes aussi de l'eau chez la Krantz.

— C'est ça..., fit Célestin Daude en entrant dans la loge de sa femme. Quatre étages... Je ne leur remonterai de l'eau que lorsqu'ils auront payé ce qu'ils doivent, eux ! continua-t-il d'une voix tonitruante, en direction de Verlaine et son jeune admirateur qui pénétraient dans la cage d'un escalier casse-gueule, raide comme une échelle de meunier.

— En tout cas, prévint le poète, si l'autre Bismarck, là-haut, est trop de mauvais poil... pour qu'elle vous ait à la bonne, demandez-lui des nouvelles de son rhume. Des fois, ça marche.

À propos de marche, Henri-Albert posait un pied de travers sur celles de l'escalier en soutenant Verlaine qui remarqua ce détail :

— C'est du mimétisme ou, vous aussi, avez mal à une patte ?

— Depuis Clermont-Ferrand, le sabot du pied droit me fait des cloques. À Bourges, j'ai dû m'arrêter huit jours.

— Vous, la patte droite, et moi, la gauche. À nous deux, on fait la paire...

— Elle est méchante la dame chez qui on va ?

demanda Cornuty, un peu impressionné par l'annonce, tout à l'heure, des attentions qu'il faudrait peut-être avoir pour elle.

— Elle a des inégalités d'humeur. Mais bon, c'est une petite maman qui me change mes pansements tandis que l'autre...

L'enfant se sentait bien avec le poète. Ils se parlaient déjà tous deux comme s'ils s'étaient toujours connus.

9.

— Qu'est-ce que c'est que ça ?

Lorsqu'ils franchirent le seuil du sombre deux pièces cuisine, près d'un poêle ouvert, une femme se retourna : « C'est qui, lui ? »

— Un petit garçon qui vole mes livres pour les manger.

— Si tu n'as que ça comme racaille à nous amener, ce n'est pas la peine.

Verlaine s'empara d'une pince accrochée au poêle, y prit dans le foyer une braise qu'il tendit vers la femme :

— Je vais te brûler les cheveux !

Eugénie Krantz poussa un cri strident qui déchira les oreilles. L'enfant en fut suffoqué :

— Comment va votre rhume, madame ?

Cela surprit tout le monde. Verlaine resta le bras en l'air. La femme courut chercher son balai puis revint en toussant :

— Mon rhume ! Ah, il s'agit bien de ça. Ah-hum ! Ah-hum ! Oh ! là, là !... je suis en train de crever, voilà tout. Oui, de crever... ou plutôt de « me » faire crever... à travailler comme une bête pour nourrir, pour soigner un fainéant. Pire qu'un fainéant ! Un saligaud, un homme qui n'a pas honte de se faire entretenir par une femme. Ah-hum ! Ah-hum...

Eugénie Krantz, vilaine quinquagénaire brune frisée à face boursouflée — un petit laideron borné —, galopa à gauche dans la chambre, à droite dans la salle à manger, épousseta avec fureur tous les meubles, bouscula Henri-Albert, lui balaya dans les jambes :

— Oh, le travail ne me fait pas peur. Ah-hum ! Ah-hum ! J'ai toujours travaillé et travaille encore..., continua-t-elle, montrant sa machine à coudre dans la chambre. Je suis giletière à domicile pour La Belle Jardinière. Mais j'ai surtout à m'occuper d'un type qui s'est fricassé la vie et le tempérament à faire des orgies continuelles avec des putains... avec lesquelles il garde encore des accointances, d'ailleurs... surtout une ! Je le vois bien... Je suis malade mais j'ai des yeux... Je ne suis pas une poire. Je suis une honnête ouvrière, moi ! Ce n'est pas comme une certaine autre... Ah ça, non !

Elle se claqua, d'une main, la poitrine puis fila dans la cuisine chercher trois assiettes et réapparut, portant aussi la casserole de soupe qui mijotait sur le poêle :

— À table, tout le monde, puisqu'il y en a ici qui se font inviter chez des gens qui n'ont rien ! Pas même de quoi payer l'eau que le mari de la concierge ne va bientôt plus vouloir nous livrer d'ailleurs...

L'enfant se rua sur la soupe à coups de grands « slurps ! ». Verlaine, en face, coupa du pain dans la sienne en regardant Henri-Albert.

— Elle est bonne ! Elle est bonne ! fit Cornuty qui finissait déjà son assiette.

— Bien sûr que je suis bonne ! s'exclama Eugénie Krantz — parigote bien dessalée. Et je n'ai pas toujours été une humble ouvrière, monsieur ! Autrefois, on m'a jeté des fleurs sur la scène...

— Ah bon ? s'étonna réellement Henri-Albert.

— Jadis, connue sous le coquet pseudonyme de Nini Mouton à cause de ses cheveux frisés, elle levait la patte au bal Bullier, expliqua Verlaine. C'était sous le second Empire..., ricana-t-il ensuite.

— Et j'avais du succès pour mon entrain ! bêla l'ancienne Nini Mouton dont la face était devenue camuse et le cou rentré dans les épaules. Jeune, j'ai eu mon portrait à la une de *La Vie parisienne*. Parfaitement ! Ah, tiens, quand je chantais...

Elle prit une pose mignarde, les bras en cercle autour de sa tête, et se leva pour dire, avec un comique inénarrable, tel quatrain de revue qui dut enchanter... sous Napoléon III. Verlaine chanta aussi. Il semblait adorer ses airs anciens pour leur puérilité : « *Joséphine, elle est malade... Ah, plaignez la pauvre Véronique !* » L'ultradynamique Eugénie prolongea le refrain par une suite de « *tra-la-la* » que Verlaine accompagna en agitant des castagnettes prises sur un buffet. Ça frappa à la porte. Eugénie s'immobilisa :

— Si c'est Esther, je la tue.

L'enfant comprit qu'entre les deux femmes il devait y avoir une haine terrible. « Je vais aller voir », dit le poète. C'était le facteur, muni d'une lettre chargée de billets pour M. Paul Verlaine. 39, rue Descartes. Les cœurs battirent. « Dix livres sterling en argent français : trois cents francs ! »

Le poète se retourna vers Henri-Albert : « Vous êtes un porte-bonheur, petit garçon ! » Puis il résuma la lettre écrite en anglais. « De jeunes admirateurs britanniques me proposent une conférence à Manchester et me paient le voyage en première classe. » Et c'est avec une joie enfantine qu'il montra ses beaux billets à Nini Mouton dont les yeux s'allumèrent de convoitise. Il en glissa un dans la poche de son pantalon « J'irai en deuxième classe » puis donna les autres à Eugénie :

— Tiens, range ça et file acheter de quoi faire un « plat canaille ». Rapporte aussi des flacons poudreux. On va mourir de soif, ici !

Ça frappa à nouveau à la porte : « C'est Esther ! Verlaine, je t'aime pour ton âme ! »

« Ah, ça, c'est cet imbécile de Cazals ! » rigola Verlaine. Eugénie alla lui ouvrir : « Vous, je ne sais pas quand vous aurez fini vos âneries ! » fit la mégère à celui qui venait d'entrer en riant et portant un carton à dessins sous le bras.

Vingt ans, grand, blond, avec une mèche lui barrant le front sous un chapeau à large bord, il était vêtu comme un inc'oyable. Gilet d'un mil huit cent trente extravagant, pantalon en spirale et quelle redingote à carreaux verts et jaunes ! Henri-Albert le regarda avec étonnement.

— Garçon décoratif à sa façon sinon la bonne..., commenta Verlaine. Jeune homme, voici Frédéric-Auguste, outrancier en tout : esprit, talent et costume. Ce n'est pas pour les nuances des coloris de son habillement qu'il est mon ami...

— Ce n'est pas pour les effluves de viande pourrie de sa rue que je viens chez lui..., répliqua Frédéric-Auguste, agitant un mouchoir devant son visage. Cette odeur ! Je n'arriverai jamais à m'y faire...

Le poète présenta Henri-Albert à Cazals : « Parti d'une ferme près de Béziers, il est venu à pied en mangeant mes livres. »

— Ah bon ? Et comment découvre-t-on Verlaine quand on habite là-bas ?

— Mon oncle m'a envoyé *Les Poèmes saturniens* et *Jadis et Naguère* pour mon anniversaire.

— Il est bien, le tonton.

— Oui, il est bien. Mieux que mes parents...

Le dessinateur au grand sourire, posant son carton à dessins sur une chaise, observa le maigre Cornuty au pantalon trop court, veston étroit, qui montraient qu'il était en pleine crise de croissance.

— Tu aurais mieux fait de bouffer du Hugo. *La Légende des siècles* — huit cents pages —, t'aurais été plus gros.

— Ah, en voilà du commentaire ! s'exclama Verlaine, prenant Nini Mouton à témoin. C'est pour ça qu'il faut aller lui acheter à manger. En plus, il a mal à un pied. Il est où, mon chausson droit ? Je vais lui refiler.

— Sous le lit ! Mais ne profite pas de mon absence pour foutre la pagaille. Marre de devoir tout nettoyer derrière un poète peau de balle en variété ! Et d'un gribouilleur insolent. Sans compter maintenant un fugueur qui ne va nous amener que des ennuis...

À ses cris s'étaient mêlés, venant de la chambre, les pépiements d'un serin.

— Mais sinon, Eugénie, comment va ce vilain rhume ? demanda Cazals.

— Mon rhume ! Ah, il s'agit bien de ça, toussa Nini Mouton en commençant à descendre l'escalier avec son cabas. Ah-hum ! Ah-hum ! Oh ! là, là !... Je suis en train de crever, voilà tout. Ah-hum ! Ah-hum...

10.

La quinte de toux s'effaça dans le noir alors Cazals et Verlaine s'esclaffèrent comme des garnements devant Cornuty qui les regarda, de ses yeux mélancoliques, en ce misérable logis situé derrière le Panthéon. Le vieux poète, riant du nez, boita vers le lit en attendant le retour d'Eugénie. Frédéric-Auguste le suivit, disant : « Alors, Paul, il paraît que le délicat poète qui est en toi a encore fait des frasques, hier, au Café du Gaz... Il aurait blessé quelqu'un. Hein... il aurait fait ça, le poète ? »

— S'en souvient-il et qui le sait ? grommela Verlaine.

— Tu ne te rappelles plus ta victime ?

— Non. Comme on dit en Angleterre, j'avais une brique dans le chapeau.

Dans la chambre, près de la fenêtre donnant sur la rue Descartes, une cage à oiseau était suspendue au-dessus d'une petite table de toilette. Le dessinateur entrechoqua ses ongles contre les barreaux rouillés de la cage où chantait un serin :

— On dirait toi...

— Je ne suis pas en cage.

— Tu l'as été si souvent...

Le dessinateur contempla ensuite, sur le rebord de la fenêtre, deux bulbes de jacinthe dont les feuilles linéaires commençaient à sortir d'une paire de jolies bottines bleues emplies de terre et aux lacets déchiquetés par des dents.

— Alors, ça pousse les fleurs dans les souliers d'Esther ?

— Ça va... Ça va... de temps en temps, on les arrose de larmes..., répondit le poète, cherchant avec difficulté son chausson droit sous le lit.

Cornuty vint en silence à l'entrée de la chambre. Mains dans les poches de son habit noir, nœud papillon et col en celluloïd blancs, il examina avec curiosité une peinture à l'huile accrochée au-dessus de la machine à coudre d'Eugénie.

Le tableau représentait un militaire à épaulettes tenant entre ses bras un bicorne aux plumes tricolores de capitaine-adjudant-major. Mais ce qu'observa surtout l'enfant, ce fut la quantité de petits trous triangulaires perçant la toile autour du visage martial du soldat.

— Ce ne sont pas des trous de mites géantes, vint expliquer Frédéric-Auguste à Henri-Albert. C'est Paul qui fait ça avec la pointe ferrée de sa canne quand il rentre ivre et furieux.

Et le rieur Cazals, singeant son vieil ami, tituba et, faussement en colère, fit mine de crever la toile : « Con de militaire, pourquoi tu m'as fait ? Pourquoi m'avoir engendré ? Hips ! Hips ! Vlam, vlam et vlam... »

— Mais, fort heureusement, reprit le dessinateur, comme il attaque le tableau, bourré, il tape toujours autour de la tête et loupe sa cible. C'est comme pour sa mère, à coups de couteau, il l'a loupée aussi. Il n'y a que la prison qu'il n'a pas loupée.

— On va en prison quand on abîme le portrait de sa mère ? demanda Henri-Albert au poète qui venait de récupérer son chausson droit sous le lit.

— Ah non ! La mère, c'est en vrai qu'il a voulu la trouer.

« Vous avez tenté de tuer votre mère ? Et vous faites ça au portrait de votre père ? » L'enfant éclata d'un grand rire. Verlaine hocha la tête vers Cazals :

— Décidément, toi... pour ma réclame, tu te poses là.

— Ah, justement, Paul, cet après-midi, j'ai des dessins à livrer dans plusieurs journaux alors je ne sais pas si j'aurai le temps d'apporter ton exemplaire de *Bonheur* à Tailhade...

— Je peux y aller, moi, proposa Henri-Albert, resté à l'entrée de la chambre.

— Oh, ce serait gentil, fit Verlaine en se relevant des tomettes. Je vous indiquerai le chemin. Ce bon Laurent, une semaine que je lui promets mon recueil. Il veut en faire une critique dans sa fameuse chronique de *L'Écho de Paris*...

Frédéric-Auguste, allant vers la table de Paul, émit des doutes quant à l'intégrité de Tailhade : « Une critique de cet empereur de la Décadence, plus qu'avec tout autre, c'est... courir un risque ! Tu peux gagner mais tu peux perdre. » Verlaine ne le contredit pas en s'asseyant sur le lit pour écrire, au crayon, une affectueuse dédicace dans le livre destiné au critique littéraire de *L'Écho de Paris* :

— Bah... Ils ne sont plus si nombreux ceux de ma génération pour qui j'existe encore. Lui, Stéphane Mallarmé, le pauvre Villiers de L'Isle-Adam, Léon Bloy et puis ?

Cazals s'assit à la table, face au poète et, à partir d'une tache d'encre que les doigts de Verlaine avaient laissée sur une feuille de papier, il commença un dessin. Cornuty s'en approcha.

La tache noire des empreintes digitales, complétée d'encre, devint le col d'un manteau. Les mouvements de la plume remontèrent pour dessiner une nuque et des mèches éparses autour d'une oreille. Derrière, une pelote de virgules circulaires forma une ombre. Puis le dessin se continua d'un trait s'élevant pour le contour d'un grand crâne chauve et redescendit jusqu'au bas du front d'un visage un peu penché et concentré. De petits yeux asiatiques aux paupières baissées de chaque côté d'un nez court chaussé de besicles... de grosses moustaches de Gaulois que continuait un fouillis de barbe au menton. Le dessinateur voulut ensuite tracer la ligne de la gorge :

— Tu n'as pas ton écharpe ? D'habitude, tu l'as toujours...

— Oubliée, fit Verlaine, terminant sa dédicace.

11.

Après le déjeuner, loin des misérables effluves à vomir du quartier Mouffetard, Cornuty, balluchon sur une épaule, arriva devant un bel immeuble en pierres de taille du boulevard Saint-Michel. L'entrée, ornée d'imposantes cariatides, faisait face aux grilles du jardin du Luxembourg. *Bonheur* à la main gauche et chausson de Verlaine au pied droit, Henri-Albert était heureux lorsqu'il poussa la lourde porte en fer forgé.

Dans le monumental escalier fleuri et clair, où le gaz flambait dans des globes même le jour, une épaisse carpette orientale, qui recouvrait les marches en marbre blanc, assourdit les chocs du sabot gauche de l'adolescent. Au deuxième étage, il tira le cordon d'une sonnette puis entendit un accent méridional :

— Qu'est-ce que c'est ?

— J'apporte *Bonheur* de la part de Monsieur Verlaine.

La porte s'ouvrit sur un homme nu :

— Désolé de vous recevoir en costume de Paradis

mais c'est votre faute. Vous arrivez dès potron-minet.

L'enfant balbutia comme une vague excuse : « Il est quatorze heures... »

— Déjà ?

Le critique littéraire se retourna vers une pendule posée sur la cheminée.

— Diable, vous avez bien fait de venir ! Entrez.

L'homme nu précéda l'enfant :

— Sans vous, j'aurais été en retard aux Bouffes du Nord pour ma conférence en faveur des attentats anarchistes.

Il marchait en soulevant et écartant ses orteils puis s'assit sur une chaise, près d'un rideau, pour continuer à passer de la poudre d'or sur les ongles de ses doigts de pied. Cornuty, se rappelant la crasseuse cheville tuméfiée et bandée de Verlaine, regarda agir Tailhade avec un étonnement que perçut le critique littéraire :

— Je sais, ça surprend... Ça peut même choquer.

Sa chaise spartiate, à simple armature de fer, faisait face à un grand miroir posé sur le sol et adossé contre un mur décoré d'une fresque. Celle-ci représentait des personnages en toge qui se promenaient parmi des ruines romaines. Au loin, une ville flambait. Le critique littéraire agita ses orteils dans le reflet du miroir :

— C'est comme lorsqu'il y a deux ans... après que Édouard Vaillant eut jeté une bombe en pleine Chambre des députés blessant plusieurs parlementaires, j'avais déclaré dans la presse : « Peu importe qu'il y ait eu des victimes si le geste fut beau ! »

L'homme d'une quarantaine d'années se leva :

— Ça a déplu.

Il enfila une chemise bleu roi constellée de petites harpes d'Irlande orangées :

— Cette déclaration, restée fameuse, m'a coûté six mois de prison à la Santé...

— Mon oncle aussi est anarchiste, dit Cornuty. Il travaille aux abattoirs de la Villette.

— Ah oui ? fit le poète, enfilant des chaussettes couleur feuille-morte. Mais il semblerait que nous ayons un accent similaire. Je suis né à Tarbes. Et vous ?

— Béziers.

— Du goût pour l'anarchisme dans la famille et l'accent du sud de la France. Cela nous fait déjà deux points communs. Quelque chose d'autre nous liera-t-il encore ?

Profil de statue romaine, oreilles sans lobe, courts cheveux noirs laqués... Laurent Tailhade frotta son visage rasé d'une pierre ponce réduite en poudre qui donna à ses joues rondes un velouté et une douceur incomparables. L'enfant n'avait jamais vu une peau de visage d'adulte aussi parfaite, dénuée de toute anomalie.

— Recette oubliée des abbés de cour... en ce siècle de mufles où l'on ne sait même plus se raser !

Le critique littéraire de *L'Écho de Paris* était d'une érudite éloquence et d'une courtoisie royale : « Voulez-vous un peu de vin de coca ? Tenez, servez-vous, là, dans la carafe... », dit-il, faisant scintiller une bague qu'il enfila à un doigt. Et puis posez ce livre sur la cheminée, je le prendrai tout à l'heure pour le lire pendant le dîner. »

Henri-Albert emplit un verre de Venise. Tandis que le vin coulait, songeant aux soupçons émis par Cazals, l'enfant demanda franchement :

— Aimez-vous Verlaine, monsieur ?

— C'est le seul génie poétique de cette fin de siècle. Il côtoie de si près le rivage de la poésie qu'il risque à tout moment de tomber dans la musique... Il est probable que ce soit lui qui ait raison.

— Donc, vous direz du bien de *Bonheur* ?

— Ah ça, comment savoir ? Avez-vous un tuyau ?

L'enfant comprit : « Attendez au moins que je l'aie lu. »

Et Laurent Tailhade tira sur des cordons torsadés pour ouvrir le rideau près de la chaise et du grand miroir. Henri-Albert avait cru que cette tenture de soie cerise recouvrait un mur mais elle séparait la pièce en son milieu.

De l'autre côté, près d'un grand pouf multicolore, accoudée sur des coussins dorés, une jeune femme aux vastes hanches, cuisses rondes et majestueuses, était allongée dans une pose nonchalante et solennelle. Seulement vêtue d'un kimono ouvert, brodé de cigognes d'argent et de lotus d'or, elle salua le petit paysan d'un geste olympien. Le kimono glissa, ne dissimulant plus rien de son anatomie.

— Hé, hé..., fit Tailhade, encore cul nu, à Cornuty. Hein, que Michel-Ange n'a pas fait mieux ! C'est La Nuit.

Il enfila son pantalon.

— Elle est la côze de mon retard, chanta-t-il, de son accent méridional.

La Nuit sourit. Sa grande chevelure bleue, pailletée d'étoiles, bouclait et caressait la pointe de ses seins dressés.

Henri-Albert en resta bouche bée. Derrière elle, par la fenêtre, on voyait s'envoler des feuilles dans le jardin du Luxembourg. Tailhade, chaussant des bottines en chevreau souples comme des gants, dit quelques mots « *Visne id ?* (Est-ce que tu le veux ?) » auxquels La Nuit répondit d'une voix rauque « *Gratias.* (Merci) » mais Cornuty ne comprit rien.

— On ne se parle qu'en latin, expliqua Tailhade. La Nuit est surnommée ainsi car elle ne sort qu'à la tombée du jour pour revenir à l'aube en ma compagnie exclusive. Quoi qu'il arrive, elle ne sortira jamais sans moi, en a fait le serment sur la tête de tous les Césars de la Décadence... Chaque jour, nous suivons à la seconde près l'évolution céleste — tard l'été, tôt l'hiver. Le soir, lorsqu'elle pose son pied sur le trottoir, les gens, le long des grilles du jardin du Luxembourg, disent : « Tiens, voilà La Nuit. » C'est réglé comme une horloge et nos soirées suivent une mécanique immuable. Il faut bien que quelque chose soit mené avec rigueur dans cette existence, non ?

L'adolescent écoutait distraitement la voix de Tailhade, fasciné par La Nuit qu'il ne quittait plus des yeux.

— Je l'ai rencontrée à ma sortie de prison. Elle m'attendait devant la porte en fer, boulevard Arago. C'est la fille illégitime d'un duc qui, faute d'héritiers, lui laissa trois millions que nous dilapidons.

C'est alors que Cornuty frissonna. Sur la natte en raphia, ce qu'il avait pris pour un pouf multicolore était un gigantesque boa enroulé qui remua dans l'effarement de Henri-Albert.

— Ne craignez rien, le rassura Tailhade, installant une pelisse sur ses épaules. Il mesure six mètres mais n'est pas venimeux. Je l'ai acheté, quai aux Fleurs. Contrefaçon prudente des empereurs de la Décadence... Mais sinon, rien de plus frais. Faut s'habituer, voilà tout. Vous savez que cette variété de boa peut avaler un cerf entier avec ses bois. Et ensuite, il rejette tous les os nettoyés. Il ne mange qu'une fois par an mais alors... D'ailleurs, il va bientôt falloir s'en occuper.

La Nuit sirotait, pensive, un petit verre de crème d'angélique. Elle troublait Cornuty qui baissa le front devant ses paupières sablées d'or entourant de noires et larges pupilles d'une hallucinante fixité. Lorsque le garçon releva la tête, les yeux de La Nuit l'attirèrent comme des gouffres ondulants.

Laurent Tailhade allait s'en aller. Henri-Albert se retourna pour le suivre mais la voix rauque de La Nuit dit :

— Restez...

— Mais oui, restez ! fit Tailhade, prenant une canne à pomme d'agate.

Sur le pas de la porte, il ôta sa bague pour la coincer dans l'arcade sourcilière de son œil droit tel un lorgnon. Observant les deux par le trou de l'anneau, il demanda à l'adolescent :

— Saviez-vous, jeune faon, que Néron ne regardait les jeux du cirque qu'à travers une émeraude d'une grosseur prodigieuse ? Le monocle de Néron !

Puis il quitta l'appartement.

12.

Dans le silence feutré retrouvé, La Nuit alluma une pipe ressemblant à une clarinette. Elle en aspira quelques taffes puis recracha une fumée âcre vers Henri-Albert qui toussa. Elle lui tendit une main. L'enfant, avec des prudences de démineur, osa venir s'asseoir entre elle et le boa enroulé.

De ce pouf vivant, une tête triangulaire et plate apparut bientôt, semblant ressentir aux alentours la présence d'un jeune animal. Cornuty, ravalant sa salive, fit tourner le béret qu'il tenait entre ses doigts moites.

Ssss... Le serpent siffla, allongeant son long œsophage vers Henri-Albert. Sa tête balança, darda sur l'adolescent des pupilles verticales couleur de rubis. Une longue langue fourchue palpa l'air à la recherche de la proie éventuelle. L'enfant ne respira plus. Le corps hypnotique du reptile, décoré d'écailles jaunes et bleues, avait le diamètre d'une cuisse d'adulte. À cinquante centimètres, il ouvrit une gueule à engloutir la tête et les épaules du petit paysan qui entendit une voix rauque :

— C'est parce qu'il n'a rien avalé depuis onze mois... Soufflez-lui de l'opium sur la langue. Ça le calme.

L'enfant prit la clarinette à fumer que lui tendait La Nuit. Il aspira un peu puis recracha quelques nuages. Le serpent ondula en redescendant vers le sol et Henri-Albert, lui-même...

Lorsqu'il se réveilla dans les vapes, le cerveau comme bourré de chiffons, il se crut dans un Paradis rose. Il était nu sur les genoux de La Nuit, elle-même assise sur la chaise à simple armature de fer, en face du miroir adossé au mur couvert de la fresque.

L'enfant observa son propre reflet dans la glace. Sa tête couchée reposait sur un bras de La Nuit comme si c'était un accoudoir. De l'autre main, la femme tenait un livre dont Cornuty put lire, dans le reflet, le titre *Bonheur* écrit à l'envers. Lorsqu'elle tournait les pages du recueil, des larmes coulaient de ses paupières sablées d'or.

Henri-Albert était bien, là..., sentit, dans sa nuque, un sein de La Nuit, respira l'odeur lactée de la peau féminine. Il tourna ses pupilles vers le boa redevenu un pouf jaune et bleu puis découvrit l'heure, à la pendule posée sur la cheminée. Il se leva, s'habilla, tandis que la femme continuait de lire et pleurer. Sur le pas de la porte, il se retourna vers elle. Sa toison pubienne était rasée en croissant de lune. Pris d'un excès de trouble, en quittant l'appartement, il s'essuya les pieds.

Dehors, il pleuvait.

13.

Il pleure dans mon cœur
Comme il pleut sur la ville ;
Quelle est donc cette langueur
Qui pénètre mon cœur ?

Ô bruit doux de la pluie
Par terre et sur les toits !
Pour un cœur qui s'ennuie
Ô le chant de la pluie !

Il pleure sans raison
Dans ce cœur qui s'écœure.
Quoi ! nulle trahison ?...
Ce deuil est sans raison.

C'est bien la pire peine
De ne savoir pourquoi
Sans amour et sans haine
Mon cœur a tant de peine !

14.

Le vent soufflait par bourrasques, rue Saint-Jacques. Verlaine était seul à la terrasse de Chapelier / Vins d'Espagne. Épaules en arrière, paupières mi-closes, la gorge découverte sous l'auvent où battait la pluie.

L'eau ruisselait sur le trottoir en pente, détrempait le chausson gauche du poète. L'humidité gagnait les bandes médicales entourant sa jambe malade. Le temps avait changé.

Dans ses gros haillons déchirés de truand, la tête un peu renversée, il semblait ressentir extraordinairement l'ambiance autour de lui — la foule épouvantable courant sous le déluge avec des bruits de houle et tout le quartier, derrière, hurlant comme une chienne, hurlant comme une mère...

Henri-Albert, sur le trottoir d'en face, le contempla, traversa et vint s'asseoir près de lui :

— Je suis en retard.

Le vieux poète tourna lentement la tête. Il posa une phalange d'index sur le bout du nez de l'enfant dont il ôta une paillette. L'enfant devint écarlate, se mit à briller comme la petite étoile restée au bout du doigt de Verlaine.

C'est alors qu'un jeune homme, à l'allure un peu folle et pansement à la main droite, arriva devant la terrasse. Il était suivi d'un petit chien dont les griffes faisaient aussi un bruit de pluie sur le trottoir.

Passant devant Verlaine, soudain, le jeune homme s'arrêta, fit demi-tour. Face au poète, il sortit de sa poche une aiguille, du fil à coudre qu'il glissa dans le chas puis s'agenouilla sur le trottoir trempé, prit avec douceur un pan du manteau de Verlaine où il y avait un grand accroc. Et sans mot dire, tandis que le poète surpris mais souriant le regardait faire, il procéda à une savante reprise puis se releva, disant :

— Il aurait été inadmissible que Bibi-la-Purée sache coudre et que l'habit du plus grand des poètes restât déshonoré.

Il allait s'en aller. Sa phrase pleine d'emphase avait amusé Verlaine :

— Vous vous appelez Bibi-la-Purée ?

— Tu ne te rappelles pas de moi ? Hier soir, au Café du Gaz, quand je t'ai dit : « Salut, Pauvre Lelian », tu m'as troué la main d'un coup de couteau.

— Ah, c'est à toi..., fit Verlaine, se frottant le front. Tu veux boire quelque chose ?

— Pauvre Lelian ? s'étonna Cornuty.

— C'est l'anagramme de mon nom, expliqua Paul Verlaine.

Le vent redoubla d'intensité en terrasse, battit la toile du auvent, et la pluie, par rafales glacées, gifla les visages. Les trois décidèrent de rejoindre les lumières jaunes à l'intérieur du café. Le gaz y brûlait furieusement. Un énorme poêle en fonte, chargé jusqu'à la gueule, soufflait dans la salle des trombes de chaleur. Un ventilateur mécanique entraînait les bactéries de la grippe et de la tuberculose. Des étudiants lisaient leurs livres de droit à une table à côté de laquelle s'assirent, sur une banquette, Cornuty près de Verlaine qui observa, en face, son réparateur de manteau qu'il avait blessé la veille.

— Comment vas-tu, Bibi-la-Purée ?

Pauvre Lelian sembla aimer prononcer le surnom si gaiement, si tristement philosophe du jeune homme bizarre à la gaminerie volubile.

— Mal, mal, mal ! Je vais mal..., répondit Bibi.

— À cause de la main ?

— Non, la main, ce n'est rien. Si je n'avais pas bougé, tu m'aurais loupé. À cause du chien...

— Je lui ai aussi fait quelque chose à ton chien ? s'inquiéta le poète.

— Non, pas toi... le percepteur ! Figure-toi, Verlaine...

Un étudiant en droit, à la table voisine, se retourna.

— Figure-toi que ma concierge a dénoncé la présence de mon chien. Alors le percepteur m'envoie ce matin, sur sale papier verdâtre, une note comminatoire où Pistolet est qualifié de « chien de luxe »... Non mais, je te demande un peu, Paul ! dit-il en montrant, sur le carrelage, le corniaud, blanc à poil ras avec une tache noire sur l'œil, qui remuait la queue. Il me condamne à payer quinze francs d'impôt par année pour lui. Mais ça ne se passera pas comme ça ! Que le Diable m'emporte si je paie un centime... Ma parole, on se croirait revenu aux temps les plus bourbeux du Moyen Âge ! Qu'est-ce qu'on attend pour rétablir le droit de cuissage. Garçon, une demi-tasse !

Verlaine commanda une absinthe allongée au marc et Cornuty, un pierrot. Bibi-la-Purée, vêtu d'une jaquette trop longue et d'un col de chemise trop large, était coiffé d'un immense chapeau basculé en arrière et piqué d'une interminable plume de paon qui remua sous les effets de sa colère. Il se dit victime du destin :

— Une nuit, sortant du cabaret du Rat Mort, je fus suivi par ce chien sans collier et d'aspect minable. C'est en vain que j'ai essayé de le repousser. Mais son instinct dut flairer en moi un ami des bêtes. Il refusa de me quitter. C'est lui qui m'a adopté ! rigola-t-il de sa grande bouche édentée aux lèvres avalées.

Ses yeux roulèrent comme des billes :

— Ce miteux animal est monté jusqu'à mon sixième étage où je le fis boire, manger et dormir au pied du lit. Au bout d'une semaine, je ne pouvais plus me passer de lui.

Bibi-la-Purée tapa de sa main blessée sur la table :

— Aïe. Pistolet est une synthèse ! Il est d'une intelligence presque humaine sans doute parce qu'il résume à lui seul toutes les races de chiens savants qui aient jamais existé. Il aboie en passant devant les cafés où l'on ne fait pas crédit et donne la patte dans les établissements qui acceptent les soucoupes. Tout allait donc bien quand, ce matin, la catastrophe s'est produite ! Le percepteur qui me demande quinze francs d'impôt par an pour lui...

Sur la banquette en bois verni, où compatissaient le poète et Cornuty, un étudiant, au curieux couvre-chef, se glissa vers eux, s'adressa à Paul :

— Pardonnez-moi, monsieur. Est-ce vous, le poète Paul Verlaine ?

Pauvre Lelian observa la chapka groseille de l'autre qui continua :

— Vous êtes un génie...

Puis, mâchouillant une brindille du coin de la bouche, il tutoya Henri-Albert :

— Tu te rappelles ? Ce matin, sur le boulevard Saint-Michel, tu m'as vendu un de ses livres. Je suis allé acheter tous les autres.

Il se tourna ensuite vers Bibi-la-Purée :

— Mon nom est Léon Deschamps. J'ai terminé mes études de droit en juin et viens d'être nommé avocat. La Purée, en ce qui concerne ton histoire de chien, cet impôt a toujours existé et existera sans doute encore longtemps. Mais, pour Pistolet, il est possible que je puisse te tirer d'affaire...

— Là ! s'écria un de ses camarades, tapant rageusement du doigt sur une page d'un épais livre de droit.

— Fais voir..., lui dit Léon Deschamps. J'en étais sûr ! Tout n'est pas perdu. Il y a une catégorie de chiens qui échappe à l'impôt, ce sont les chiens de berger. Ainsi le veut la loi.

— Mais, se désola Bibi-la-Purée, Pistolet n'a rien d'un chien de berger. C'est...

Verlaine se pencha par-dessus la table :

— C'est un chien de la placc Pigalle.

— Cher ami..., reprit le tout neuf avocat, de sa tronche délibérément maligne et continuant de s'adresser à Bibi : le législateur avec une louable prudence n'a pas spécifié les caractéristiques du chien de berger. Si seulement tu avais un troupeau, tu pourrais envoyer promener le percepteur. N'importe quel chien avec des moutons, c'est un chien de berger !

— Mais je n'ai pas de moutons !

— Je pourrais peut-être en avoir un..., dit Cornuty que tout le monde semblait avoir oublié. Mon oncle travaille à la Villette. Mais faudra le rendre, bien sûr. Je lui en parlerai tout à l'heure.

— Un mouton suffirait ? demanda Bibi à Deschamps.

— Dame, c'est le début d'un troupeau, fit Verlaine.

— Si tu as un mouton, promit Léon Deschamps à Bibi-la-Purée, je m'engage à suivre cette affaire gratuitement. Et bien honoré en plus que mon premier dossier soit pour défendre l'ami d'un si merveilleux poète.

Paul prit dans sa poche l'argent destiné au voyage à Manchester et invita aussi les camarades de Deschamps :

— Buvons comme des tigres !

15.

Le jour affaibli versait, sur la campagne de la banlieue, la mélancolie du soleil couchant après la pluie.

L'oncle d'Henri-Albert habitait une cabane de jardin potager, construite sur les hauteurs de la tranchée des fortifications, près des abattoirs de la Villette.

L'enfant entra dans la baraque en planches, au-dessus de laquelle flottait un drapeau noir, et l'on entendit deux voix :

— Tiens, neveu, te voilà ! Tu as donc quitté ma conne de sœur et mon beau-frère qui ne vaut pas mieux. Ah, tes parents...

— Est-ce que je peux habiter ici et travailler avec toi, tonton ?

— Pose ton balluchon.

— J'ai vu Verlaine aujourd'hui.

— Tu dois être heureux alors...

— Oui.

— Tes yeux brillent aussi comme si tu avais vu une femme.

— Dis donc, tonton, est-ce que ?...

Quand l'oncle répondit : « Bien sûr, neveu, je

t'aurai ça demain mais faudra me le rendre », Henri-Albert était retourné sur le pas de la porte.

Les odeurs des fleurs remontaient des jardins de la tranchée. Dahlias, lys, gueules-de-loup et renoncules s'élançaient autour des treillis et circulaient parmi la maladive exhalaison de leurs parfums lourds dans le soir. Là-bas, les rumeurs des faubourgs de la capitale.

Une ombre se posa sur les épaules d'Henri-Albert :

— Tiens, ça va être la nuit. À quoi tu penses, neveu ?

16.

Le crépuscule avait envahi tout le ciel et, face aux grilles du jardin du Luxembourg, La Nuit apparut. Vêtue de soie gris perle, le chef couvert d'un vaste chapeau Gainsborough, elle donnait le bras à Tailhade.

Lorsqu'elle posa sa bottine en peau de reptile sur le trottoir, tous les réverbères du boulevard incendièrent la voûte céleste d'une teinte améthyste. Un bon cheval secoua la tête quand les deux grimpèrent dans leur calèche décorée d'une Voie lactée. « Hue, Pégase ! »

La lanière du fouet de Tailhade traîna mollement sur le dos de l'équidé qui alla de lui-même à l'angle de la rue de Tournon et de la rue de Condé en face du Sénat.

Lorsque La Nuit et Laurent poussèrent la porte du fastueux restaurant Foyot, le maître d'hôtel regarda l'horloge et les accueillit d'un sourire :

— Deux minutes dix-sept secondes plus tôt qu'hier, les jours raccourcissent.

Puis il salua cérémonieusement les deux clients

quotidiens, claqua des doigts pour qu'on leur retire cape et pelisse, les conduise à leur place habituelle — côte à côte sur la banquette, près de la fenêtre qui donnait sur la rue de Condé. Le maître d'hôtel arriva ensuite avec son carnet :

— Je suppose qu'on fait comme tous les soirs...

— Pourquoi changerions-nous le moindre détail ? répondit le Décadent, saluant de la main quelques sénateurs dans la salle.

— Alors la célébrissime et éternelle omelette..., fit le loufiat en livrée, lançant un bras vers les cuisines où, dès l'arrivée de Tailhade, on avait déjà fracassé les œufs comme autant de petits crânes sacrifiés.

— Éternelle... Le secret de l'omelette aux foies de volaille de chez Foyot disparaîtra un jour comme beaucoup de belles choses dans le bouleversement de l'Univers..., soupira Tailhade en caressant la douceur de sa joue droite.

Il entrouvrit la fenêtre pour humer les pétales d'un pot de fleurs posé sur le rebord, côté rue.

« On le fait changer, chaque jour, exprès pour vous », rappela le maître d'hôtel tandis que le critique littéraire refermait la fenêtre. Pendant le dîner, il lut *Bonheur*, demanda en latin le sel et le pain à La Nuit.

Après les desserts et l'addition, ils quittèrent le restaurant pour descendre, à pied, la rue de Condé. Pégase, tractant la calèche, traversa le boulevard Saint-Germain, les précéda au pas jusqu'au 13 de la rue de l'Ancienne-Comédie. Au café Le Procope, le patron lui-même les accueillit :

— Bonsoir, La Nuit. Toujours aussi resplendissante. Cher Laurent...

— Salut, Théo !

Au Procope, on buvait surtout l'absinthe. Les tables verdoyaient des verres emplis de la liqueur fatale. Même en automne, un printemps vert s'épanouissait sur les nappes.

— Un printemps mortel mais ça aide un peu à vivre... Que de monde, Théo ! Que se passe-t-il ?

— Ça va bientôt être l'heure du bouclage des quotidiens et de plus en plus de journalistes font comme vous, rédigent ici leurs articles. Où allons-nous vous installer ? C'est que vous arrivez tôt, ces jours-ci...

Sur les colonnes intérieures du bruyant café historique, on pouvait lire les noms des plus fameux clients ayant fréquenté l'établissement... Danton, Marat, Robespierre... Les tables étaient aussi nommées par ces noms de personnalités ou d'habitués. Une caissière surveillait la salle et ordonnait aux serveurs : « Servez à Rousseau... Servez à Voltaire... Monsieur de Bellefond ! cria-t-elle au patron. Là-bas, la Verlaine est libre mais elle est bancale depuis que l'autre jour, il l'a... »

— La table de Paul me convient parfaitement, fit Tailhade. Espérons qu'elle lui portera chance car, ce soir, je vais écrire mon papier sur le Pauvre Lelian.

Un serveur agenouillé cala la table démolie par Verlaine, avec des cartons de bière, tandis qu'un autre posait dessus un jeu de petits chevaux. La Nuit choisit les bleus, Tailhade prit les jaunes. Théo de Bellefond observa le cérémonial :

— Toujours cette part de hasard, même pour un ami dans la misère...

— Ça vous choque, hein, Théo ? fit le Décadent. Je sais... Mais sinon, comment savoir si l'on doit encenser ou décrier une œuvre ? Et puis quand j'ai la guigne, il faut bien qu'un poète ait sa part...

Le désinvolte critique littéraire de *L'Écho de Paris* affirma qu'il n'était pas marchand de reconnaissances :

— Lorsqu'on me remercie pour des éloges, je réponds que ç'a été jour de veine. Mais si l'on me fait part de la peine qu'on a eue à lire mes sarcasmes, je me justifie, disant : « J'ai joué de malchance. »

Il fut servi à La Nuit une chartreuse et à Tailhade son habituelle « eau de savon » — absinthe allongée de sirop d'orgeat. Le critique tendit le gros dé en os poli à son amie :

— *Vobis honos !* (À vous, l'honneur).

Dans ses longues mains aux ongles peints de signes du zodiaque, la somptueuse jeune femme, aux paupières sablées d'or, remua le dé, le lança : six ! Tailhade se mordit l'intérieur de la joue droite. Que pourrait-il dire de blessant contre Paul qu'il admirait tant ? La partie perdue, il s'écria : « Garçon, de quoi écrire ! » et rédigea ainsi le début de son article :

Il est bien vrai que les tourments de toutes espèces endurés par Verlaine ont produit une fatigue morale qui apparaît maintenant nettement dans son œuvre. On y trouve des maladresses et des approximations qu'il n'aurait pas laissées passer dans sa jeunesse...

Dehors, la peau de Pégase frissonna.

17.

... La flamme du cierge Verlaine s'éteint. De sa mèche brûlée, une spirale de fumée et une odeur de cire sont tout ce qui demeure de son brasillement de poète.

Henri-Albert posa *L'Écho de Paris* sur la table de café. Il était blême. Ses lèvres se mirent à trembler. Son visage hâve se creusa. Ses yeux se plombèrent. Le bon et attentif Cazals, habillé comme un Arlequin, lui passa une main devant le visage :

— Hé, petit ! Ce n'est pas grave... On sait comment il les écrit, ses articles, Tailhade. Hein, Paul, que ce n'est pas grave ?

Arrivé en fin d'après-midi au café Le François-Ier, Cornuty avait tracté, depuis La Villette, une voiture à bras contenant un mouton du Berry, bêlant et les pattes ligotées, pour Bibi-la-Purée. En entrant dans la brasserie à deux salles, séparées par une cloison en verre dépoli, il avait vu, dans la première, du jeune monde attroupé autour de Verlaine. Cazals, Bibi, Deschamps et ses amis lisaient, par-dessus l'épaule du poète, un journal du soir qu'ils se passèrent les uns aux autres. Quand Cornuty s'était approché, on lui avait tendu *L'Écho de Paris*.

L'enfant regardait maintenant un serveur qui cassait un pain de sucre à coups de marteau sur le comptoir. Les crachoirs, aux murs, contenaient un liquide microbicide.

Des crachats à détruire, il y en avait aussi dans la seconde salle du café où des gens de lettres établis (Cornuty vit leurs silhouettes à hauts-de-forme à travers le verre dépoli) se passaient la critique de Tailhade en s'esclaffant et faisaient des commentaires sur Verlaine : « Ce poète de douze pieds marche souvent à quatre pattes. » « C'est malheureux qu'il ait un trou sous le nez. Trop d'alcool y coule. Ah, ah, ah ! »

Henri-Albert reconnut le croassement de l'académicien François Coppée. Paul, les yeux écrasés par la pierre du front, entendit ce qu'on disait de lui. Il savait les attaques et les railleries de ses anciens camarades du Parnasse, tous devenus plumitifs officiels, académicien, bibliothécaire au Sénat, etc. Après la Commune, Leconte de Lisle, resté fidèle au parti de l'ordre, l'avait dénoncé et même tenté de le faire fusiller. Alors, vous pensez... avec un tel assentiment... si ça y allait, les critiques : « Les derniers vers de Verlaine... Il n'écrit plus, il joue aux osselets avec les mots. » « Son inspiration se traîne au niveau d'un érotisme sénile. » « S'il était mort, il y a dix ans en même temps que sa mère, son œuvre aurait été allégée d'un gros poids inutile. »

Le pauvre poète si souffrant, si fatigué, paraissant beaucoup plus vieux que ses cinquante et un ans, savait que sa mémoire faisait naufrage, que son écriture devenait hésitante, qu'il était sujet à des hallucinations, des éblouissements. Il savait aussi qu'il était rare qu'un absinthique tel que lui dépasse de beaucoup la cinquantaine.

Il toussota. Il avait pris froid, la veille, à la terrasse de Chapelier / Vins d'Espagne. Il aurait voulu redevenir un tout petit gosse avec des jupes circulant, maternelles, autour de lui. Cornuty regarda le poète auquel il vouait un culte véhément. Puis l'enfant provincial, à la sensibilité suraiguë, observa les machines de l'établissement. Le percolateur Ringuet, à châssis de cuivre et deux cylindres superposés, grondait. La machine à pression sifflait. Quelqu'un, dans la salle, craqua une allumette chimique. Tandis que le bâtonnet de bois, imbibé de soufre, s'enflammait, Henri-Albert, se leva, disant :

— Bon, vous le prenez, ce mouton ?

Sur le trottoir, la bande à Deschamps se demanda comment faire grimper l'ovin jusqu'au sixième étage de chez Bibi-la-Purée. Cornuty partit avec sa voiture à bras.

— Où va-t-il ? demanda Cazals.

— Je ne sais pas..., répondit Bibi.

En chausson de Verlaine et sabot de bois, Henri-Albert alla se poster devant les grilles du jardin du Luxembourg et attendit La Nuit. Lorsque celle-ci posa sa bottine en peau de reptile sur le trottoir, il s'empara des brancards de son véhicule, où était écrit « Abattoirs » au pochoir, et il suivit la calèche qui avançait au pas. Laurent Tailhade conduisait lui-même, laissant traîner la lanière de son fouet sur un flanc de Pégase. Quand la voiture à cheval se gara en face de chez Foyot, l'enfant s'arrêta quelques instants puis repartit tout droit vers chez son oncle, militant anarchiste à la Villette.

18.

Le lendemain, deux minutes trente-quatre secondes plus tôt que la veille, La Nuit posa sa bottine sur le trottoir. La rue de Condé étant encombrée, Tailhade gara la calèche un peu plus loin. En entrant chez Foyot, une dame prit les manteaux. Le maître d'hôtel salua les deux clients quotidiens :

— On fait comme d'habitude ?

— Non.

L'employé eut un geste de dénégation en direction des cuisines où l'on s'étonna, les œufs à la main : « Ah bon ? Mais qu'est-ce qu'il va prendre alors ? »

— Des huîtres. J'aime aussi ces crachats froids et iodés servis en leur coupelle nacrée.

La Nuit et le critique littéraire, côte à côte sur la banquette, déplièrent de grandes serviettes blanches qu'ils installèrent sur leurs genoux. À droite de Tailhade, il y avait la fenêtre et, derrière, le pot de fleurs sur le rebord.

— Et après les huîtres ?

Le maître d'hôtel arriva avec son carnet de commandes tandis que l'empereur de la Décadence entrouvrait la fenêtre. Il se pencha pour sentir les délicats pétales. Le pot de fleurs explosa !

La vitre donnant sur la rue de Condé fut pulvérisée et l'œil droit du critique arraché. Un bras et une jambe furent atteints par la mitraille dont la bombe était chargée. Le côté droit de sa face était une bouillie sanglante. Maintenant, il pourrait toujours s'y passer de la poudre de pierre ponce... La Nuit fut épargnée. Le maître d'hôtel aussi. Tailhade avait tout pris.

19.

Dans tous les cafés littéraires du Quartier latin, la nouvelle se répandit à la vitesse de la foudre, du Café du Gaz à la Closerie des Lilas :

— Laurent Tailhade vient d'être tué par une bombe anarchiste !

— Quoi ?

Au François-Ier, Verlaine, qui se mouchait, en laissa tomber son lorgnon. Engoncé dans son manteau fripé, sous un chapeau à bord vague, il toussa :

— Ça alors...

L'inspiration ne lui vint pas automatiquement comme du temps de sa jeunesse. Aucune épitaphe, en forme de sonnet commençant par « Ci-gît mon ami », ne sortit de sa bouche.

— Oh, ben dis donc...

La nouvelle fut ensuite en partie démentie. Laurent Tailhade, manifestant encore de faibles signes d'existence, avait été transporté à l'hôpital de la Charité.

Autour de Verlaine, Cazals, Bibi-la-Purée, Deschamps et ses amis étaient estomaqués. Pistolet en arrêta de se lécher les testicules. Le dessinateur Frédéric-Auguste, porte-plume à la main au-dessus d'une page blanche de son carnet, s'étonna : « Une bombe placée par les anarchistes ? Il les soutenait... »

— Alors peut-être la police..., suggéra Bibi, sous la longue plume de paon de son chapeau.

Léon Deschamps se gratta la chapka groseille : « La police n'a pas pu poser une bombe en bord de rue. Il y aurait eu trop de risques... Et puis si Tailhade les emmerdait, ils l'ont déjà mis en prison. Ils pouvaient recommencer... »

Alors que tout le monde était dans l'expectative, Cornuty entra et vint s'asseoir, silencieux, en bout de table. Le poète aux paupières bridées tourna vers lui ses yeux couverts de broussailles. Cazals aussi. Léon, le jeune avocat, continua de s'interroger :

— Ce que je ne comprends pas, non plus, c'est... s'il s'est pris une bombe en pleine tête, pourquoi ne l'a-t-elle pas tué ?

— Parce qu'elle était chargée de boulons, expliqua Cornuty. Si ça avait été des clous, il serait mort.

Léon retira la brindille d'entre ses lèvres :

— Comment tu sais ça, toi ?

— Son oncle est anarchiste à la Villette, répondit Bibi.

Depuis un moment, Verlaine frappait nerveusement le sol du bout ferré de sa canne, en fumant une pipe d'où il lançait des bouffardes comme s'il était devenu machine à vapeur. Puis il se leva, bouscula le mobilier du café et lâcha :

— Allez, dehors ! En tout cas petit bonhomme, lui, n'est pas crevé...

— Où vas-tu ? demanda Cazals qui, plume sur le papier, le vit déjà dans la rue, à travers la baie vitrée.

— Au Diable !

20.

Le Diable — blonde un peu voûtée et les épaules remuantes — sortit d'un porche, prit le poète par le bras et l'entraîna vers la rue Descartes.

— Tiens, Philomène Boudin...

— Les clients m'appellent Esther !

— *I prefer Philomène.*

Cornuty, parti aussi du François-Ier, les suivit à distance, écouta leurs paroles.

La jeune catin de Lacan — dix-neuf ans — exhiba un insolent chapeau et fit tinter ses bracelets comme une mule espagnole agite ses grelots un jour de fête :

— As-tu vu mes bottines, comme elles sont du dernier v'lan et mon chouette bagnolet à plumes ? Et mes bijoux ? J'ai vendu à Vanier les manuscrits que tu avais laissés à l'hôtel. Je voulais te rendre des sous et puis, tu sais comme je suis, j'ai tout dépensé... Je dois même un peu d'argent. Est-ce que tu pourrais écrire d'autres poèmes d'amour sur moi ? Des longs.

— Je voudrais que tu m'aimes.

— J'ai été amoureuse une fois. J'ai cru devenir folle. Ça ne m'arrivera plus.

Philomène portait aussi une ombrelle pour se protéger de la clarté de la lune. Paul, pipe fumante à la barbe en broussaille, se tourna vers elle :

— Tu as été amoureuse, toi ? Mais de qui ?

— Un ouvrier italien qui faisait des travaux sur la tour Eiffel.

— Et alors ?

— Un jour, j'ai dénoué le cordage de son échafaudage pendant qu'il chantait...

À l'hôtel de Montpellier, où Henri-Albert les vit entrer, la petite prostituée s'accroupit sur la cuvette de la chambre 36. Une éponge à la main, elle se lava des traces séchées des amants de la journée.

— Qui a été le dernier ?

— Un gars qui s'appelait Louis. Il m'a dit qu'il était tonnelier.

— Est-ce qu'il t'a ?...

— Oui.

— Et tu l'as...

— Aussi.

Verlaine se mordit la lèvre. Il était jaloux des clients d'une pute. Il cherchait à en rire mais ça le torturait. Le faune dolent et toussant, étendu sous le rideau rouge du lit, contempla la petite catin, pattes ouvertes sur la cuvette d'eau sale. Pour lui, elle était Vénus sortant de l'onde pure. Ah, les poètes... Il lui avait consacré un livre (*Élégies*) en vers classiques — un volume très chaste que Lacan n'avait pas voulu éditer pour cette raison-là mais dont Esther avait quand même prélevé une bonne part des rétributions versées par Vanier.

Cette fleur de pavé avait la beauté du Diable — un être tout d'instinct et nature qui faisait la noce. Le vieux brave écuyer las, épuisé par tous les excès, ravagé par la maladie, la chevaucha dans le lit.

Rue Descartes, l'enfant provincial regarda, à travers la fenêtre de la chambre du troisième étage, s'étendre au plafond des lueurs rouges — les reflets de la lampe à pétrole contre le rideau remuant et les ombres lancées de *l'oreiller sorcier qui tant bouge*. Le rayonnement écarlate et obscène des corps emmêlés. On aurait dit, au plafond, une bouillie de chair sanglante comme la joue droite de Tailhade.

L'enfant, mains dans les poches, retournant vers

la Villette, remarqua que la chambre 35 aussi était éclairée.

En chemise de nuit et adossé à la cloison mitoyenne, Lacan lisait, au lit, un livre de Verlaine publié par la concurrence — *Les Poèmes saturniens*. Il entendit aussi les voix de ses voisins de chambre :

— Je t'aime, Philomène.

— Je suis Esther.

— Philomène !

— Esther !

Et à nouveau, le choc des corps, le pilonnage régulier. Bim ! Ba-dam, boum ! Bim... Les secousses de la cloison dans le dos du proxénète troublèrent, hachèrent sa lecture murmurée :

— Je ! fais sou-vent ce ! rêve é ! tran-ge...

21.

Je fais souvent ce rêve étrange et pénétrant
D'une femme inconnue, et que j'aime, et qui m'aime
Et qui n'est, chaque fois, ni tout à fait la même
Ni tout à fait une autre, et m'aime et me comprend.

Car elle me comprend, et mon cœur, transparent
Pour elle seule, hélas ! cesse d'être un problème
Pour elle seule, et les moiteurs de mon front blême,
Elle seule les sait rafraîchir, en pleurant.

Est-elle brune, blonde ou rousse ? — Je l'ignore.
Son nom ? Je me souviens qu'il est doux et sonore
Comme ceux des aimés que la Vie exila.

Son regard est pareil au regard des statues,
Et, pour sa voix, lointaine, et calme, et grave, elle a
L'inflexion des voix chères qui se sont tues.

22.

Le lendemain, dès l'aube, le soleil accrocha ses rayons sanguinolents aux pavillons des abattoirs de la Villette où Henri-Albert travaillait près de son oncle.

L'enfant poussait à jeun, sur des rails luisants, des wagonnets de cinq cents litres d'hémoglobine. Une manette, qu'il fallait écraser sur le devant du chariot, permettait d'en verser latéralement le chargement dans des cuves enterrées, profondes à s'y noyer.

Et l'enfant allait dans l'immense halle de deuil. Partout, autour de lui, les blessures écarlates éclataient dans les chairs superbes avec des sifflements mortels... Des sifflements comme ceux des trains de Petite Ceinture qui, toute la nuit, par la voie ferrée entourant Paris, avaient convoyé des milliers d'animaux devant être tués, ici, dès l'aube. Il en était arrivé de pleins wagons. Cornuty, sous les étoiles et devant la cabane de son oncle, les avait vus passer en bas de la tranchée aux jardins potagers. Les animaux stressés gueulaient, derrière les fenêtres grillagées, dans la fumée ondulante et fantomatique des locomotives à vapeur. Une vache descendit du train, les jambes tremblantes. Tous ses fils étaient déjà morts par le fer. Henri-Albert transporta son sang aussi.

Les yeux flottants, il allait comme sur la soie des mers, poussant ses eaux meurtrières. Son oncle passa près de lui, la carcasse d'un demi-bœuf couchée sur l'épaule.

— Ça va, neveu ? Tu tiens ?

— Ça va, tonton.

Le chausson de Verlaine, mis en sandale, dérapa, glissa, se tordit dans la rigole où coulait l'urine des animaux affolés. Des rats de trois kilos s'attaquèrent à la pantoufle remuante, en mordirent la languette comme si c'était une bête vivante. Henri-Albert dut leur lancer de grands coups de son sabot gauche qu'il perdit.

La carcasse de bœuf, sur l'épaule de l'oncle, se tourna :

— Il te faudra des godillots.

— Oui, tonton, j'en achèterai un.

— Et pourquoi pas une paire ?

Les côtes apparentes de la demi-carcasse faisaient comme de longues dents. La chair, en dessous, et la colonne vertébrale sciée, au-dessus, ressemblaient à des lèvres. Et le tout fut une énorme bouche qui rit sur l'épaule dansante de l'oncle :

— Sacré neveu ! Comme tu as dû les faire chier tes parents... Je suis fier de toi.

Henri-Albert regarda le frère de sa mère s'en aller. Plié dans la poche arrière de son pantalon, un journal titrait : « Eh bien, monsieur Tailhade, le geste a-t-il été beau ? »

23.

Jais pri tou les sous dan ta poche. Je veu z'être rosse parce que l'homme es une sale baite. Les hommes me pue au né. Esther

— Ah, la salope, la garce, l'ignoble ribaude ! Mais ce n'est pas possible, ça !

Paul descendit l'escalier de l'hôtel de Montpellier avec d'énormes difficultés. Passant devant la réception, il gueula : « Vous direz à la kleptomane que je ne veux plus jamais la revoir. Plus jamais ! »

— D'accord, répondit la femme de l'entresol. À demain, Monsieur Verlaine, rajouta-t-elle sans malice.

Paul quitta le sordide boxon, en s'écriant pour se donner du cœur au ventre :

— Allez, dehors ! Petit bonhomme n'est pas mort...

Il retrouva la rue Descartes avec ses fumées et ses bruits de métiers. Des mendiantes berçaient, tordus dans d'étranges pelisses, des espèces d'enfants qui pleuraient à mourir.

— Plus un sou en poche ! Reprendre des ors chez Eugénie... Tant pis pour le beau voyage à Manchester. J'irai en troisième classe.

Le poète traîna l'aile jusqu'au 39, escalada, en nage, l'escalier véritablement casse-gueule :

— Ce qu'il faut faire pour boire un coup !

Il se pencha douloureusement vers la clé sous le paillasson car la Krantz était sortie.

Verlaine toussota et trembla. Assis frileusement au bord du lit près d'une cheminée vide de tout bois, pantoufle et soulier sur les tomettes rouges ébréchées, son rhume dégénérait. Il ressentait des palpitations dans la poitrine et souffrait du foie. Un air vif sifflait de la fenêtre parce qu'un carreau y avait été crevé... Un soir où il y avait eu des zut avec Eugénie, des fiche-moi la paix et des froissements de vaisselle à table, le délicat poète avait poursuivi son aimée pour lui lancer une bouteille de gros rouge du Midi à la tête. Mais il l'avait loupée. La bouteille avait continué son vol à travers la fenêtre et s'était explosée, quatre étages plus bas, aux pieds de la concierge — Madeleine Daude, sortant les poubelles — qui s'était exclamée, en levant sa blanche gorge grasse et ses bras flottant comme de la fumée :

— Ah, j'en ai marre des poètes ! J'en ai marre, j'en ai marre...

Le carreau fut remplacé par du papier huilé mal ajusté en attendant qu'on soit, ici, un peu plus argenté pour faire venir le vitrier de la rue — monsieur Maleur. À travers le trou battant laissé par le papier translucide remontaient de la rue d'âcres relents de cuisine à l'ail mêlés à des effluves de fromages pourris qui empoisonnaient l'air d'acide sulfurique.

Paul écouta le grincement d'une vielle jouant la bourrée des maçons de la Creuse. Il se leva, laissant sa canne sur le lit, pour aller vers la fenêtre. Eugénie avait dû payer l'eau car le broc, sous la cage du serin, était empli. Verlaine arrosa les deux bulbes de jacinthes dans la paire de bottines d'Esther.

Les jolies petites bottines bleues d'Esther... Un matin, Eugénie était rentrée, les brandissant et férocement joyeuse avec des lambeaux de lacets entre les dents : « Je viens de croiser ta putain et lui ai arraché ça : le cadeau qu'elle s'est payé avec ton argent, salaud... Et je peux te dire que je l'ai aussi engueulée dans les grands prix ! avait-elle continué, essayant les souliers. Zut, ils ne sont pas à ma taille... Tant pis, je les mettrai sur le bord de la fenêtre. Ça la fera rager quand elle passera en bas... »

Verlaine, derrière les feuilles de jacinthe, aperçut dans la foule de la rue Nini Mouton, toujours aussi laide que les sept péchés mortels. Semblant venir de la place du Panthéon, où se trouvait aussi la poste, elle apparut entre un attractif marchand de vins et une fabrique de couronnes funéraires. Dans la cour du 39, aux odeurs de tripes quittant la loge, la voix de la concierge la héla : « Madame Krantz ! J'ai encore reçu pour votre Verlaine des livres dédicacés par de jeunes poètes admirateurs. Qu'est-ce que j'en fais ? »

— Comme hier ! Maintenant, quand Célestin va à la fontaine Saint-Michel, il n'a qu'à aller les laver sur les quais (revendre aux bouquinistes). Ça paiera l'eau.

Dans le sombre et vertical escalier malcommode, Eugénie rangea, sous sa blouse, un livret de Caisse d'Épargne. Elle fut accueillie par un « T'étais où ? » de Verlaine.

— Et toi, cette nuit, t'étais où ?

Râblée, si on la cherchait, elle pouvait appuyer sa réponse d'une claque à laquelle le poète ripostait. Bruits de vaisselle cassée et tempête de cris...

— Je voulais aller prendre un apéritif sérieux, nom de Dieu ! Où t'as rangé l'or anglais ?

— Ce n'est pas toi qui l'as pris ? Il n'est plus dans le tiroir.

— Qu'est-ce que tu dis ?

— Il a disparu...

— Disparu ? Où ça ? Comment ?

Stupeur de Verlaine et flambée de colère mêlée d'étonnement. Autant il savait ce qu'Esther faisait de l'argent qu'elle lui volait — elle en portait sur elle la partie laissée par Lacan —, il ignorait où passaient les ors que lui détroussait Eugénie.

— ... Démon femelle, triple peste, pire flot de tout ce remous ! Pire ordure que tout le reste, gueuse inepte. Horrible, horrible femme, tu m'as volé trois cents francs ! Trois cents francs !...

— Combien a-t-il dit ? demanda Lacan, dans la rue, regardant, là-haut, les fenêtres de chez Eugénie.

— Trois cents francs, soupira Esther, contemplant ses bottines bleues.

— Je vais te tuer ! hurla le poète dans la chambre.

— Il va me tuer ! reprit, en écho, la victime à la fenêtre.

— Il va la tuer ! s'écria la concierge, courant chercher la police.

Ah, on en n'était pas à : « *Voici des fruits, des fleurs, des feuilles et des branches / Et puis voici mon cœur qui ne bat que pour vous...* » on en était à : « Voici mon gourdin que tu vas te prendre dans la gueule, connasse, et puis mon pied au cul aussi ! »

À grands coups de canne à bout ferré, il l'expulsa de l'appartement, la jeta dans l'escalier d'un shoot de son pied bandé (ce qui lui fit très mal). La Krantz, cul par-dessus tête et les jupons s'envolant, dévala en roulé-boulé, fut réceptionnée en bas par deux jeunes policiers zélés arrivés à vélo.

Verlaine descendait les marches, frappant les murs de son gourdin. Il avait perdu son chausson dans le tir au but et les bandelettes commençaient à se dénouer autour de son pied pourri d'abcès.

Les jeunes cognes emmenèrent au commissariat le furieux qui s'exclama :

— Quoi, moi, le choyé de là-bas ! Celui qu'on invite pour une conférence à Manchester... au poste, en France ? Et même pas saoul en plus ?

Le poète se débattit, ficha un bordel de tous les diables !

24.

Dans un grand bureau sombre, à la double porte capitonnée protégeant des secrets d'État, un petit monsieur bien mis lisait. Épaules étroites, il tournait calmement les pages d'un recueil intitulé *Parallèlement.* Ses moustaches tombaient sur un visage doux prolongé d'une barbiche qu'il lissait du bout des doigts en lisant. Quelquefois, il relevait la tête et murmurait, semblant apprendre par cœur des textes du recueil. Ça frappa à la double porte capitonnée. Il dit « Entrez » puis :

— Vous êtes en retard, Michaud.

— Et je vous prie de bien vouloir m'en excuser, monsieur le préfet de police. Mais... vous rappelez-vous, l'autre jour, sur le boulevard Saint-Michel, ce petit voleur qui vous a vendu un livre de poèmes ?... On vient, une nouvelle fois, d'en arrêter l'auteur et on a eu un mal de chien à le mettre en cellule.

— Libérez-le.

— Pardon ?

— La France a déjà failli pendre Villon. Alors ça suffit. On n'arrête plus Verlaine. Privilège de ma nouvelle fonction. Et vous serez assez gentil, monsieur le commissaire, de faire diffuser, dans tous les postes de police du Quartier latin, une circulaire précisant : *Interdiction d'arrêter Paul Verlaine quelles que soient ses frasques.*

— Ah bon ?

Derrière le préfet de police, une fenêtre close donnait sur la végétation d'un parc et, dans le bureau plein d'ombres, une guêpe s'enivrait de cire au plancher qu'ensoleillait un rayon. L'insecte hyménoptère s'envola. Le préfet suivit des yeux son bourdonnement :

— Je veux qu'on n'intervienne en rien dans son destin sauf pour l'aider si des gens l'ennuient. Protégez-le ! Mais en secret afin qu'il n'en profite pas non plus...

— Ah çà, s'il apprenait que le préfet Lépine...

— Voyez-vous, Michaud, ce que j'idolâtre surtout, ce sont les créateurs, les inventeurs dans tous les domaines... J'aimerais pouvoir les aider... Je ne sais pas... Peut-être organiser un concours. Qu'en pensez-vous ?

Le préfet Lépine tournait les pages de *Parallèlement* :

— J'aurais tellement aimé avoir ne serait-ce qu'une parcelle du talent de Verlaine, sa capacité d'invention...

— En seulement deux ans, monsieur le préfet, vous avez créé les brigades cyclistes. Ce n'est déjà pas si mal.

— Oui. Eh bien, faites en sorte qu'elles ne pédalent plus après ce poète...

Louis Lépine continuait de feuilleter les pages de son livre :

— Connaissez-vous, Michaud, les vers qu'il a écrits en prison ?

— Non, mais je sais pourquoi il y est allé. La première fois, c'était il y a une vingtaine d'années à Bruxelles. Une tentative d'assassinat contre un adolescent dénommé Rebaud... Rabaud... je ne sais plus. Votre poète lui a tiré dessus à bout portant et, on ne sait même pas comment c'est possible, il l'a loupé, l'a seulement blessé à la main mais a été condamné à deux ans ferme. Ensuite, il y a eu la tentative de meurtre sur sa mère... six mois supplémentaires. Puis...

Le préfet de police l'interrompit car, tout en cherchant un poème précis dans son livre, il demanda au commissaire :

— Et sinon... en fait, c'est pour cette raison que je vous ai fait venir. L'enquête sur l'attentat contre Tailhade progresse-t-elle ?

— Difficilement. On ne comprend pas qui a pu faire ça... L'observation des débris de la bombe et les méthodes accusent les anarchistes mais quelque chose paraît incohérent. La Sûreté se renseigne...

— Ah voilà ! *Autre*. Écoutez, Michaud. Ça raconte, en juillet, la ronde des prisonniers à la maison d'arrêt de Mons.

Le préfet de police ajusta ses besicles, aplatit la page du livre qu'il voulait lire puis, finalement, le referma et ôta ses lunettes. Les mains jointes, il récita le poème au commissaire :

La cour se fleurit de souci
Comme le front
De tous ceux-ci
Qui vont en rond
En flageolant sur leur fémur
Débilité
Le long du mur
Fou de clarté.

Tournez, Samsons sans Dalila,
Sans Philistins,
Tournez bien la
Meule du destin.
Vaincu risible de la loi,
Mouds tour à tour
Ton cœur, ta foi
Et ton amour !

Ils vont ! et leurs pauvres souliers
Font un bruit sec,
Humiliés,
La pipe au bec.
Pas un mot ou bien le cachot
Pas un soupir,
Il fait si chaud
Qu'on croit mourir.

J'en suis de ce cirque effaré,
Soumis d'ailleurs
Et préparé
À tous malheurs.
Et pourquoi si j'ai contristé
Ton vœu têtu,
Société,
Me choierais-tu ?

Allons, frères, bons vieux voleurs,
Doux vagabonds,
Filous en fleurs,
Mes chers, mes bons,
Fumons philosophiquement,
Promenons-nous
Paisiblement :
Rien faire est doux.

En cette préfecture de police, le poème fut suivi d'un long silence qu'interrompit Lépine en se levant : « J'aimerais lire ses autres livres. »

La guêpe, incarcérée dans le bureau du préfet, continuait son vol fou, tournait en rond, venait souvent buter contre la vitre donnant sur le parc. Lépine répéta quelques vers déjà récités :

— *Et pourquoi si j'ai contristé / Ton vœu têtu, / Société, / Me choierais-tu ?* Choyez-le.

Louis Lépine ouvrit la fenêtre et la guêpe s'envola sans un merci.

25.

— Vous êtes libre.

— Si vous croyez que je vous ai attendu pour le savoir ! toussa le poète, quittant la cellule et râlant d'autant plus qu'il avait perdu son chausson.

« Allez, dehors ! Petit bonhomme... » Les bandelettes de sa jambe gauche se déroulant sur le trottoir, il était sans le sou, assoiffé et décontenancé :

— Quelle scie ! Je ne sais où aller.

Un peu plus loin, adossé à un mur, clope fumante aux lèvres, regard louche sous son chapeau melon, Lacan observait le poète devant le commissariat de la place du Panthéon. Et il lui revint en tête ce qu'il avait, tout à l'heure, entendu crier depuis la fenêtre d'Eugénie : « Tu m'as volé de trois cents francs ! Trois cents francs !... »

Inutile de dire que Lacan était un poil agacé de ne pas avoir pu prélever sa part de ce pactole venu d'où d'ailleurs ? Il s'était fait doubler comme un blaireau par une ancienne Nini-patte-en-l'air et ça aussi, ça les lui hachait menu menu. Il avait l'intention qu'on lui rende des comptes. Autre chose qui avait déplu au maquereau, c'est qu'on hurle à la cantonade ce que monsieur Paul pouvait parfois gagner. D'ailleurs, quelqu'un dans la rue s'en était étonné : « Ah bon, il peut toucher tout ça ? Eh bien, quand on le voit, on ne dirait pas... » Et si ça se savait ? Lacan craignait de se faire voler son poète par d'autres souteneurs. S'ils apprenaient qu'une seule marmite comme Verlaine pouvait rapporter autant que tout un bordel ! Il préféra le suivre, dès sa sortie du commissariat, pour le protéger des mauvaises fréquentations...

Lorsque le proxénète décolla son dos du mur, deux hommes, sur le trottoir d'en face, se retournèrent... C'étaient des policiers en civil appliquant maintenant, à la lettre, les consignes du préfet :

— Allons-y..., dit l'un

— Oui, puisque c'est ce que veut Lépine..., fit l'autre en se grattant la tête.

Les flics discrets pistèrent à distance la démarche voyoute et chaloupée de Lacan talonnant le poète qui paumait ses bandelettes en descendant la rue de la Montagne-Sainte-Geneviève.

De l'autre côté de la place Maubert, rue des Anglais, Paul entra au cabaret du Père Lalunette. Il savait qu'ici, débit d'absinthe frelatée, on lui ferait crédit si c'était pour un ou deux verres.

Cet endroit, à la devanture écarlate et besicles en bois pour enseigne, était un sordide bouge à poivrots espérant l'étranger, égaré là, qui distribuera du tabac et paiera un verre de vin (du vulnéraire !). La salle, meublée de tables de ferme et de bancs, avait ses murs décorés de peintures saoules. On y voyait une femme, représentée sans chemise, assise sur le dos d'un poisson et un fatras de faces ambiguës de personnalités politiques un peu rances (Napoléon III, Gambetta, Boulanger...). Près du poêle à charbon, un musicien jouait de la guitare pour de jeunes voyous aux lèvres blêmes sous le plafond tanné par la suie des pipes. Paul, après avoir bu sa première fée verte au comptoir, apporta, en toussant, la seconde à une table où il alla s'asseoir. À l'autre bout du banc, une minable femme coiffée d'une fanchon et chaussée de galoches — un amas de vieilles drogues soufflé par l'alcool — gisait, avachie, la tête sur la table. Elle était un misérable jouet jeté dans des hardes qui sentaient. Elle vit l'absinthe !... Alors, implorante et féroce, ne quittant plus des yeux le verre, elle avança la patte avec la précaution d'une chatte pour s'en emparer. De sa bouche démolie sortit une voix sourde et lointaine : « Donne-le-moi, monsieur, dis ! »

Verlaine la contempla. Elle prit le verre, le but et se tut.

Le poète, assis et appuyé sur sa canne, observa, autour de lui, le douloureux spectacle des écrasés de la vie. Au comptoir, un ouvrier terrassier, la moustache en brosse à dents jaunie par la cigarette, raconta qu'il était un ancien zouave et il se vanta d'avoir bu en Afrique douze verres d'absinthe pendant que sonnaient les douze coups de midi.

Il allait être la mi-journée. L'ancien zouave renouvela l'expérience devant douze laits de sorcière alignés sur le zinc. Au quatrième coup de midi, il succomba d'une congestion, la gueule ouverte dans la sciure. La femme, étalée sur la table, releva les yeux :

— Il avait quarante ans et était père de six enfants.

Verlaine, en nage, sortit au vent mauvais... Campé sur son bâton, il poussa devant lui sa jambe « en stuc ». Il envoya en l'air cette patte ingrate et perfide, l'air de lui dire : « Eh bien alors, tu avances, toi ! » Affaibli, transpirant, son pouls ne battant plus très normal, il avait besoin d'un lit, remonta vers l'hôtel de Montpellier vu qu'avec Eugénie... Lacan, fières moustaches en guidon de vélo (pour dames), le suivait. Près du Bar de la Montagne, il attrapa le poète grelottant par le col et le poussa dans les poubelles :

— Dites donc, monsieur Paul, c'est quoi cette histoire de trois cents francs ?

C'est alors que, dans son dos, un bras de policier en civil le prit par les épaules :

— Viens par là, Lacan, faut qu'on te parle...

La main d'un autre flic lui caressa la nuque :

— La poésie n'est pas ton domaine. Ça va te faire mal à la tête...

Les sbires de Lépine emmenèrent le mac dans l'étonnement aussi de Verlaine qui ne comprit rien sinon qu'il ne savait maintenant plus du tout où aller. Il réfléchit :

— Ah si, il me reste encore ça...

26.

Dans les pavillons en viande saignante des abattoirs de la Villette, Cornuty continuait de pousser ses wagonnets de sang sur les rails luisants d'une artère.

Les tueurs s'activaient sans haine et, tout autour d'Henri-Albert, on en était au sacrifice des ovins, par milliers. Des cris, déchirant leurs gorges nues, moutonnaient à l'infini dans le clair brouillard des abats fumants tombant dans des seaux — poumons et foies. Les têtes décapitées étaient rangées, droites sur leur gorge et côte à côte, à même le sol dans un coin de la halle. On aurait dit une armée de vaincus, noyés dans le ciment, avec seulement la tête qui dépasse près des rails. Un employé en blouse, d'un basculement régulier du doigt, les comptait par rangées de cent. Les formes, les sueurs, la chevelure bouclée des bêtes et le remuement de la chose coupable où s'écœure le cœur... C'était un poudroiement cérébral vertigineux !

L'enfant allait, mal rêveur, les yeux sur l'onde opaque des cinq cents litres de sang qu'il poussait. Il s'en élevait des vapeurs bleues et Cornuty murmurait du Verlaine. Il psalmodiait des fragments longs comme des intestins grêles. « *Bla, bla, bli... Bla, bla, bla...* », une rime en « *i* », une rime en « *a* ».

Ce qu'aimait au-delà de tout Henri-Albert, c'était la bouleversante musique de Paul. Il l'entendait jusque dans le clapotis de l'hémoglobine qu'il convoyait. Ce chant intime et prenant...

L'enfant avait infusé sa vie et son corps dans la poésie de Verlaine. Impressions, sensations... étourdissement. À la pause, plutôt que d'aller fumer des cigarettes avec les hommes dehors, Henri-Albert s'agenouilla près de son chariot. Il voulut fixer maintenant, sur du papier, les vertiges que lui procuraient les vers troubles de sa pauvre idole.

Sans feuille ni plume pour écrire, il ôta une étiquette à l'oreille d'un ovin et se rongea l'ongle d'un pouce. Puis il trempa cette rognure dans le wagonnet — encrier de cinq cents litres. Et c'est d'une écriture écarlate en pattes de mouche qu'il rima tout son amour pour Verlaine.

Quand la sonnerie de quelques nouveaux bestiaux égorgés annonça la reprise du travail, Cornuty glissa le poème sous son béret et poussa le wagonnet. Il passait derrière l'armée de têtes de moutons alignées au sol quand Bibi-la-Purée arriva en courant dans la halle :

— Verlaine est à l'hôpital !

Henri-Albert en écrasa la manette du chariot qui se renversa latéralement. Ce fut une déferlante sanguinaire, un raz de marée à l'arrière des crânes, puis cinq cents litres de sang jaillirent de tous les yeux de mouton.

27.

Syphilis
Altération sanguine
Diabète
Souffle au cœur

Cirrhose du foie
Érysipèle infectieux
Hydarthrose jambe gauche
Pneumonie

— Avez-vous lu les deux beaux quatrains ?

— T'as tout ça ?

Frédéric-Auguste Cazals, Bibi-la-Purée et Henri-Albert Cornuty n'en revenaient pas. Leur vieil ami souffrait de tant de maladies qu'il avait fallu accrocher deux panneaux à la tête de son lit pour toutes les énumérer.

— Mais ne vous en faites pas, les petits copains. J'ai autant de projets en tête que de bobos au corps. Petit bonhomme n'...

Paul se tut, sans doute traversé d'une violente

douleur. Mais va savoir en quel endroit de sa personne... Il resta quelques secondes, les paupières closes, à respirer difficilement et laissa passer en lui l'onde de choc.

Des trois, debout autour de son lit n° 28, Frédéric-Auguste parut le plus affecté de voir Verlaine couché ici, à Broussais près de la porte d'Orléans, dans les draps d'une salle commune d'hôpital. Il s'en assit sur le lit voisin. Le poète lui dit :

— Attention, tu es sur le lit du Mort.

Cazals, affolé, se releva d'un bond. Le lit était vide.

— Le lit 27 de la salle Lassègue a mauvaise réputation..., reprit le poète. Depuis la construction de l'hôpital, personne n'y est encore mort, aussi aucun malade n'en veut par crainte d'inaugurer la série néfaste. Il est toujours vide. On l'appelle le lit du Mort.

Cazals et Bibi s'en éloignèrent prudemment.

Une grande fumée blanche, à l'extérieur, vint rouler contre toutes les fenêtres de la façade où était adossé le lit de Verlaine. La fumée fut accompagnée du long cri strident d'un train de Petite Ceinture passant dans un goulet de terre au ras de l'hôpital.

— Toutes les dix minutes, le jour, et demi-heures, la nuit..., soupira Paul dont le lit en fer-blanc avait tremblé pendant le passage des wagons.

Frédéric-Auguste dévissa le bouchon d'un petit encrier et, sur une page de carnet, commença à dessiner son vieil ami : « Tu as vraiment un crâne asymétrique et des menottes anormales de bébé... » Il en fit plusieurs croquis. Paul souleva légèrement ses doigts :

— Ma douce main de maîtresse et d'amant...

Il glissa le bras sous le drap et plissa ses yeux mongols :

— Vous savez qu'autrefois — j'ai oublié où j'ai lu ça — les Chinois fabriquaient des monstres en enfermant de petits enfants dans des vases de porcelaine d'une forme biscornue et d'où on ne les laissait sortir qu'à leur majorité en cassant le vase. On obtenait ainsi des adultes de cauchemar, de véritables gnomes, des nains avec des têtes énormes, des géants aux bras courts et toutes petites mains, des poussahs ventrus presque sans crâne avec de longs bras et de longues jambes qui les faisaient ressembler à des araignées humaines... Mais de quel vase, je suis sorti, moi ?... Maman...

Verlaine parut s'endormir dans le fouillis de sa barbe et ses moustaches de Gaulois. Bibi lui dit :

— Il est beau ton bonnet de l'Assistance publique.

— Mon auréole de foireux.

— Je pourrais y mettre une plume de paon si tu veux.

— Est-ce qu'on pourra revenir te voir ? demanda Cazals.

— Les visites, c'est le jeudi et le samedi entre deux et cinq.

Le vieux poète changea de position, leur tourna le dos.

— Ça va aller, Paul ?

— Ne t'en fais pas, Frédéric. À part un gros con

d'interne, je crois que ça ira. L'hôpital est un lieu comme un autre. On en prend l'hébétude...

Des trois jeunes visiteurs, Henri-Albert avait été le seul à n'avoir rien dit. Il regarda la salle Lassègue.

De part et d'autre d'une allée centrale, tous les lits, sauf le 27, étaient occupés, pleins de râles et de gémissements. Le parquet de chêne luisait de cire et un gros poêle à charbon faisait entendre un ronflement endormeur et béatifique.

Des suspensions à pétrole éclairaient cette salle de château de misère ainsi que de hautes fenêtres à rideaux blancs donnant sur la tranchée du chemin de fer de Petite Ceinture où passa un train. Sifflement, roulement des fumées... Les voiles suspendus à leur tringle s'envolèrent, remuant les fades odeurs d'iodoforme et d'éther.

Les trois partirent par la galerie couverte entourant le jardin intérieur de cet étrange établissement entièrement construit en bois sur pilotis.

Puis ils allèrent rue des Bons-Enfants, pardi !

28.

Au 8 de la rue des Bons-Enfants, ils entrèrent dans l'atelier de Cazals dont la fenêtre donnait sur les Halles. Cornuty y feuilleta les croquis que Frédéric-Auguste avait tracés à l'hôpital. Il s'arrêta sur un dessin représentant Verlaine endormi :

— Pourquoi tu le fais laid ?

— Ben...

— Il est magnifique.

« Oh et puis la beauté physique... de toute façon... », fit Bibi le décharné en tournicotant dans l'atelier. Sa bouche ravalée, dont les lèvres mâchonnaient l'air en permanence, lui donnait déjà l'aspect d'un vieillard.

— Mais, au fait, tu fais quoi, dans la vie, la Purée ? demanda le dessinateur.

— Vaguement clochard et un peu écrivain public dans le quartier des Batignolles, répondit l'autre dans ses hardes trop larges. Je vends aussi des fleurs avec compliments aux dames et des lacets aux hommes... pour étrangler les dames ! Celles qui n'aiment que les jolis gars... Ah, ah, ah ! rigola-t-il en entrechoquant ses mâchoires édentées tout près du nez.

Les murs de l'atelier de Cazals étaient recouverts de dessins, gouaches et pastels où l'on voyait Verlaine assis, debout, de face, de dos, titubant, furieux ou riant.

Sur la grande table à dessin, trônant au centre de la pièce, Henri-Albert, parmi les rognures de gomme, pots à eau et pinceaux, s'empara d'un scalpel servant à tailler les craies grasses. Et dans le reflet d'une vitre donnant sur la halle aux fleurs, d'un trait de la lame aiguisée, il s'ouvrit profondément une gencive. Écrasant ensuite un fusain entre ses doigts, il appliqua la poudre noire sur la plaie. Derrière lui, accoudé à la porte, Cazals, sous sa mèche blonde et en redingote à motifs extravagants, l'observa :

— Ça fait mal ?

— Un peu... Voir un si grand poète abandonné seul à l'hôpital...

Ils se réunirent tous les trois autour du dessin représentant Verlaine endormi.

— J'irai faire l'aveugle, à la foire aux mégots de la place Maubert, pour lui procurer du tabac, promit Bibi.

— Je vais essayer de publier ce dessin dans la presse, soupira Cazals. Je demanderai à Mallarmé d'écrire un texte. Il faut que les gens sachent... Et puis on doit aussi prévenir Léon Deschamps. Où est-il ?

— Chez moi, dit le jeune édenté à la plume de paon. Avec ses amis, ils s'occupent du mouton et entraînent Pistolet à devenir un chien de berger.

— Ah oui, c'est vrai. Il y a ça aussi...

29.

Quand Bibi entra chez lui, accompagné de ses deux camarades, Pistolet lui fit la fête et Cazals annonça la nouvelle :

— Verlaine est à l'hôpital Broussais.

— Ah bon ? s'étonna Deschamps. Mais qu'est-ce qu'il a ?

— Tout ! fit Bibi. Il souffre même de maladies dont je ne connaissais pas les noms.

Dans le très pauvre appartement de Bibi-la-Purée — une petite entrée et une chambrette aux Batignolles donnant sur un terrain vague — le mouton avait été hissé, non sans peine, au sixième étage. Mais depuis son arrivée ici, l'ovin était choyé, près du lit, par une joyeuse bande d'étudiants en droit.

Nourri de croissants, salade fraîche, radis roses et pastilles de menthe auxquelles les moutons du Berry ne sont pas habitués, on le lavait tous les jours au savon noir (parce qu'un mouton en appartement, quand même... Bibi dormait la fenêtre ouverte).

À sa toison gonflée, blanche comme neige, étaient noués des rubans multicolores. Un vrai mouton de

Trianon. On le parfumait aussi d'eau de Cologne. Des étudiants lui récitaient des vers des *Fêtes galantes* en tentant de le défriser avec des peignes pour caniche lorsque ça frappa sur le palier. C'était l'huissier. Quelqu'un poussa la porte de la chambre.

L'homme de loi, mandaté par le percepteur, expliqua qu'il venait procéder à la saisie du chien Pistolet puisque André Joseph Salis, dit Bibi-la-Purée, n'avait pas payé l'impôt. Léon Deschamps protesta, évoquant l'article du Code relatif aux chiens de berger. L'huissier regarda Pistolet dansant sur ses griffes comme sur des aiguilles :

— Voyons, dit-il au jeune avocat qui mordillait une brindille. Je connais la loi aussi bien que vous et cet animal n'est pas un chien de berger !

— La loi ne précise rien sur la race. Du moment qu'un chien fait son devoir en gardant fidèlement le troupeau qui lui est confié, il a droit au titre de chien de berger.

— Monsieur veut rire. C'est très joli tout ça mais où est le troupeau ?

— Ici ! fit Bibi, ouvrant la porte de sa chambre.

Le mouton des abattoirs de la Villette devenu de pastorale, enguirlandé de faveurs et parfumé comme une fille à la mode, était immobile, petits sabots noirs brillants sur les tomettes près du lit.

L'huissier hébété s'en approcha mais Pistolet s'interposa entre lui et son protégé. Il montra les dents et aboya, semblant avoir compris le rôle qu'on lui destinait. L'officier ministériel fut vexé :

— Tout cela est bel et bon mais un mouton ne

constitue pas un troupeau. Alors, tous mes regrets mais je vais instrumenter quand même...

Léon Deschamps fit opposition à la saisie et exigea une comparution directe au tribunal :

— Et samedi, nous irons voir Verlaine à Broussais pour lui raconter tout ça ! fit-il, lançant en l'air sa chapka groseille.

30.

Deux jours plus tard, un médecin-chef se lavait les mains dans une salle de consultation. Un gros interne barbu tournait en rond près de lui et Cornuty, allongé sur une table en fer avec une chique phénoménale à la joue gauche, regardait, par la fenêtre, le jardin d'un bâtiment en bois sur pilotis. Le gros interne, à l'accent normand, l'interrogea :

— Eh bien, vous répondez à c't'heure ? Le professeur Chauffard vous a posé une question !

— Pa'don ?

— Pourquoi ai-je trouvé du charbon de bois à l'intérieur de votre gencive ? demanda le beau professeur Chauffard en s'asseyant à son bureau.

— Je 'onge mes c'ayons.

— Pourquoi vous êtes-vous mutilé, jeune homme ? insista ce médecin-chef aux yeux bleu très pâle.

— Je voud'ais êt'e admis à l'hôpital, salle Lassègue, lit 27, s'il 'ous plaît do'teur.

— Le lit 27 de la salle Lassègue ? s'étonna le professeur aux moustaches et belles épaules de canotier. Mais vous savez qu'il a mauvaise réputation. Tout Paris le sait. On l'appelle le lit du Mort.

Le gros interne s'exclama :

— Des conneries, ça ! Ah, fi'd'garce, il n'y aurait que moi, on s'en servirait de ce lit...

— Contentez-vous d'organiser l'ordre des interventions chirurgicales de l'après-midi, Grand-Maison ! Pourquoi le lit 27 ?

— Pou' êt'e à côté de Pau' Vè-aine.

— Je ne connais pas.

— Mais si ! le lit 28, vous savez... Le vieux qui va crever, dit le Normand. On doit l'opérer de sa jambe pourrie. Il a aussi la syphilis, une cirrhose...

— C'est un g'and poète ! l'interrompit Cornuty qui n'aimait pas qu'on réduise Verlaine à la liste de ses maladies.

— Ah, vaut mieux entendre ça que d'être sourd ! s'indigna le gros interne.

— Vous connaissez ce poète, Grand-Maison ? fit le professeur Chauffard, étonné.

— Vous verriez le délire d'insanités qu'il a écrit dans *Femmes*...

— *Femmes* ? Vous l'avez a-heté où ? demanda Henri-Albert.

Le gros interne devint écarlate.

— Vous l'avez acheté où, Grand-Maison ? questionna le médecin-chef.

— Je ne sais plus...

— Il l'a a-heté dans un hô-el où y a des 'utains.

— C'est vrai, Grand-Maison ? Dans un hôtel de passe ?

— Je ne savais pas, moi. J'ai cru, j'ai cru...

— Vous avez cru que c'était une librairie ? sourit Chauffard puis il se tourna vers Henri-Albert. Le lit 27 ne sert à personne. Allez-y, jeune homme, le temps que cet abcès dégonfle...

— Mè-ci. Mè-ci pou' lui, do'teur !

— Verlaine, vous dites...

31.

Cornuty, en tenue réglementaire — capote bleue sur une chemise de nuit écrue marquée A.P. (Assistance publique), bonnet de coton et chaussé d'espadrilles blanches —, arriva dans la salle Lassègue.

Entre le lit 28 et le 27 où vint s'installer Henri-Albert dans l'étonnement de Paul, Léon Deschamps, debout sur une chaise, refaisait sa plaidoirie :

— Alors, j'ai dit au juge...

Tous les malades de la salle commune, adossés à leur oreiller et coiffés du bonnet de coton, l'écoutaient.

— ... Monsieur le président, dans un État démocratique, il est impossible qu'un pareil crime puisse s'accomplir ! Alors que le riche, possédant dix mille brebis et peut-être cent cerbères, ne paiera aucun impôt... pourquoi un pauvre berger, n'ayant qu'un mouton et un seul chien pour le garder, devrait être écrasé, laminé par la meute du fisc ?

Tout le monde l'applaudit — les amis de Deschamps, Cazals, Bibi, les filles de salle et les infirmières. Les éclopés frappaient le sol, de leur canne ou béquille. Le novice ténor du barreau reprit :

— Nous vivons sous un régime républicain. Ce serait saper les bases mêmes de la Constitution que de favoriser quelques nantis aux dépens d'un prolétaire, qui plus est ami de Verlaine ! Le pauvre, à l'hôpital...

Cazals intervint :

— Et là, le juge a dit : « Verlaine est à l'hôpital ? »

Bibi-la-Purée rajouta :

— Moi, qui étais tout près, je l'ai entendu chuchoter à ses assesseurs que, la veille, il avait dîné avec le préfet de police qui en avait fait des éloges devant François Coppée qui, lui, l'avait beaucoup décrié.

— Alors..., reprit Deschamps. J'ai proféré : « Monsieur le président, ne serait-ce que parce que l'auteur des *Poèmes saturniens* est l'ami de ce berger, nous irons s'il le faut en cassation. Nous en ferons appel à la presse du monde entier. Une telle iniquité ne sera pas commise ! Je le jure par saint Yves qui, aux époques troublées du Moyen Âge, fut le patron des avocats... »

Frédéric-Auguste, la banane au visage, affirma que le président avait souri sous cape et qu'après une courte délibération, le chien de Bibi (« ami de Verlaine », précisa le juge) fut déclaré déchargé de son impôt et que les frais de justice seraient à la charge du fisc.

Le jeune avocat, debout sur sa chaise, se décoiffa

de sa chapka groseille, salua l'assistance de convalescents et de personnel soignant qui l'acclamèrent dans les odeurs de phénol de la salle Lassègue.

— Et qu'avez-vous fait du mouton ? demanda Verlaine.

Deschamps relata :

— Le soir même, Cornuty a dit : « Cha fe'a 'i'e mon oncle... », l'a égorgé dans le terrain vague derrière chez Bibi où on l'a tous dévoré, en méchoui, à la santé des juges ! On a jeté les os de son protégé à Pistolet qui s'en est régalé.

— A'êtez ! A'êtez..., supplia Henri-Albert, pris d'un fou rire malgré sa gencive enfiévrée qui le torturait et lui déformait la joue.

Paul, lui, secoué de spasmes et toussant, se tint la jambe gauche à deux mains. Au-dessus de son vaste crâne, le pompon du bonnet balança près du rire de Cornuty qui le regarda. Grand-Maison arriva :

— Verlaine, en salle d'opération !

Soudain, Paul ne rigola plus du tout.

32.

— Monsieur, vous allez vivre un moment très désagréable.

Le professeur Chauffard, en nouant un tablier derrière son dos, expliqua au poète que l'érysipèle infectieux de sa jambe gauche avait pris une telle expansion qu'il allait falloir tout inciser en une seule séance pour empêcher la propagation à l'autre jambe et au reste du corps : « Nous avons compté vingt-deux adéno-phlegmons entre la cheville et l'aine. On va les ouvrir un à un, les vider, les cureter et ça vous fera très mal. » D'autant plus mal que l'opération se ferait sans anesthésie. Étant donné l'état de faiblesse générale du patient et son souffle au cœur, Chauffard refusa de prendre le risque de l'endormir :

— J'en suis désolé.

— Ne soyez pas désolé, docteur. J'étais fait pour vivre centenaire. Tout ce qui m'arrive, je l'ai bien cherché. Je le dois à mes excès. Je puis faire mon mea culpa. J'ai brûlé ma vie et c'est tant pis pour moi.

Près du professeur, le gros interne barbu Grand-

Maison (qui pour une fois était de l'avis de Verlaine) passa sa tête sous la lanière d'un tablier et s'empara d'un bistouri.

— C'est Vaste-Taudis qui va me faire souffrir ?

— Non, c'est moi. Comment appelez-vous mon collègue ?

Le poète s'allongea sur la table d'opération, vit, de chaque côté de lui, s'approcher les deux tabliers menaçamment blanc, d'un blanc de fer chauffé à blanc.

Lorsque la pointe de la lame du couteau chirurgical creva le premier abcès, il en gicla, jusqu'à une vingtaine de centimètres de hauteur, un long jet de pus jaune et brûlant. Pour les incisions suivantes, Chauffard dû mettre un flocon de ouate au-dessus des petits cratères volcaniques crevés afin d'éviter de s'en prendre les projections dans le visage ou les yeux.

L'abcès percé, cela ne suffisait pas. Il fallait ensuite, du tranchant de la lame, découper autour, creuser profondément la chair à vif et racler pour en retirer tous les germes de contamination. La plaie était ensuite arrosée d'alcool.

À chaque phlegmon opéré, Verlaine hurlait de douleur, voulait se redresser mais les solides pognes du gros interne le maintenaient, par les épaules, plaqué à la table d'opération :

— Courage.

— Merde ! lui criait Verlaine.

Souffle coupé et arythmie cardiaque, ah... Le poète sentait, par flots brutaux, le sang irrégulier lui taper dans la tête, les oreilles et les tempes. Sa jambe ulcérée, doublée de volume et violacée, fut creusée de trous comme le chantier du futur métropolitain. Le bistouri y battait son plein. C'était d'une violence indicible et l'autre gros con de Grand-Maison qui lui disait de se tenir tranquille. À chaque mouvement de lame, Verlaine crut mourir de suffocation. Il alla des abîmes de la prostration aux sommets du délire.

À un moment, Chauffard se redressa pour s'essuyer le front tandis que l'interne plaquait des tampons de ouate et des sparadraps sur les geysers de sang. C'est alors que, miraculeusement, Verlaine se leva sur la table et arracha tous ses pansements en dansant et divaguant sur un air ancien : « *Eugénie, elle est malade... Ah, plaignez la pauvre Philomène !* » On dut le crocheter et le replaquer sur la table pour continuer. Paul n'entendit plus alors que le douloureux poème de son corps. Il s'y noya comme dans un rêve, partit, résigné, dans les vapes avec cette dernière phrase entendue du médecin : « Là... C'est fini. »

L'opération terminée, Verlaine était inanimé, la tête tombée sur la poitrine. Allait-il se réveiller ? Le professeur, qui l'avait fait reconduire au lit 28, était inquiet, le dit à madame Triolet — la surveillante de la salle Lassègue :

— Je le crois foutu.

— Pour sûr.

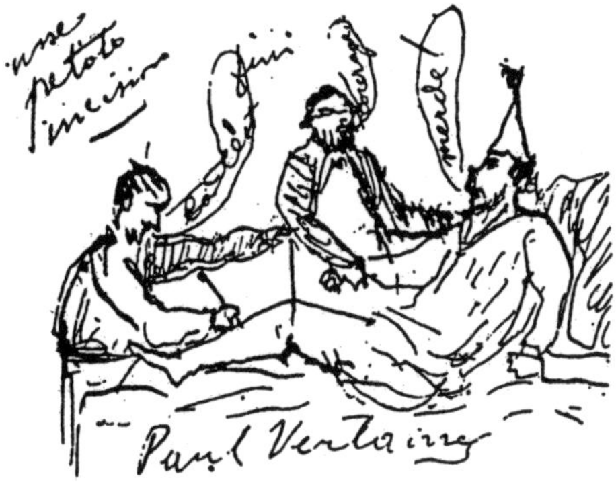
une petite incision
merde!
Paul Verlaine

p. Verlaine

33.

— Une voiture de police, vous dites ?

— Oui, monsieur Vanier.

— Et aussi une ambulancc ?

— Oui.

— Et de ces deux véhicules, des gens seraient descendus pour acheter la série complète des œuvres de Verlaine en plusieurs exemplaires ?

— C'est ça, monsieur Vanier.

L'éditeur, qui venait d'arriver dans sa librairie, se décoiffa d'un haut-de-forme et regarda son jeune commis en blouse grise d'un air dubitatif :

— Vous avez bu, Lucien !

— Mais non, monsieur Vanier... Et puis...

— Quoi encore ?

— Ben, des gens du tribunal qui s'intéressaient à Verlaine sont venus aussi...

— Pour un procès ?

— Pour acheter ses livres.

— Vos parents savent que vous fumez du haschich, Lucien ?...

— Mais je vous jure, s'exclama le gros benêt, la main sur le cœur.

— Ah, ne jurez pas ! s'énerva le minuscule éditeur à colossales moustaches en tournant en rond sur le carrelage de sa librairie. Un jour, vous me direz que c'est le curé de la paroisse qui est venu... Ce n'est pas possible, vous vous piquez à la morphine, Lucien !

— Regardez vous-même l'argent qui se trouve dans le tiroir de la caisse, osa s'indigner le commis. Ce n'est quand même pas le mien !

Léon Vanier compta les billets sans comprendre. Il se frotta les mains malgré tout : « Mais que se passe-t-il ? » Il contempla son magasin, la devanture :

— Retirez quelques livres de Coppée en vitrine, Lucien, et mettez des Verlaine à la place, pour voir...

Le commis s'exécuta puis sortit sur le trottoir vérifier la présentation.

Esther était là, dehors, sous un chapeau à plumes. En robe longue, à larges rayures argentées et jaunes, elle fixait, derrière la vitre, les recueils arborés près de ceux de Coppée. Les *Poèmes saturniens*, *Jadis et Naguère* et quelques autres... *Élégies* et *Odes en son honneur* que Paul écrivit spécialement pour elle. Voir ces deux derniers livres bien en évidence quai Saint-Michel, ça lui fit quelque chose à Philomène...

Un homme la contempla, de dos. À une façon d'être campée sur ses jambes, de balancer son petit sac à main, il devina son métier, s'approcha d'Esther :

— C'est combien ?

— Cinquante centimes... plus un livre de Verlaine.

Le commis, qui assista à la scène, courut la répéter à l'éditeur au fond du magasin. Celui-ci le regarda longuement :

— Mon opinion est faite. Vous êtes fou, Lucien.

34.

Sept heures du matin !... Rue Didot, à Broussais, un premier train de jour poussa son cri strident et roula ses fumées contre les fenêtres de l'hôpital, annonçant ainsi un cycle qui se renouvellerait toutes les dix minutes jusqu'au soir.

Dans le couloir de l'établissement sur pilotis retentirent aussi les quatre roues d'un chariot en fer poussé par une fille de salle à très gros seins et à qui tout le monde faisait la cour dans le but d'obtenir un surcroît de soupe pour le petit déjeuner. Des malades, déjà assis, attendaient. D'autres s'éveillèrent, se saluèrent en s'appelant par leur numéro de lit selon un usage établi ici :

— Est-ce que monsieur 12 a bien dormi ?

— Très bien, monsieur 7, et vous-même ?

Le 33 déclara :

— Il paraît qu'il y a eu trois morts, cette nuit, à côté, salle Follin.

Le 21 commenta :

— Alors, pas d'erreur, on va bouffer du hachis toute la semaine...

Il y eut des rires, des toux et des râles.

Huit heures ! Trois coups de cloche sonnèrent, annonçant l'arrivée du docteur Chauffard entouré de son escadrille d'internes en blouse blanche, capote rouge, et d'externes, en costume de ville, passant de lit en lit :

— Alors au 27, toujours pas de mort ? Cet abcès se résorberait-il ?

— Oui, docteur.

— À la bonne heure. Et le lit 28, où en est-il ?... Ah, mais il revit !

— M'en parlez pas, j'ai failli demander un prêtre. Tant pis, ce sera pour une autre fois.

Verlaine, resté allongé, avait tourné la tête vers Chauffard alors qu'il finissait de dicter, à Cornuty, un sonnet particulièrement grivois pour la jeune infirmière qui, écarlate, lui glissait régulièrement une cuillerée de soupe dans la barbe. Le sonnet racontait que Paul, lorsqu'il serait rétabli, glisserait bien autre chose dans le fouillis des poils de l'infirmière qui lançait des : « Oh, Monsieur Verlaine... Oh, Monsieur Verlaine ! »

— Vous ne m'appelez pas 28 ?

Chauffard parut très heureux de reparler au vieux faune :

— J'ai cru ne jamais pouvoir vous dire mon admiration...

— Pour mon courage physique ?

— Pour vos vers, maître ! Pendant les quelques jours de coma où vous avez fait le mort... ici, on a lu vos poèmes. J'en ai fait acheter, chez votre éditeur, plusieurs séries complètes pour la bibliothèque de l'hôpital.

Puis le beau professeur se tourna vers les étudiants en médecine : « Messieurs, écoutez bien ce que je vais vous dire car vous ne vivrez sans doute jamais ça dans votre carrière... Le grand malade qui est face à vous est aussi un génie. »

La plupart des internes et des externes furent ravis de l'apprendre, oublièrent le numéro et ne retinrent que le patronyme inscrit à la tête du lit. Seul Grand-Maison, derrière, fit la gueule. Ce gros fils de commerçant avait été élevé dans le double mépris de la poésie et de la pauvreté. Pour lui, Verlaine n'était qu'un déclassé ivrogne dont on avait tort de tant s'occuper. Il le marmonna. Et par ses mines hautaines, paroles chuchotées, il manifesta tout l'imbécile dédain qu'il ressentait pour l'illustre malade du lit 28 : « Un radoteur dont le langage incohérent, les expressions sans signification et les images bizarres révèlent l'absence de toute idée nette dans l'esprit... », diagnostiqua-t-il en grommelant.

« Vous vouliez nous faire part de vos appréciations, Grand-Maison ? » lui demanda Chauffard se retournant ensuite vers le Pauvre Lelian : « Maître, je crains que vous ne deviez rester ici quelque temps. De quoi auriez-vous besoin durant votre séjour ? »

— Il n'a rien pour écrire ! s'exclama Cornuty, montrant un bout de crayon cassé et sa feuille de température au dos de laquelle il avait noté le sonnet dicté qu'il tendit à l'infirmière.

— On vous fournira encre, plume et papier, promit le médecin-chef de Broussais à Verlaine.

— Oui mais ici, le soir à huit heures, tout est éteint ! reprit Henri-Albert.

— Vous aurez une chandelle, sur votre table de chevet, maître.

— Si on ne peut venir le voir que le jeudi et le samedi, il va s'ennuyer !

— Pour vous, les visites seront autorisées tous les jours..., sourit l'affectueux et dévoué Chauffard. Un sacré ange gardien que cet enfant venu près de vous, cher poète ! Je le comprends. Et il n'est pas le seul !...

Le professeur sortit d'une poche de sa blouse un quotidien plié qu'il posa sur le lit de Paul : « Dans *Le Journal* de ce matin, page quatre, on évoque votre génie et votre dénuement matériel — un beau texte, quoique obscur, signé Mallarmé et illustré d'un dessin où l'on vous voit dormir. On réclame aussi pour vous, au ministère de l'Instruction publique, une subvention. »

35.

— Une subvention ? !

François Coppée, qui prenait son petit déjeuner, crut qu'il allait s'étouffer. *Le Journal* ouvert en page quatre sur la table, il avait avalé son café de travers. Il toussa, éructa, suffoqua dans sa tasse en faïence, les yeux exorbités.

Sa petite femme, ronde et cheveux mauves, courut, sur le tapis, vers lui :

— Oh ! là, là ! c'est parti dans la poche à prières... Mais qu'est-ce qui t'a mis dans un état pareil ? Elle regarda le quotidien éclaboussé de café. Ah, encore ce Verlaine ! Justement, je voulais te dire... L'autre jour, quand je suis passée quai Saint-Michel, j'ai remarqué que, chez Vanier, on avait remplacé dans la vitrine certains de tes livres par les siens.

— Wouah !...

Rejaillissement. L'académicien réexpectora. Son nez pulvérisa, sous le lustre, de la morve tachée de café. Ça devint franchement dégueulasse. Secoué de spasmes en son appartement, sa femme lui donna de petites tapes dans le dos :

— Calme-toi, François. J'en ai acheté un pour voir. C'est bien, Verlaine.

— Huuu !...

— Pourquoi tu ne l'aimes pas ?

— Aaah !...

François Coppée se redressa, une main sur la poitrine. Rouge de colère, fumant comme une cafetière, de la buée s'échappa de ses yeux :

— De quoi il se mêle, ce Mallarmé alambiqué ? Et ce qu'on ose réclamer pour l'autre !

Sa femme, le voyant en état d'apoplexie, crut que son Immortel de mari allait crever. Elle ne sut plus que faire :

— Tu veux que je te récite Le chant de la pluie ? *Il pleure dans mon cœur...*

— Tais-toi !...

Bavant de rage, il dévisagea son épouse comme s'il allait l'étriper.

— François ! Tu ne m'as jamais regardée comme ça. Que vas-tu faire ? !

— Publier un contre-témoignage...

Le pli amer de sa bouche vibra de haine. Ses cheveux noirs, habituellement lustrés en arrière, suintaient le long de sa face comme le café coulant sur la tasse renversée.

— Quelle époque ! Alors il faudrait innocenter le juif Dreyfus et que le ministère de l'Instruction publique verse à un repris de justice...

Il se prit le visage dans les mains :

— ... une subvention !

36.

— Une subvention ?

Eugénie Krantz, qui lisait aussi *Le Journal,* ne tarda pas à débouler salle Lassègue. Portant un panier d'osier et les pattes tordues par l'ostéoporose, elle fila vers le lit 28 :

— Paraît qu'il y a des gens qui veulent qu'on te donne de l'argent ? Est-ce que tu l'as déjà reçu ?

Verlaine, allongé sous ses draps, n'en crut pas ses oreilles :

— Dehors, la toquée du 39 ! À ma sortie d'hôpital, je ne vivrai plus désormais qu'avec mademoiselle Philomène Boudin... T'es quand même gonflée de venir ici, dit-il à Nini Mouton. Comment vais-je aller à Manchester après ce que tu m'as volé ? Est-ce qu'il y a une quatrième classe sur les bateaux ?

— Mais ce n'est pas moi ! jura la frisottée à face plate, claquant d'une main sa poitrine osseuse qui fit un bruit creux. Tu veux que je te dise le nom de la coupable ? Esther !

— Esther ?

« Ah-hum ! Ah-hum ! », l'ancienne danseuse du

bal Bullier virevolta en toussant autour de la couche de son vieil amant. Elle en borda les draps avec énergie, étira les couvertures, souleva les pieds du lit pour mieux le caler contre le mur en planches, derrière lequel passa un sifflement déchirant de train à vapeur. Nini Mouton roula comme la fumée aux vitres, arrangeant tout, partout, avec des gestes rapides de maman, donna le tournis à Verlaine. « ... La putain aura pris la clé sous le paillasson pour fouiller nos meubles. Je l'ai vue l'autre jour avec un manteau à des plus de deux cents francs. Comment se l'est-elle payé ? »

Eugénie tapota les oreillers, tourna la couture du bonnet de coton du poète, mit le pompon à droite, à gauche, tandis que Paul, savourant l'étourdissement de cet envol de doigts maternels autour de sa tête, s'écria à propos d'Esther :

— Ah, la garce. Je ne la reverrai plus jamais !

Sur le lit du Mort où Eugénie avait lancé son panier, Henri-Albert tentait de suivre les aventures néoconjugales de son idole. Verlaine se tourna vers lui et chuchota sur le ton de la confidence en remuant un doigt en l'air :

— Une enquête soigneuse vient de me démontrer qu'il y avait eu erreur sur la personne...

Dans le dos de Verlaine, la Krantz s'affaira sur la table de chevet. Elle souleva le pied en bois d'une chandelle, un urinal en fer émaillé blanc, ouvrit le tiroir :

— Tu n'aurais pas écrit des poèmes depuis que t'es là ? Parce que, comme il faut que je fasse des courses, je me disais que j'aurais pu d'abord passer par chez Vanier.

Elle trouva un petit bout de papier plié :

— C'est quoi ?

— Un sonnet pour Philomène resté dans la poche de mon manteau.

« Tant pis, c'est toujours ça », dit-elle, rangeant dans un porte-monnaie le quatrain destiné à sa rivale. Puis ce fut à nouveau la danse hypnotisante de ses phalanges autour du visage de Verlaine. Elle lissa la barbe en deux pointes sur les côtés, étira les moustaches, débroussailla les sourcils du poète qui baissa les paupières.

Paul retrouva des sensations anciennes comme lorsque, enfant, sa mère le dorlotait. Nini Mouton boutonna le col de sa chemise de nuit, étendit la toile écrue sur les épaules, remonta le drap du lit : « Ne prends pas froid. Ça peut être combien une subvention ? » Pauvre Lelian ne répondit rien alors la Krantz s'en alla.

Dans le silence retrouvé de la salle commune d'hôpital, parmi les odeurs de phénol, Paul s'était endormi, la tête penchée sur une épaule.

Cornuty le contempla de ses grands yeux mélancoliques.

37.

Le lendemain, comme par hasard, ce fut Philomène qui rappliqua en cape. Sa robe aux couleurs vives et son vaste chapeau à plumage jetèrent des notes claires dans la tranquillité grise de l'hôpital.

— Où est-il ton manteau hors de prix qui me fera voyager dans la soute d'un ferry ? lui demanda le poète, assis droit dans son lit et ne tournant que les pupilles furtivement vers elle.

— De quoi tu parles ?

— Ah, ne me prends pas pour un abruti ! Ça suffit de l'autre con en face, dit-il, scrutant à nouveau fixement devant lui.

Philomène-Esther était venue avec des violettes un après-midi où un sculpteur, dans la salle Lasègue, modelait, au pied du lit, le buste de Verlaine au grand ébahissement des malades.

Cet artiste suisse allemand, de passage à Paris, avait sollicité une séance de pose après avoir vu le dessin de Cazals dans *Le Journal*. Garçon de vingt-six ans en blouse grise, tout rond, tout franc, il ne parlait pas français. Spécialiste en médaillons, c'était un artiste inégal. S'il avait réussi quelques bustes de personnalités militaires, il était en train de louper celui du poète.

— Il s'appelle Auguste Rodo. J'aurais préféré Auguste Rodin..., soupira Verlaine.

Son œuvre avait un caractère douloureux et germanique. Le côté primesautier et gamin de Paul lui échappa complètement. Et manque de chance pour le poète saturnien qui le pressentit, ce sera la statue d'Auguste Rodo qui l'immortalisera plus tard sur une pelouse du jardin du Luxembourg. Verlaine y sera représenté comme un monstre d'accablante laideur :

— Je suis maudit ! Que diront de moi les hommes et les femmes du futur en voyant ces traits durs ? murmura-t-il, restant bras croisés, immobile comme une statue. Ils verront sans doute un monsieur malveillant mais confesseront que le sculpteur avait du talent..., continua-t-il de grommeler à la petite putain blonde qui s'assit au bord du lit et déposa son bouquet sur la table de chevet. Je suis né sous une mauvaise étoile, sous le signe de Saturne... Les sculpteurs me loupent et toi, tu me voles. Fous le camp !

Verlaine, un bras tendu à l'allemande, désigna la porte, quitta la pose.

— Achtung ! s'exclama le sculpteur.

— Ta gueule ! lui répondit son modèle.

La voix de Paul — habituellement tambour voilé — avait crié si fort « Fous le camp ! » à Philomène qu'un garçon du bureau d'inscription accourut aussitôt. Le poète lui intima l'ordre :

— Virez-moi la kleptomane du 18 ! Et à l'avenir, interdisez à cette merde de revenir me tacher le lit !

Tandis que l'employé, gêné, reconduisait la petite blonde un peu voûtée dans l'humiliation des regards embarrassés de tous les malades et de Cornuty, Verlaine gonfla sa poitrinc comme un dieu germanique. Il recroisa ses bras, scruta droit devant lui, reprit la pose.

Son air devint douloureux. Il fronça les sourcils sous un regard farouche et dangereux. Une expression mauvaise et haineuse contracta et déforma son visage.

Il ressembla de plus en plus à sa statue.

38.

— Revenez près de votre protégé autant que vous voulez, petit ange gardien ! Tout le temps que j'aurai des responsabilités dans cet hôpital et que notre ami sera là, vous pourrez disposer gratuitement du lit du Mort.

— Alors, je l'occuperai pendant mes prochains jours de congé.

Près d'un Grand-Maison qui levait les yeux au ciel, le professeur Chauffard observait l'enfant fanatique, assis sur le lit 27, finissant de lacer son godillot gauche :

— Vous n'avez qu'une chaussure ?

— Non, j'ai aussi son chausson, répondit Henri-Albert, enfilant la pantoufle, brune de sang séché et mordue par des rats, qu'il lia avec des ficelles autour du cou-de-pied et la cheville.

Le gros interne barbu contempla cette ruine de feutre puis regarda Paul avec dégoût sur le lit 28 :

— Tel chausson, tel poète...

Verlaine reposait sur le dos, les paupières closes.

— ... Moi, je te foutrais le tout aux ordures. Ah, fi'd'garce !

— Chut ! ordonna Chauffard. Il dort...

— Il fait semblant, dit Cornuty, se levant et se coiffant de son béret.

— Ah bon ?

Verlaine ouvrit les yeux, regarda le professeur et lui sourit avec malice puis il tira la langue à Grand-Maison. Outré, celui-ci gonfla ses joues pour répliquer quelque chose de cinglant quand il fut interrompu par le joyeux vacarme d'une bande arrivant dans le couloir en chantant *Le Père la Victoire*. Tous les visages des malades de la salle Lassègue s'illuminèrent. Chauffard le remarqua.

La nouvelle de l'hospitalisation du poète et la possibilité de le visiter quotidiennement ayant fait le tour du Quartier latin, maintenant, chaque jour, des écoliers, avant d'aller en cours, passaient par Broussais, braillant également la chanson *Les Pioupious d'Auvergne...*

Ce matin-là, ils furent une quinzaine à débouler tôt. Deux infirmières les précédèrent pour asseoir le poète et arranger ses oreillers tandis que les jeunes, cartable à la main, lui offraient deux sous de violettes, un paquet de tabac, des chocolats et aussi des oranges que Paul lança à ses voisins de lit.

Une dame américaine, accompagnant Anatole France, vint lui apporter une fabuleuse gerbe d'orchidées. Le poète embarrassé les glissa dans son urinal faute d'un meilleur vase. L'Américaine repartie, il fit don des fleurs à madame Triolet. La surveillante fut enchantée par ce bouquet dégoulinant de l'urine du poète.

Pour le remercier, avant de suivre Chauffard en visite aux lits de la salle Lassègue, elle fila dans son bureau et offrit à son tour, au poète, un beau livre avec des gravures en couleurs — un traité des maladies vénériennes. Sitôt qu'elle fut éloignée, Verlaine feuilleta les pages anatomiques devant Cazals, Bibi et Deschamps arrivés aussi, et il soupira : « C'est une gentille surveillante et ses intentions sont excellentes pourtant je ne ferai pas de ce volume mon livre de chevet... » Il tourna l'ouvrage vers ses amis et montra les gravures : « Regardez ça ! Chancres et véroles... On le dirait illustré par des Peaux-Rouges en goguette. » Autour de lui, des éclats de rire fusèrent.

Chauffard, un peu plus loin, prenant le pouls d'un cas désespéré vit celui-ci sourire. Léon Deschamps raconta que, deux jours auparavant dans la rue, la bande avait croisé l'huissier venu pour la saisie du chien de Bibi. Et qu'ils l'avaient entraîné dans un bouge ! Et qu'ils l'avaient enivré ! Et que Frédéric-Auguste avait dessiné Verlaine faisant un pied de nez sur son crâne chauve.

— Mais le lendemain, dit Bibi mâchouillant l'air et tenant Pistolet dans ses bras, il avait lavé ton portrait au savon.

— Alors Léon l'a menacé d'un procès pour destruction d'œuvre d'art ! s'esclaffa Cazals dans sa redingote à étoiles.

— Sauf s'il venait ici réciter un de vos poèmes..., précisa Deschamps à Verlaine. Et il a accepté cet accord à l'amiable.

Coiffé de sa chapka groseille, le jeune agitateur d'idées grimpa sur une chaise comme si c'était l'estrade d'une salle de spectacle. Il retira la brindille de sa bouche, secoua une petite clochette et annonça d'une voix solennelle :

— *Green* de Paul Verlaine par un officier ministériel !

— Quoi ?

Au fond de la salle Lassègue, près de Chauffard penché sur un malade, Grand-Maison, debout, qui tapotait d'un ongle le réservoir d'une seringue de morphine, en resta bouche bée. Il entendit ensuite :

— Monsieur l'huissier de justice, veuillez mettre à exécution l'acte de procédure !

Le gros interne barbu vit débarquer dans cette salle commune d'hôpital un monsieur gris qui attendait dans le couloir. Il portait des bûches de hêtre entassées horizontalement sur ses avant-bras.

Verlaine, sourcils relevés par-dessus ses besicles, observa l'inconnu chauve et périlleusement chargé venant vers lui. Sur les bûches, Paul lut, écrit à la peinture rouge : *Le luthier de Crémone*, *Les Intimités*, *Pour la couronne*, *Le Reliquaire...*

— Que des titres de Coppée... Mais qu'ils sont bêtes. Ça, c'est une idée de toi, Frédéric-Auguste ! sourit Verlaine.

L'huissier de justice baissa le front vers le bois qu'il portait. Sur son crâne chauve et luisant restaient des traces rougeâtres du dessin de Cazals mal effacé par le savon noir. Verlaine ajusta ses lunettes :

— Tu ne m'avais pas loupé, mon salaud.

Au pied du lit, l'officier ministériel se racla la gorge et, résigné, montrant son bois de chauffage, il commença à réciter, d'une voix monocorde, un poème de l'illustre malade : « Voici... » Grand-Maison, sidéré, en lâcha sa seringue qui se planta dans une de ses chaussures :

— Aïe !

L'huissier tourna la tête : « *Voici...* » Les bûches roulèrent de ses avant-bras et tombèrent sur les draps du poète :

— Ouille !

Voici des fruits, des fleurs, des feuilles et des [branches
Et puis voici mon cœur qui ne bat que pour vous.
Ne le déchirez pas avec vos deux mains blanches
Et qu'à vos yeux si beaux l'humble présent soit doux.

Verlaine pouffa : « Ouh, ouh... »

J'arrive tout couvert encore de rosée
Que le vent du matin vient glacer à mon front.
Souffrez que ma fatigue à vos pieds reposée
Rêve des chers instants qui la délaceront.

Paul se tenait le ventre et l'officier ministériel, devant le vieillard syphilitique, continua :

Sur votre jeune sein...

— Arrêtez ! Arrêtez...

Sur votre jeune sein laissez rouler ma tête
Toute sonore encore de vos derniers baisers ;
Laissez-la s'apaiser de la bonne tempête,
Et que je dorme un peu puisque vous reposez.

La main sur sa poitrine, Verlaine, suffoquant, crut qu'à l'écoute de son tendre et douloureux poème il allait mourir de rire. Chauffard se précipita pour lui donner des claques dans le dos : « Calmez-vous, maître. Ça va aller, ça va aller... »

L'assigné aux saisies, honteux et dépité, quitta la salle tandis que Cazals faisait mine de vouloir courir après lui : « Bravo, c'était très bien ! Pour la pcine, je vais vous faire un autre dessin... Verlaine qui chie ! » L'huissier s'enfuit en courant tandis que Paul, la tête renversée en arrière, suppliait :

— Oh ! Oh...

Grand-Maison ne se sentit pas bien — il en avait trop vu, entendu, et la morphine dans le pied... Il s'assit sur une chaise, le front en nage par-dessus le dossier alors que Bibi mettait les bûches Coppée à flamber dans le gros poêle de l'hôpital.

Tous les malades de la salle Lassègue frappèrent le sol de leur canne, béquille ou béquillon. Le professeur Chauffard observa leurs visages hilares. Ces gens allaient pourtant au plus mal. Plusieurs d'entre eux ne passeraient pas la semaine. Chauffard le savait. Mais ils riaient et s'étonnaient :

— C'est vous qui avez écrit ce poème, monsieur 28 ?

Un jeune ouvrier imprimeur, crevant de saturnisme, le visage enfoui dans son oreiller, demanda : « Et donc, à la bibliothèque, il y a tous vos livres ? »

Ce typographe blafard réussit à s'asseoir devant l'ébahissement de Chauffard. Un peu plus loin, le cas désespéré dont le professeur avait pris le pouls réclama de la soupe. Chauffard lui reprit sa tension qui avait baissé. Du milieu de la salle, il s'adressa à Verlaine :

— Maître, vous êtes aussi un précieux auxiliaire des médecins pour hâter les guérisons et relever le moral des malades de la salle Lassègue.

« Je n'y suis pour rien ! » s'exclama le Pauvre Lelian. « Moi, je souffrais, là, tranquille, plein de drames, quand ces imbéciles... », continua-t-il, montrant la jeunesse heureuse autour de son lit. « Mais aussi, avec des amis pareils... Regardez ce Bibi-la-Mouise, ce fou de Cazals, ce procédurier Deschamps, ce... » Il tourna la tête vers le lit du Mort : « Ben, où est-il le petit paysan de Béziers ? » La fumée d'une locomotive vint rouler contre toutes les vitres de l'hôpital.

39.

Cornuty était dans le train de Petite Ceinture. Joue à la vitre d'un wagon de troisième classe, il était heureux puisqu'il avait laissé son idole riant aux éclats des facéties des autres bons copains.

Monté en gare d'Orléans-Ceinture, il vit défiler, au ras du compartiment, le mur en planches de l'hôpital et, derrière les fenêtres, s'envoler les rideaux blancs.

Le train omnibus, ouragan de ferraille et de boue, grinça, mal assis entre toutes ses roues, et roula ses yeux verts et rouges en contournant Paris. Il passa dans des goulets de terre. À d'autres moments, le ciel fut à découvert. Des platanes déchus s'effeuillèrent dans l'air... de fin octobre.

La machine s'époumona. Des cascades de mousses vertes tombaient des voûtes des tunnels répandant une étonnante odeur de terre.

Puis le paysage, dans le cadre des portières, courut furieusement... Et des plaines de banlieues... avec de l'eau, des maraîchers, des arbres et du ciel... allèrent s'engouffrant parmi les tourbillons de fumée. Les jeux d'optique des bords de vitres biseautés semblèrent casser tous les poteaux du télégraphe dont les fils prirent l'allure étrange de paraphes.

Badaboum, badaboum. Huu ! Huu... Une odeur de charbon qui brûlait et d'eau qui bouillait, tout le bruit qu'auraient fait mille chaînes au bout desquelles auraient hurlé mille géants qu'on aurait fouettés. Et tout à coup, à chaque station (La Rapée-Bercy, Charonne, Ménilmontant...), des cris prolongés de chouette.

Mais que faisait tout ce chahut visuel et sonore à Henri-Albert puisqu'il avait encore dans les yeux la blanche image du poète qui rendait son cœur plus calme, puisque la douce voix détimbrée de Paul murmurait encore à ses oreilles, puisque le nom si beau, si noble, de Verlaine se mêlait — pur pivot de tout ce tournoiement des sens — au rythme du wagon brutal, suavement.

Cornuty descendit à la gare de Paris-Bestiaux.

Son oncle, les bras pleins de sang sur l'esplanade à l'heure de la pause collation, l'aperçut au loin. L'enfant se dirigea vers lui :

— Pardon, tonton, mais, tu sais, j'étais à l'hôpital pour mon abcès et...

— Comment va-t-il ?

L'enfant comprit immédiatement que l'oncle ne parlait pas de la blessure qu'il s'était infligée.

— Mal.

Les quarante bâtiments des abattoirs généraux de la Villette étaient disposés en éventail. L'oncle, dehors, s'accouda à une pyramide de bêtes mortes malades et entassées, les pattes en l'air. Leurs gueules étrangement renversées semblaient rire de cette position catastrophique. Des employés les conduisaient, sabots aux nuages, sur des charrettes en fer vers la fonderie industrielle où leur chair deviendrait savon, huile, suif à chandelles comme celles à la lumière desquelles écrivait Verlaine, la nuit, à Broussais.

— Est-ce que tu crois, tonton, qu'on se rappellera de lui, plus tard ?

Un peu plus loin, le tas des carcasses de bêtes mortes accidentellement, piétinées par des congénères pendant le voyage. Des employés les débitaient telles, à la hache, pour la ménagerie de Paris. L'oncle répondit :

— Il y a au Jardin des Plantes, au bout d'une allée d'ifs, un cèdre du Liban dont Jussieu a rapporté la bouture dans son chapeau empli de terre. Sur le navire, pendant une traversée tragique à cause du manque de vivres, il a sacrifié, pour l'arroser, les trois quarts de la ration d'eau douce qui lui était dévolue. Il est arrivé presque mort de soif en France mais sa bouture, maintenant arbre géant presque deux fois centenaire, domine tout Paris.

L'enfant glissa sa main dans celle du frère de sa mère — grosse paume constellée de cals par tous les meurtres commis. L'oncle, surpris, n'osa plus bouger sa pogne écarlate. À son épais poignet anarchiste envahi de poils, le symbole voyou des trois points tatoués en triangle signifiant « Mort aux vaches ».

Et tous les deux regardèrent, entre les bâtiments des abattoirs, s'élever romantiquement les vapeurs ondulantes, bouclées et roses, sur le canal de l'Ourcq où se déversait l'eau chaude des triperies.

40.

Le 30 octobre, vers midi, Léon Deschamps, coupant des dents l'extrémité d'une brindille prise dans le jardin intérieur de Broussais, remonta les trois marches en planches de l'hôpital sur pilotis. Longeant les arcades de sapin des galeries, petit air malin aux lèvres, il arriva dans la salle Lassègue d'une démarche légère.

Ça riait sur le lit de Verlaine, s'exclamait, s'engueulait :

— Mais mange pas tout !

— Je ne mange pas tout.

— Mais si ! Je vais te planter la fourchette dans la main, moi.

— Et comment tu vas faire ? T'es paralysé.

Bibi-la-Purée, assis sur le lit du Pauvre Lelian aux bras immobilisés le long du corps, mangeait dans l'assiette du poète :

— Après tout, si tu n'en veux plus et puis le docteur a dit...

— Échange cette gamelle contre du vin !

— Non, non, non. Un bouilli de veau aux haricots, on ne va pas le gâcher. Tiens, Pistolet, tu veux finir ?... parce que là, moi, j'en peux plus.

— Oh le salaud !

Bibi rigola de toutes ses gencives.

À Broussais, au déjeuner, ça troquait entre alités. Un gardien de square échangeait son vin contre le tabac d'un cheminot : « Tiens, v'la mon pive, passe-moi du perlot. » Les diabétiques proposaient les petits gâteaux ou les figues sèches du dessert contre la salade du voisin. Et Verlaine — qui troquait presque entièrement sa nourriture contre des carafons de vin gris des Ardennes — en avait habituellement, à cette heure-là, un petit coup dans le nez.

« Mais, maintenant, cet oiseau de malheur à une seule longue plume sur la tête m'assèche comme un désert ! » se plaignit Paul auprès de Léon tandis que le retentissement d'un chariot de fer dans le couloir annonçait que l'heure fixée pour le repas était écoulée. « On dirait que ça boit moins, ici, depuis quelques jours... » firent les filles de salle commençant à desservir. Elles posèrent sur le chariot des carafons intacts devant un Verlaine effondré.

Bibi siffla son petit chien, de sa bouche édentée : « Flt ! Flw... » Pistolet, qui ne pouvait pas confondre, sortit de sous le lit et sauta, tout léger, sur les jambes du poète.

— Aïe.

— Dis donc, Paul, t'es de plus en plus chochotte des guiboles... Ça va mieux, la paralysie en bas ! s'exclama le jeune mendiant à la plume de paon, prenant, sur la table de chevet, son panier de fleurs et de lacets où vint bondir prestement Pistolet.

— Maintenant, c'est le haut qui s'ankylose, se désola Verlaine auprès de Deschamps. Il paraît que ça va passer mais quand même ! Ne plus pouvoir lever le coude pour boire un coup, que pouvait-il m'arriver de pire ?

Léon sourit de ce patient souffrant de cinq ou six maladies mortelles mais ne s'inquiétant que de l'impossibilité momentanée de porter un verre à ses lèvres.

— Une cure de désintoxication ne te fera pas de mal, rigola Bibi-la-Morale.

— Mais défends-moi, toi ! gueula Verlaine après Deschamps. T'es pas avocat ?

— Oh, avocat... Depuis que je vous ai rencontré, Paul, je ne suis plus certain que ce soit ma vocation...

Bibi, panier d'osier au bras contenant chien, fleurs et lacets, quitta la salle Lassègue sur un : « Bon, ben moi je vais aller faire l'aveugle, à la foire aux mégots de la place Maubert, pour te procurer du tabac sinon tu vas encore râler. Salut, Léon, bonne chance pour la relève. Il vient quand Frédéric-Auguste ?

— Dix-sept heures.

— Au revoir, Paul...

— Crève d'indigestion !

— À demain.

— Mange avant de venir !

Pour pallier l'absence de Cornuty qui avait donné l'exemple... Bibi-la-Purée, Deschamps et Cazals — dont aucun des trois ne put se résoudre à réclamer le lit du Mort — avaient décidé de se relayer dans la journée auprès du vieux poète.

Bibi venait pendant la visite de Chauffard pour repartir après avoir piqué dans l'assiette du déjeuner de Verlaine (ce qui l'arrangeait plutôt car, très pauvre, il partageait plus souvent qu'à son tour la gamelle de son chien). Léon prenait la relève jusqu'au milieu de l'après-midi puis arrivait Frédéric-Auguste qui ne s'en allait qu'à la fermeture de l'hôpital.

Henri-Albert, travaillant aux abattoirs des matines à l'angélus, avait juste le temps de descendre du train et courir voir Verlaine quelques minutes avant qu'on éteigne les lumières. Mais souvent il arrivait trop tard devant les grilles fermées alors il contournait l'hôpital et, le long des rails de la coulée verte, il s'adossait au mur en planches, sous la fenêtre de Paul, pour écouter ronfler le poète puis retournait à pied à la Villette. Lorsqu'il entendait venir le sifflement lugubre d'un train qui frôlerait les planches de Broussais, l'enfant devait se glisser entre les pilotis du bâtiment hospitalier et là, à même la terre humide parmi les pieux de fondation, il guettait ensuite, à travers les lattes du plancher de la salle Lassègue, le grincement des ressorts du lit de Verlaine qui se retournait dans des cauchemars ou des rêves.

Les ressorts du sommier de Paul grincèrent à nouveau en ce début d'après-midi car une infirmière, qu'aida Léon, arrangea la couche et la tenue de l'illustre malade : « Asseyez-vous mieux. »

Le Pauvre Lelian fit ce qu'il put.

— Ah mais ça s'arrange, la jambe, on dirait. Vous allez bientôt pouvoir faire quelques pas, chantonna l'infirmière. Faites voir si vous êtes beau.

Elle lui coiffa les cheveux autour des oreilles, les moustaches et la barbe, arrangea le bonnet de coton avec le pompon dressé bien droit à la verticale de la tête :

— Voilà, parfait. Un vrai mandarin qui n'a plus qu'à attendre ses visiteurs.

Ils ne tardèrent pas. Deschamps fut surpris par leur nombre, chaque jour plus important. À Broussais, rue Didot, Verlaine devenait aussi accessible qu'un prêtre au confessionnal. La jeunesse estudiantine séchait les cours de droit et de lettres classiques pour aller vers ce révolté contre les conventions civiles et poétiques.

Des lycéens-rimeurs de Condorcet, piqués de bonne heure par la tarentule poétique, débarquèrent aussi. Ces nourrissons de la Muse arrivèrent par deux ou trois, par demi-douzaines, représentant toutes les tendances de la jeune poésie d'alors. Ils s'annoncèrent ainsi au personnage mythologique alité :

— Nous sommes les Vers-libristes.

— Les Magnifiques.

— Les Instrumentistes.

— Je représente les Égotistes.

— Les Amoraux.

Etc. Deux jeunes acnéiques, cheveux longs coulant sur les côtés de leur visage, se traînèrent jusqu'au lit du poète dans des vêtements trop grands — manches de chemise pendantes aux bras comme des pattes molles et pantalon tombé en accordéon sur leurs souliers usés. L'un des deux souffla :

— Nous représentons les Désenchantés...

— Mouvement sans élan, précisa son voisin.

Verlaine sourit — il les trouva si drôles — tandis que Deschamps, basculant en arrière sa chapka groseille, s'étonnait : « Je ne savais pas qu'il y avait autant de genres de poésie. »

La salle Lassègue devint alors un salon où les chaises manquèrent. Les rares disponibles furent réservées aux filles qui offrirent au vieux faune des cigarettes à bout doré. Paul regarda avidement la soie de leurs jupes s'accrocher à la paille des grosses chaises. Sinon, tous les autres, qui ne purent s'asseoir sur le lit 28, étaient debout autour.

Adossé aux oreillers sous son bonnet de coton, la chemise de nuit « Assistance publique » ouverte sur sa poitrine blanche, entre les déchirants sifflements des trains de Petite Ceinture, le Pauvre Lelian les contempla. Leurs manifestations de bienveillance et leurs boîtes de chocolats étaient pour lui un soleil moral. S'excusant de sa situation en cette salle commune d'asile où l'on acceptait les indigents, il fronça facétieusement le bout de son nez et leur déclara, tout à trac, comme une décision prise le matin même et irrévocable :

Je renonce à la poésie !
Je vais être riche demain.
À d'autres, je passe la main :
Qui veut, qui veut m'être un sosie ?

Bel emploi, j'en prends à témoin
Les bonnes heures de balade
Où, rimaillant quelque ballade,
Je passais mes nuits tard et loin.

Sous la lune lucide et claire
Les ponts luisaient insidieux,
L'eau baignait de flots gracieux
Paris gai comme un cimetière.

Je renonce à tout ce bonheur
Et je lègue aux jeunes ma lyre !
Enfants, héritez mon délire...

Ils l'écoutèrent stupéfaits, se demandant si c'était vrai, puis virent la drôlerie délicieuse de l'œil à demi fermé briller et annoncer la nouvelle bonne blague prête à sortir de derrière ses grosses moustaches à la cosaque :

Je reviens à la poésie !
La richesse décidément
Ne veut pas de mon dénuement
Et c'est un triste dénouement.

À moi la provende choisie,
L'eau claire et pure et ce pain sec
Quotidien non sans, avec,
Un gent petit air de rebec !

À moi le lit problématique
Aux nuits blanches, aux rêves noirs,
À moi les éternels espoirs
Pavanés des matins aux soirs !

À moi l'éthique et l'esthétique !
Je suis le poète fameux
Rimant des vers pharamineux
À l'ombre d'un quinquet fumeux !

Je suis l'âme par Dieu choisie
Pour charmer mes contemporains
Par tels rares et fins refrains
Chantés à jeun, ô cieux sereins !

Je reviens à la poésie.

Ils applaudirent, firent une ovation à tout casser à ce poète rejeté par les cénacles officiels qui savait rire de sa détresse.

— Ah, putain, ce n'est pas Coppée qui aurait écrit ça ! s'exclama l'un.

Loin des vers académiciens, d'allure guindée, ils déclarèrent préférer (et de loin) sa façon personnelle d'unir le sévère au plaisant :

— Quand on vous lit, on se dit que c'est très simple. On croit que tout le monde aurait pu le faire mais il n'y a que vous qui y arrivez. Vous êtes extraordinaire.

Ces jeunes gueulèrent, s'interpellèrent les uns les autres, eurent tous des choses à dire. Ils étaient maintenant si nombreux qu'ils gênaient, dans l'allée centrale, le passage des chariots que poussaient les infirmières en souriant avec indulgence. « Pardon, messieurs, pardon, messieurs. » Dans ce boucan parmi les mourants, Grand-Maison déboula en hurlant :

— Ah, fi'd'garce ! C'est-y pas bientôt fini ici ? Mais vous vous croyez où ?

Deschamps, adossé au mur en planches entre la tête de lit de Verlaine et une fenêtre donnant sur la tranchée, murmura : « Il leur faudrait un local où ils pourraient se retrouver... »

Ces adolescents proclamèrent se régaler de tous les poèmes de Paul récemment découverts chez Vanier : « Mais on ne savait pas que vous existiez. Les professeurs ne nous avaient pas dit. Heureusement que le bouche à oreille... » Ils affirmèrent rafoller de ses inventions déconcertantes, parcourir ses lignes sans effort d'attention, sans l'ombre d'un ennui, sans le désir d'arriver au bout, sans besoin de repos et toujours affriandés du vers suivant. Ils voulurent — Vers-libristes, Magnifiques, Égotistes, etc. — déclamer à leur tour des poésies qu'ils avaient écrites.

— Ô..., se lança un devant tous les autres très intéressés.

Deschamps retira la brindille de sa bouche et continua sur sa pensée un rêve qui se précisait : « Ce serait une sorte de cabaret pour eux, ouvert le samedi, avec une estrade où chacun pourrait venir dire ce qu'il a écrit de mieux dans la semaine... Les spectateurs, à tour de rôle, feraient le spectacle. Ils seraient récompensés en retour d'un pierrot qui les attendrait sur leur table... »

Les bras le long du corps, Paul ouvrit la bouche pour qu'on y glisse une praline. Il mâcha en écoutant les rimes de la jeunesse, parut déçu :

— Hier, ils étaient à la liqueur, vos chocolats !

— C'est Léon qui nous a dit que le docteur...

Verlaine tourna la tête vers celui qui ne voulait plus être avocat :

— Alors, toi aussi... Je suis maudit.

Mais Léon n'écouta pas. Il en était à :

— L'endroit s'appellerait...

L'adolescence accourue à Broussais pour entendre le vieux génie tout démolir des artistes célébrés fut surprise car les questions d'art ne semblaient pas le préoccuper autant qu'ils auraient cru.

— Ce que j'aime dans les chocolats, c'est la liqueur.

Un fait politique, un événement de rue, une chanson populaire le passionnait plus que Lamartine ou Hugo. Et quand on le traînait au Louvre, il tournait le dos aux tableaux et aux sculptures pour regarder, par la fenêtre, les gens sur les quais. « La *Vénus de Milo*, elle est en marbre, oui ou non ? »

Les Désenchantés soupirèrent :

— Oh, Monsieur Verlaine, comme vous savez aimer la vie...

Cette largeur de compréhension les déconcerta. En quittant l'hôpital, ils se lamentèrent : « La légèreté de Verlaine a quelque chose de déprimant... »

Mais sinon, les autres furent ravis. Sur le point de

partir, ils promirent de revenir, demandèrent au Pauvre Lelian s'il avait besoin d'aide. En lui serrant les mains, certains laissèrent dans ses paumes paralysées quelques pièces blanches. Un Amoral glissa sous son oreiller une petite fiole interdite d'absinthe.

— Ah mais, fi'd'garce ! Qu'est-ce que je vois là ?

Cazals entra dans la salle Lassègue en imitant la voix et le patois normand de Grand-Maison. Verlaine, surpris, en lâcha la fiole d'absinthe dont il venait de réussir à s'emparer avec les dents tandis que Deschamps l'aidait à s'allonger.

Frédéric-Auguste, pouces aux boutonnières, tira sur le devant de sa redingote comme s'il était gros. Il tassa aussi son menton pour que ça fasse des plis à la gorge et gonfla démesurément ses joues.

La fiole tomba au sol et s'y fracassa. La désolation de Paul : « Je suis victime d'un complot... » Les effluves de la verte liqueur nocive se répandirent.

— Nom d'ed Diou, je sens aussi un parfum délictueux vers le lit 28 ! Môssieur Verlaine... il n'y aurait que moi, vous quitteriez immédiatement cet hôpital ou occuperiez le lit 27, continua Cazals en avançant, jambes écartées, comme si ses cuisses étaient énormes.

La foule de lycéens lui ouvrit un passage en riant car ils avaient reconnu la caricature du gros interne (Vaste-Taudis), venu tout à l'heure râler.

— Et vous, à c't'heure, qu'est-ce que vous fichez là ? Y a-t'y pas école aujourd'hui ?

Il s'amusa à leur postillonner comiquement dessus :

— Ouste. Allez plutôt voir monsieur Coppée. En voilà un vrai poète...

Il roula sur eux des yeux furieux tout en s'avançant vers le lit où Verlaine, allongé, toussait et suffoquait de rire.

— Non mais, bande de petits fi'd'garces, rien de mieux à faire que d'aller visiter ce dégénéré ? Ce taré qui écrit sous lui, ce... qui va peut-être recevoir une subvention du ministère de l'Instruction publique. Alors celle-là, elle est bonne !

Il tapa sur l'oreiller du poète. Une plume s'échappa de la taie et s'envola. Léon Deschamps, de l'autre côté du lit, la regarda s'élever. La toux de Verlaine relançait la plume dans l'éther de l'hôpital. Elle virevolta, tournoya.

— Dessine-la.

— Qui, quoi ? fit Cazals.

— La plume.

Frédéric-Auguste dégaina son crayon et, sur la page d'un carnet, il attrapa au vol le tracé des barbes et barbules, l'élégance de la plume. Tandis qu'elle flottait encore en suspension dans l'air, Léon la contempla comme une idée fixe. Derrière, la houle de la foule adolescente riait car Cazals continuait de lancer des *à'c't'heure*, des *fi'd'garce* et des *nom d'ed Diou !*

Là-bas, tout au fond, dans l'encadrement de la porte, la silhouette de Grand-Maison, là depuis un moment.

41.

... Il entra calmement, tendant devant lui un journal, et dans le silence demanda d'une voix douce : « Voulez-vous des nouvelles du soir ? À la une de *L'Écho de Paris*, un témoignage intéressant de monsieur Perrens, ancien professeur et membre de l'Institut. » Il lut :

Paul Verlaine a été mon élève en rhétorique au lycée Bonaparte, au dernier rang d'une classe qui en comptait soixante-dix. Je n'ai jamais pensé qu'il pût y avoir quelque chose à sauver dans cette tête hideuse qui faisait ressembler à un criminel abruti et qui ne s'est transformée avec l'âge que pour ressembler à celle des loqueteux et des mendiants.

Le gros interne jeta le journal sur le lit de Paul :

— Votre demande de subvention a été refusée.

Henri-Albert entra à ce moment-là. Découvrant l'ambiance glacée, il questionna brutalement : « Que se passe-t-il ? » scruta le poète : « Quelqu'un vous a fait du mal ! Qui ? » Cazals retourna prudemment le journal sur le lit et Verlaine aperçut alors, en dernière page, un encadré au bas d'une colonne : « Villiers de L'Isle-Adam est mort. »

— Que se passe-t-il ? redemanda Cornuty.

— Et toi, pourquoi t'es déjà là ? rétorqua Frédéric-Auguste. Et en chemise de nuit, en plus !

« La veille des jours fériés on quitte plus tôt et demain, c'est la Toussaint. Que se passe-t-il, Cazals ? » Cornuty s'approcha d'un Verlaine blême : « Qui vous fait tant de peine, monsieur ? » La main gauche de Paul tremblait au bas de la dernière page du journal, près d'un encadré. Henri-Albert prit le quotidien et lut à voix basse : « Villiers de L'Isle-Adam est mort. »

— Ouf ! fit Cazals qui pourtant n'avait rien contre ce Villiers de L'Isle-Adam, bien au contraire...

— Tu le connaissais ? C'était qui ? demanda doucement un collégien.

— Un poète hors du monde à la voix frileuse et fêlée. Il notait les vers étranges qui flambaient dans sa cervelle, répondit Frédéric-Auguste. Il habitait une citerne abandonnée, dans un terrain vague, dénuée de soleil et presque décomposée par l'eau. Quand, avec Paul, nous allions le voir là-dedans, ses yeux effrayants de fou nous pénétraient jusqu'au fond de l'âme.

Paul Verlaine, sur le dos, souffla dans la salle Lasègue. Des fleuves de larmes coulèrent le long de ses joues, entrèrent dans ses oreilles parmi les consolations de Frédéric-Auguste : « Paul, il a dû partir soulagé. » Il n'entendit bientôt plus qu'une rumeur océanique noyant ses tympans.

Il s'enferma dans un tel mutisme que tous comprirent qu'il fallait s'en aller. Seul Henri-Albert resta et se glissa sans bruit dans le lit du Mort.

Paul ne dîna pas, laissa passer devant lui les grogs au rhum du soir — pourtant, habituellement, objets de tant de convoitises de sa part. Il demeura immobile et muet. Son regard au plafond semblait y avoir crevé un trou d'obus. Il vit, au travers, du ciel et des étoiles. Son corps respirant paraissait se rétracter jusqu'à devenir un tout petit point dans la Voie lactée de ses draps puis se dilater dans une expansion blanche traversant les murs, filant loin sur des paysages. Quand, dans la salle Lassègue, on eut soufflé le gaz des globes et pincé les mèches des suspensions à pétrole, dans le noir, tandis que les malades se tournaient dans leurs lits, Verlaine murmura :

— Tu nous fuis comme fuit le soleil sous la mer...

Des agonisants soulevèrent une paupière. Henri-Albert se redressa, tendit un bras vers la table de chevet et la chandelle de Paul dont il enflamma la mèche en craquant une allumette chimique.

— Tu nous fuis, virgule, comme fuit le soleil sous la mer, virgule...

Le petit convoyeur de sang aux abattoirs de la Villette trouva du papier — des bulletins d'inscription de l'Assistance publique — mais pas de crayon. Un éclat de verre, provenant de la fiole d'absinthe cassée, brillait près d'une plinthe. Il s'en empara et s'entailla une veine du poignet tout en se rongeant l'ongle d'un pouce. De ses jeunes incisives, il fendit la rognure et commença à écrire sous la dictée, faisant des pleins et des déliés, des éclaboussures rouges.

Tu nous fuis, comme fuit le soleil sous la mer,
Derrière un rideau lourd de pourpres léthargiques,
Las d'avoir splendi seul sur les ombres tragiques
De la terre sans verbe et de l'aveugle éther...

Des dents pincèrent des lèvres et des larmes coulèrent vers les oreillers dans la salle Lassègue. Plus tard, Verlaine en fut à :

Nous restons pour encore un peu de temps ici,
Conservant ta mémoire en notre espoir transi,
Tels des mourants qui savou...

Le poème terminé, Henri-Albert souffla la chandelle.

42.

Le lendemain — jour de Toussaint — Grand-Maison arriva près du lit du Mort :

— Foutez le camp d'ici !

— Mais ? s'étonna Cornuty. Le professeur a dit...

— Les jours fériés, Chauffard est en congé. Je le remplace. Alors remettez vos frusques à c't'heure ! Le lit a été retenu pour un autre pensionnaire.

Celui-ci déboula bientôt, tandis qu'Henri-Albert était sous la fenêtre à guillotine près du lit de Verlaine. Il fut conduit par un Grand-Maison rayonnant. C'était Lacan !

Oh ! Paul en fut sidéré. Il avait chassé la pute et maintenant se retrouvait avec le mac. Le petit paysan remarqua le brutal désarroi du poète. L'athlétique proxénète de vingt-cinq ans se glissa en chemise de nuit sous les draps du lit 27. Il bascula son bonnet de coton sur une oreille comme un voyou apache l'aurait fait de sa casquette :

— Alors, monsieur Paul, elle ne vous plaît plus ma femme ? Et pourquoi, je vous prie ? Elle n'est pas assez bien pour vous qu'elle n'a plus le droit de venir vous voir !

Lacan installa les oreillers dans son dos et repoussa un peu l'urinal malodorant sur la table de chevet du poète :

« Monsieur Paul, ça ne m'arrange pas du tout. Pour moi, c'est un manque à gagner... Surtout qu'on commence à parler de vous, dans le Quartier latin... De dix, je pense pouvoir passer à vingt sous la ligne chez Vanier... Alors, les jolis petits poèmes pour Esther, là, il va falloir vous y remettre. Pendant ce temps, j'en profiterai pour faire examiner ma syphilis », continua-t-il, tournant la tête vers la liste des maladies de Paul accrochée à la tête du lit. « Quelque chose que nous avons en commun, à ce que je vois. Connaîtrions-nous la même fille ? » rigola-t-il, sûr de lui. « En tout cas, remuez-vous le cul. Parce que moi, contrairement à vous, je n'ai pas l'intention de passer ma vie ici. » Il renifla puis s'adressa à Cornuty. « Tiens, petit, ouvre un peu la fenêtre parce que son truc, là... », dit-il en désignant l'urinal en fer émaillé blanc. « Mais ce n'est pas possible, vous êtes pourri de l'intérieur ! »

Henri-Albert, très calme, écouta la manière dont ce nouveau venu parlait à Verlaine. Il entrouvrit la fenêtre et arrangea son nœud papillon blanc de communiant. Le caractère impétueux du personnage incommoda tous les malades de la salle Lassègue. D'une voix arrogante, il fatigua le Pauvre Lelian, s'indignant de devoir perdre son temps près d'un poète ayant décidé de vivre aux crochets d'une

« R. F. » trop bonne en vérité ! Que ce ne serait que lui, tout filerait droit comme à l'hôtel de Montpellier.

Il fut désagréable toute la journée comme fiel et vinaigre : « Alors, vous les écrivez ces poèmes pleurnichards sur ma femme ? Touchez-vous un peu, ça vous aidera. » Les nombreuses visites que reçut Paul dans l'après-midi l'agacèrent :

— Trop de gens ici et de quel droit ? Ça vous empêche d'écrire... Comment ça, il est paralysé ? Vous n'auriez pas pu le dire ? !

Entendant le ton un peu déférent des admirateurs de Paul, Lacan — faisant des séries de pompes dans son lit — persifla des paroles fleurant la malveillance, eut des mots à double entente sur les *poètes incompris* et les *bohèmes*... Quand les visiteurs rentrèrent chez eux, Verlaine demanda à Henri-Albert de lui verser dans la bouche le contenu d'une fiole de schnaps qu'un fan danois avait glissée sous son oreiller mais le mac refusa :

— Rangez ça ou j'appelle Grand-Maison. Je ne veux pas de poèmes de mec bourré auxquels on comprend rien, moi !

Quand Cornuty dut à son tour quitter Broussais, Lacan, crayon à la main, prit du papier : « Bon, allez, dictez-moi vos conneries... »

Le petit paysan contourna l'hôpital, se posta sous la fenêtre entrouverte de Paul, entendit : « Alors, pas d'idées aujourd'hui ? Vous aurez intérêt à en avoir demain sinon je vais vous secouer les plumes comme un oreiller, moi ! »

Il faisait nuit.

— Soufflez votre chandelle, je dors !

Toute la salle Lassègue fut dans le noir.

— Tournez-vous. Vous ronflez.

Il commençait à faire chier. Les lumières d'un train apparurent, venant d'Orléans-Ceinture. Les vapeurs fantastiques de la locomotive mêlées à l'éclairage firent briller les rails et lancèrent vite des lueurs vers les fenêtres de Broussais. Henri-Albert se glissa entre les pilotis sous le bâtiment hospitalier. La nuit, les trains ne passaient plus que deux fois par heure. Cornuty attendit une demi-heure dans la terre humide et quand arriva le nouveau cri déchirant de la locomotive suivante, alors que les roues des wagons allaient frôler la façade en planches, il sortit et se glissa, par la fenêtre entrouverte, dans la salle Lassègue.

À grands coups de l'urinal de Verlaine, pendant le hurlement de la machine ferroviaire, il démolit, bousilla de fond en comble la gueule de Lacan. Du tranchant de la cuvette prolongatoire, tenant le maquereau par les cheveux, il lui détruisit le cervelet comme il avait vu son oncle tuer un bœuf à la Villette.

Ce fut extraordinairement brutal et rapide. Le crâne du mac sonna un air de jazz. Verlaine n'eut que le temps de voir filer dans l'air, au-dessus du lit 27, de grands éclairs mécaniques tournoyant qui lancèrent des étincelles rouge et bleu. Le train passé, la salle Lassègue redevint silencieuse et la fenêtre fermée. Personne n'avait rien remarqué.

43.

— Personne n'a rien vu ni entendu ? réitéra Grand-Maison, catastrophé et sceptique dans la lumière matinale de la salle commune.

— Non, répondirent tous les malades.

— Mais comment c'est possible, fi'd'garce ? Regardez-le. On dirait qu'un train lui a roulé dessus.

— Paul, t'as tué ton éditeur ? rigola Bibi-la-Purée qui venait d'arriver.

— C'était un éditeur ? demanda Chauffard, en blouse au pied du lit 27.

— Non, un proxénète qui abusait de lui, répondit Bibi. Mais il vendait dans son boxon un recueil du Pauvre Lelian qu'il avait publié sous le manteau...

— *Femmes* ? suggéra Chauffard.

— Comment vous savez ça, professeur ? fit le jeune mendiant à la plume de paon en berne au chapeau.

— Un éminent membre de la médecine, féru de poésie, en a déjà acheté des quantités d'exemplaires et m'en a fait tant d'éloges..., sourit Chauffard, observant Grand-Maison.

Tous les trois, et des infirmières, entouraient le lit 27 à l'oreiller de bouillie rouge.

— C'est lui ! C'est lui qui a fait le coup ! hurla le gros interne, désignant Verlaine sur le lit 28.

— Un vieux monsieur paralysé des bras ? s'étonna Chauffard.

— ... ou ses amis, c'est pareil ! L'autre jour, il l'a dit que c'étaient des dingues et des fous ! Je vais au commissariat.

— Restez à votre place, Grand-Maison. Nous ne sommes pas un jour férié ! Et puis pourquoi la police ? demanda le médecin-chef.

— Mais enfin, regardez sa tête ! On dirait qu'elle a été bombardée.

— Hémorragie cérébrale, diagnostiqua Chauffard. Je vous concède que celle-ci est un peu plus spectaculaire que d'habitude mais... la malédiction du lit 27 ! Ah moi, je n'y aurais jamais alité un ami...

Le gros interne barbu était effondré. Le médecin-chef de Broussais vint le consoler, le prit par l'épaule et l'entraîna pour faire quelques pas vers le couloir :

— Attention, vous marchez sur un débris de crâne.

Grand-Maison eut une secousse nerveuse en sortant de la salle Lassègue.

— Je plaisante..., fit Chauffard. Oh, là, là, vous n'avez jamais fréquenté de salles de garde ? Vous êtes si tendu en ce moment. Tiens, aujourd'hui, prenez une journée de repos. Ça vous fera du bien.

Ils longèrent les arcades de sapin des galeries

entourant le jardin intérieur jonché de feuilles mortes où perlait du givre.

— ... Et puis, il faut voir le bon côté des choses, reprit Chauffard. Maintenant, on l'a notre mort. Ça nous fait donc un lit de plus grâce à vous. À l'approche de l'hiver, c'est inestimable. Bravo, je vous félicite... Vaste-Taudis !

44.

— Raah ! Raah ! Raah...

Grand-Maison, à poil, s'époumonait sur la jeune prostituée de l'hôtel de Montpellier, y vidait son agressivité, sa colère, s'y vengeait du monde entier :

— Raah...

Philomène Boudin s'en fichait. C'est Esther putain qui se faisait mettre. Philomène, elle, quand l'interne avait annoncé la mort de Lacan, ne fut pas plus émue que ça. Indifférente et couchée sur le dos dans la chambre 36, pattes en l'air comme une volaille prête à rôtir, elle regardait ses pieds balancer de chaque côté des épaules du gros et récitait, en boucle, le début d'un poème que le client de la 37 avait écrit pour elle :

Vos pieds sont merveilleux, qui ne vont qu'à l'amant,
Ne reviennent qu'avec l'amant, n'ont de répit
Qu'au lit pendant l'amour...

« Qu'est-ce que tu baragouines à c't'heure ? » transpira l'autre. Son odeur était forte et son dos épais, plein de poils roux jusqu'aux fesses. On eût dit un porc.

— Je récite du Verlaine...

Il se redressa : « Bon, ben moi, fi'd'garce, je vais au commissariat ! »

— Porter plainte ? s'étonna la prostituée. N'oublie pas de laisser deux francs pour le livre de Paul..., continua Philomène

— Raah !

Au poste de police du Quartier latin, il déclina son identité et demanda à parler au commissaire Michaud. Celui-ci le reçut, l'écouta.

— La nuit dernière, il y a eu un crime à Broussais.

— Qui est la victime ?

— Il s'appelait Lacan.

— Le proxénète de l'hôtel de Montpellier ?

— Oui.

— Comment le savez-vous ? Il n'a pas dû s'en vanter. Vous le connaissiez ?

— L'assassin, c'est Verlaine !

— Le poète ?...

L'officier de police judiciaire tourna la tête vers la fenêtre et contempla longuement la place du Panthéon : « Ça ne nous intéresse pas. » Grand-Maison découvrit sur le bureau du commissaire les œuvres complètes du Pauvre Lelian :

— Malédiction !

Ce fut comme si le sol se dérobait sous les pieds du gros interne. Il gesticula, fit des menaces, traita

Michaud de dreyfusard, dit qu'il alerterait des juges haut placés, que ça ferait du ramdam dans la presse antisémite, qu'il avait des amis à la Ligue de la Patrie française, qu'il en parlerait personnellement à Coppée — fondateur-président d'honneur de la Ligue et proche de ses parents, honorables commerçants fervents catholiques de la rue de Rivoli. Le commissaire, apercevant un exemplaire de *Femmes* qui dépassait de la poche du manteau du plaignant, resta très calme : « Monsieur Grand-Maison, est-ce que tous ces gens-là savent que vous fréquentez les lieux de prostitution ? »

— Raah !

Le gros interne barbu jeta le recueil sur le bureau du commissaire et alla quand même sonner chez l'académicien. Ce fut madame Coppée — petite boulotte coiffée d'un nuage mauve — qui lui ouvrit la porte : « Tiens, bonjour ! Et comment vont vos parents ? Mais que vous arrive-t-il ? Vous avez l'air tout catastrophé. »

À droite de l'entrée, le salon où madame Coppée brodait un canevas qu'elle tenait à la main. L'exhibant, elle posa aussi un doigt verticalement sur ses lèvres : « Chut... Ne faites pas *Oh !* C'est une surprise pour mon mari. Deux vers brodés et décorés. Vous avez vu, j'ai fait des fruits. » Mais l'interne avait la tête ailleurs. « Vous vouliez parler à mon mari ? Il est avec un ami dans son bureau. Je vais voir. » Elle tapota des ongles contre une porte qu'elle entrouvrit : « François, c'est le fils des Grand-Maison. »

Elle remua une main comme si elle voulait faire pipi. « Ça a l'air important... »

— Qu'il entre.

Le gros interne, resté debout, cafta aussitôt à l'académicien que des jeunes avaient jeté des bûches, portant les titres de ses œuvres, dans le gros poêle de la salle commune où dormait Verlaine.

Coppée, assis derrière son bureau Empire, eut un tic à l'œil droit dont la paupière fut prise d'un battement convulsif tandis que l'interne promettait : « Et pourtant, moi, je vous défends mais ils me haïssent. Ils sont chaque jour plus nombreux à venir le voir. Ils arrivent par dizaines de tout le Quartier latin... C'est une invasion de sauterelles autour de son lit. Ils se moquent de vous, maître ! »

Alors que l'œil de Coppée continuait de cligner, sa lèvre inférieure se mit aussi à trembler sans qu'il pût rien faire pour l'en empêcher :

— Mais que se passe-t-il ?...

L'ami, à qui il parlait avant que n'arrive Grand-Maison, était devant la fenêtre. Il regardait passer, en bas sur le boulevard, des cohortes de lycéens chahuteurs, d'étudiants débraillés et provocateurs singeant les poussifs bourgeois à breloques qu'ils croisaient :

— C'est une jeunesse qui se lève, François...

L'ami se retourna, contempla Grand-Maison puis le cabinet de travail de l'académicien. Au papier peint des murs, couleur vert émir et décoré de petites couronnes de lauriers dorés, étaient accrochés des prix de vertu décernés par des ministères. Un tableau représentait une scène de bataille où les armures scintillaient comme des casques de pompiers. Sur le bureau, les yeux de verre brillants d'un corbeau empaillé, bec ouvert, le fond de la gorge peint en rouge vif. Coppée croassa :

— Pauvre F... rance... Aargh ! Klt, klt, klt...

L'académicien eut du mal à prononcer car une commissure de sa bouche fila, crispée, vers une oreille, découvrant une dentition jusqu'aux dents de sagesse :

— Que faire ?...

L'ami répondit : « Comme d'habitude, François, collaborer. Quand l'ennemi est plus fort, pourquoi résister ? Il faut pactiser et en tirer profit. »

— Mais quand même, demanda Coppée à Grand-Maison, lorsqu'il a lu dans *L'Écho de Paris* que sa subvention avait été refusée, qu'est-ce que ça lui a fait ?

— Rien. Dans ce journal, il n'y a qu'en dernière page un encadré annonçant la mort de Villiers de L'Isle-Adam qui l'a bouleversé, sinon...

— Pas même le témoignage à la une de son ancien professeur de rhétorique ?... Pourtant, quand il écrit que sa tête hideuse fait ressembler à celle d'un criminel abruti...

— Ah, tiens, à ce propos, François..., s'exclama l'ami. Ce matin, Perrens est mort.

— Comment ça ?

— En sortant tôt de chez lui, passant sous un arbre, une grosse pierre lui est tombée sur la tête.

— Un caillou tombé d'un arbre ?

— Quand la police est arrivée, il paraît qu'un

enfant, seul témoin de la scène, a dit qu'il avait vu une météorite tomber du ciel... selon lui, un débris de Saturne.

— Sa-a... turne ? Klt, klt, klt !

L'ami qui avait parlé en regardant les nuages par la fenêtre observa ensuite, sur les trottoirs, les tourbillons de feuilles d'automne.

— Le vent tourne, François...

Coppée, plein de tics ridicules au visage — paupière qui cligne, claquement de langue contre les dents, affreuse grimace d'hémiplégique tordant sa bouche —, tourna la tête comme si un licol invisible lui tirait la gueule, par petites secousses, vers une épaule. Ses vertèbres cervicales grincèrent tel l'axe vertical d'une girouette rouillée : « Si même le ciel s'en mêle... Désormais, je ne tarirai plus d'éloges sur Verlaine. »

Grand-Maison en fut soufflé :

— Ah mais non ! Il ne faut pas, maître ? Vous devez continuer à défendre en vers classiques les valeurs bourgeoises de la France !... ses institutions religieuses, militaires, et l'anti...

Soudain, l'académicien regarda avec dégoût ce gros interne devenu nuisible à sa carrière. Son nez vibra de haine de la racine aux ailes :

— Encore là, vous ? Fichez-moi le camp ! Et je vous défends dorénavant de chanter mes louanges. Je ne veux plus que les jeunes qui vont à Broussais associent mon nom à quelqu'un comme vous qu'ils détestent. Dehors !

« Oh, oh, oh, oh... » Sur une série de petits « oh »

stupides, le gros interne quitta le bureau. Décontenancé, dans le couloir, il chercha la porte donnant sur le palier. Passant devant le salon, il entendit des vers déjà perçus, salle Lassègue. Madame Coppée, aiguille et canevas aux doigts, marmonnait, comme un nouvel air à la mode, les deux lignes décorées qu'elle brodait et réciterait à son mari en lui tendant son cadeau :

Voici des fruits, des fleurs, des feuilles et des branches
Et puis voici mon cœur qui ne bat que pour vous.

Le gros interne en tituba sur le trottoir. Sale journée pour Grand-Maison !

45.

Quelque temps plus tard, par une nuit d'étoiles et de rêves, entre les passages de trains dans le goulet de terre, Paul entendit dans la salle commune un vieillard s'éteindre en balbutiant : « Maman ! Maman ? » L'ombre questionnait en vain les grands sommeils.

Pauvre Lelian se souvint de la sienne. Il en eut au crâne des flashs violents comme des éclats de verre.

Un soir, qu'il était rentré très ivre dans le gourbi de la cour Saint-François où il vivait avec sa mère, il exigea des ors : « Je veux des milliards pour retourner boire des millions de pintes. Maman, donnez-moi des milliards sinon je tue vos enfants. » La pauvre madame Eliza Verlaine, dont Paul avait hérité les étranges yeux mongols, agita un flambeau, supplia : « Paul, j'ai tout, j'ai tout vendu pour toi... la maison de Malval à Coulommes, l'appartement de Paris. Regarde où nous en sommes... », continua-t-elle dans le gourbi, baissant son flambeau vers le sol en terre battue vaguement boueux les jours de pluie. Mais le poète, sous l'emprise du lait de sorcière, était à son délire : « Je veux boire à l'instant autant de verres qu'il y a d'étoiles dans le ciel. Maman, donnez-moi des milliards. » La mère infortunée, les mains aux tempes, se boucha les oreilles. La flamme de la torchère brûla au-dessus de sa tête. « Mais Paul, c'est impossible ! » Son fils rit comme un démon : « Alors dans un beau fratricide aussi, il me faudra m'engager... » et il ouvrit la porte d'une armoire, dernier vestige de l'histoire d'une famille dont le père, militaire, était mort de chagrin dix ans plus tôt. Sur l'étagère du haut, trois bocaux où la mère conservait pieusement — quelle idée, aussi ! — baignant dans l'alcool les fœtus de ses trois fausses couches avant la naissance de Paul-Marie, l'enfant poète. Les récipients luisaient dans la lueur du candélabre et les fœtus flottaient dans l'eau-de-vie. Ce fut hallucinant. Paul décrocha du mur le sabre de son père, capitaine du génie : « Au diable, les bocals ! » Il en attaqua deux dans l'armoire, sabre au clair, bu l'alcool à même les bocaux éclatés. Tête renversée, parmi les débris de verre, ça ruissela partout sur son visage, coula dans ses vêtements. Des bébés lui tombèrent sur les lèvres. Un autre (une fille) attendait son tour, flottant comme dans un rêve derrière sa paroi de verre.

Par la même nuit d'étoiles et de rêves... Cornuty, accroupi sur une branche en haut d'un arbre, paraissait aussi à l'aise qu'un dénicheur. Les grilles du jardin du Luxembourg dans le dos, il observait, de l'autre côté du boulevard, une fenêtre d'immeuble bourgeois à la porte ornée de cariatides. Derrière la vitre du deuxième étage, La Nuit, d'une pâleur fœtale, semblait dans un bocal.

Le gaz flambant des réverbères accrochés à la façade de l'immeuble projetait dans l'appartement des ombres mouvantes.

La maîtresse de Laurent Tailhade, à moitié nue, creusa ses reins sur des coussins dorés décorés de serpents à sonnette, à lunettes. Le boa de six mètres de long et du diamètre d'une cuisse d'homme la souleva par la taille, huma son ventre. Cela faisait maintenant plus d'un an qu'il n'avait rien avalé et Tailhade, à l'hôpital, n'avait pu s'en occuper, ne lui avait livré ni cerf ni sanglier dont il aurait rejeté les os plus tard. Quant à La Nuit, amaigrie et pâle — et n'étant jamais sortie depuis l'attentat —, elle n'avait plus rien à fumer, plus d'opium à souffler sur la langue fourchue du reptile pour le calmer. Celui-ci se recula, darda sur le kimono brodé de lotus d'or et de cigognes d'argent ses fixes pupilles rubis. Et soudain, par deux attaques rapides, il déchiqueta la broderie des oiseaux qu'il avala, laissant brutalement apparaître des seins splendides aux pointes dressées — exil de tous les phantasmes d'Henri-Albert qui faillit en tomber de l'arbre. De son chausson de Verlaine noué d'une ficelle, il s'appuya sur une branche qui cassa. La Nuit se retourna, le vit se rétablir en haut de l'arbre sans feuilles. Il se mit à pleuvoir. Le vent des regrets battait ses rafales et l'animal du quai aux Fleurs étendit son long œsophage dans une manche du kimono dont il explosa les coutures. Il contourna ensuite la nuque de La Nuit qui courba la tête. Il glissa sur ses lèvres. Elle en baissa ses larges paupières sablées d'or. Divine et soumise... pour le serpent ou pour Henri-Albert... elle lécha le lent passage des douces écailles jaunes et bleues qui glissaient maintenant entre ses jambes pour remonter dans son dos. Elle s'en arc-bouta d'extase. Le souffle de sa bouche ouverte fit de la buée à la fenêtre où ruisselait la pluie. À travers les nappes de vapeur au carreau et les traînées remuantes de l'eau, il sembla que, derrière elle, sur la fresque murale aux ruines romaines, les personnages en toge s'animèrent et que la ville, peinte au loin, flamba réellement devant la chaise spartiate à simple armature de fer. Bijou glissant, collier, bracelet, chaîne vivante, le boa gigantesque poursuivit ses circonvolutions autour d'elle. Le danger la revêtit d'une lueur de deuil où se plut cette âme sans essor. Tendre, même dans l'étreinte, elle parut insensible et faite de silence. Le serpent du quai aux Fleurs se dressa au-dessus d'elle, ouvrit une gueule fantastique et aspira sa chevelure mêlée d'étoiles. Ce fut un nuage de grands cheveux noirs et de paillettes rebondissant sur les écailles du reptile. La Nuit jeta sa main contre la fenêtre et plaqua à la vitre la couverture d'un livre : *Bonheur.* Henri-Albert, dans l'arbre, reconnut l'exemplaire qu'il avait lui-même apporté au premier jour de l'automne... La couverture en simple papier, dans la condensation de l'eau au carreau, glissa, écrasée par la main aux ongles peints de signes du zodiaque, le long de la fenêtre. Le papier trempé s'y tordit, se déchira, s'enroula, et le titre ne fut bientôt plus lisible. Le serpent, d'un seul coup, attrapa dans sa gueule tout le crâne de La Nuit. L'œil de la femme fut comme un glacier frappé d'un rayon de soleil. De ses immenses yeux, à faire mourir les enfants, elle regarda Henri-Albert qui, accroupi sur la branche, s'en jeta les paumes au visage. Elle laissa briller sur lui ses prunelles piquées d'or puis la pâleur des morts orna ses traits fatals quand le reptile, d'une secousse brutale, lui avala la tête. Il la traîna ainsi, sur les coussins dorés qui se chamboulèrent, vers un coin plus sombre de l'appartement. Sur la fresque murale s'élevèrent, retombèrent des flots foncés, s'étendirent des nappes d'ombre. Lorsque le serpent réapparut, ondulant verticalement devant la fenêtre, il avait de merveilleuses épaules, une taille fine et des hanches majestueuses. Il était roulé comme une déesse romaine (à l'envers). Une toison pubienne, rasée en forme de croissant de lune, fila en son œsophage. Quand les pieds disparurent dans la gueule du reptile, Henri-Albert se laissa glisser le long du tronc de l'arbre.

46.

— J'en ai marre d'être ici, docteur ! Je manque d'air. J'étouffe.

— Mais vous n'êtes pas guéri, bohème national. Vous pouvez tout juste recommencer à bouger un peu les bras et vos jambes sont beaucoup trop faibles pour vous soutenir. Alors il faut manger si vous voulez reprendre des forces..., continua le professeur Chauffard en poussant l'assiette de Verlaine mais celui-ci s'obstina :

— Non, je n'en veux pas. J'en ai assez du veau quotidien délavé par les longues cuissons et des inévitables haricots. Je n'en peux plus du poisson à la moutarde du vendredi... Même ce pique-assiette de Bibi-la-Purée délaisse ma gamelle. Il préfère retourner partager avec son chien la nourriture trouvée dans des poubelles. C'est vous dire !

Pauvre Lelian, de très mauvais poil, râla après tout :

— Ça suffit les odeurs de phénol et la touffeur des feux de coke dans la fonte du gros poêle ! Toutes les nuits, je fais des cauchemars. J'en ai assez de ce lit où l'on vient me visiter comme une curiosité de musée anatomique — la femme à deux têtes ou le mouton à cinq pattes. Il faut que je sorte sinon je vais pourrir dans les draps. Je veux aller dans la rue, sentir la sueur des chevaux, voir passer des robes et des fiacres. Je voudrais aller manger dehors, je voudrais...

— Bon, fit le médecin-chef de Broussais, madame Triolet, est-ce que vous voulez bien apporter de quoi protéger du froid ce Diogène ?

La surveillante de la salle Lassègue revint avec une capote bleue et son propre châle en laine rose qu'elle installa sur les épaules et autour du cou du poète. Chauffard se pencha et, dans ses bras musclés de canotier, il embarqua Verlaine comme un paquet à travers les galeries, le jardin, jusqu'à un petit restau de cochers en face de l'hôpital, rue Didot.

Il l'installa à une table devant le comptoir, s'adressa à la patronne : « Servez-lui des viandes rouges et de l'eau de Vichy. La note sera pour moi », puis il s'adressa à Paul : « Veuillez m'excuser, maître, de vous laisser déjeuner seul mais je dois aller surveiller la douche de vapeur de quelques cas délicats. Je reviendrai vous rechercher à quatorze heures et il en sera tous les jours ainsi jusqu'à votre sortie. »

De retour dans les bras de Chauffard, Verlaine à la barbe hirsute, en capote bleue, chemise de nuit, sandales, châle rose et bonnet de coton, montra du poing !

— Le bras va décidément mieux, constata le médecin-chef.

Pauvre Lelian, passablement éméché malgré l'eau de Vichy prescrite, vociférait, en lévitation dans les bras du bon docteur, après quelque postillon, rencontré à table, avec qui il s'était saoulé et engueulé : « J'aurais eu mon gourdin, je lui en aurais foutu des coups dans la gueule ! » Il lança aussi une jambe en l'air comme s'il donnait un coup de pied. Chauffard fut admiratif :

— Vous reprenez des forces.

Effectivement, quelques jours plus tard, Paul put se promener un peu dans le jardin de l'hôpital, accroché au bras d'un moins malade que lui, d'une infirmière ou d'un jeune admirateur.

Un dimanche après-midi, Verlaine, au creux du désespoir, soutenu sous les aisselles par Henri-Albert, alla en battant le buis de sa canne, ne lui parla que de sa mère :

— Par un hiver rude comme celui qui s'annonce, elle fit une rechute de grippe compliquée d'un début de pneumonie... À l'hôtel du Midi — l'infâme gourbi où nous habitions, cour Saint-François, près du chemin de fer de Vincennes — sa chambre était à l'étage et la mienne au rez-de-chaussée. Je souffrais déjà d'hydarthrose, j'étais cloué au lit, les jambes dans des gouttières en bois. J'avais essayé de me faire porter, allongé, dans sa chambre mais l'escalier tortueux était trop étroit pour le passage d'une civière... Des voisins attentifs lui posèrent des ventouses, des sinapismes de farine de moutarde, mais brusquement son état s'aggrava. La fièvre monta, la toux devint filante, maman s'affaiblit rapidement. Se sentant perdue, elle se retourna contre la cloison et attendit la fin, refusant toute nourriture et tout soin. Elle s'éteignit en janvier.

Verlaine, près du petit bois du jardin, écouta les cris des fous et des folles de l'aile psychiatrique.

— Ce fut pour moi un choc, un vertige d'abîme. J'étais paralysé, inondé de larmes, anéanti. Le jour de ses obsèques, auxquelles je n'ai pu assister, on dut faire passer son cercueil par la fenêtre, toujours à cause de l'escalier. Et moi, depuis le lit, par la vitre de ma chambre, j'ai vu descendre, accroché par deux cordes, le cercueil de ma mère. Les gens dirent de moi que cette fois-ci j'avais enfin réussi à la tuer. Ne lui avais-je pas effectivement ordonné d'aller m'acheter du tabac spécial à la Bastille, un jour de décembre où il neigeait et qu'elle était malade... Elle est morte sans mot dire et sans que j'aie pu revoir son visage. La cour Saint-François... comme Villon.

Verlaine se dégagea des bras de Cornuty pour tenter de rentrer seul salle Lassègue en se retenant aux buis et regrettant le temps où il voletait comme un serin de débits de boissons en amis plus ou moins marchands de vin pour s'y désaltérer aussi de fraîches bières du Nord :

— Mais où sont les *ales* d'antan ?

47.

Le soir même, place Saint-Michel, alors que neuf heures sonnaient au carillon de Notre-Dame, près du lit de la Seine chimiquement congelé pour les travaux du Métropolitain, Léon Deschamps, brindille aux lèvres, faisait le pied de grue devant une petite porte accolée à la brasserie du Soleil d'Or.

Une foule de jeunes gens s'impatientait autour de lui mais Léon, posté devant l'entrée, attendait Bibi, Frédéric-Auguste et Henri-Albert qui arrivèrent bientôt ensemble au numéro un de la place.

Cazals reconnut son dessin de plume griffonné à Broussais, très agrandi sur un panneau au-dessus de la porte. Deschamps les accueillit :

— Bienvenue à *La Plume*, les amis !

— Alors, c'est là ? fit Bibi-la-Purée.

— Oui, je me suis arrangé avec le patron de la brasserie. Il nous prête une cave dont il n'avait pas l'utilité en échange des consommations qui viendront de son café. Comme ça, tout le monde est content. Allons-y.

Et le jeune Léon poussa la porte avec les allures

décidées d'un gars qui se sentait ici chez lui. Il descendit un escalier de pierre.

Aussitôt, derrière, ce fut une ruée, une bousculade. En un clin d'œil, le caveau de *La Plume* se trouva empli d'étudiants habillés de façon voyante avec des cravates compliquées ou extravagantes. Pantalons élimés, chaussures éculées, ils s'entassèrent littéralement les uns sur les autres. Ce fut comme le changement à vue d'une féerie. Des serveurs se précipitèrent, porteurs de plateaux. On se casa, s'agglutina autour des tables, commanda des bocks et des pierrots. Les pipes et les cigarettes s'allumèrent et ce fut immédiatement dans la cave un imperméable brouillard. Les petits fourneaux des bouffardes pareils à des alambics brasillèrent d'une prunelle ardente et rouge comme celle des fauves dans la jungle. Deschamps monta sur une estrade en agitant une clochette :

— Mesdemoiselles et messieurs, la séance est ouverte ! Qui a croisé un alexandrin aujourd'hui ?

— Moi ! s'éleva un bras. Un mendiant sur le pont des Arts qui disait : « *Ayez pitié d'un pauvre aveugle s'il vous plaît.* »

— Moi ! s'exclama un autre. J'ai lu sur un mur des Halles : « *Fabrique à la vapeur de pâtés de foie gras* » !

« *Tramway de Montrouge à la gare de l'Est* », s'écria une autre voix. « Et pour Paul Verlaine, que pourrions-nous faire ? » demanda Cornuty, debout au fond de la salle.

Tout le monde, admiratif, compta sur ses doigts

les douze pieds de l'alexandrin partagé en deux hémistiches avec la virgule de la césure en plein milieu :

— Mais c'est vrai, ça, qu'est-ce qu'on pourrait faire pour le Pauvre Lelian ?

— Construire des échafauds, grogna un quinquagénaire à face de bouledogue et grosses moustaches blanches.

Tous reconnurent l'écrivain pamphlétaire Léon Bloy dont les mots excessifs étaient souvent cuisants comme des morsures :

— Avouez qu'une nation qui laisse périr de faim des poètes comme Villiers de L'Isle-Adam ou Verlaine mérite les pires châtiments ! Une douzaine de guillotines fonctionnant sans interruption sur les places principales de Paris laveraient à peine un tel affront...

Seul Cornuty, dans la salle, applaudit la proposition avec véhémence. Sinon, les autres, en silence, se disaient que sans aller aussi loin, on pourrait peut-être faire quelque chose. « Je ne sais pas, moi, se cotiser... », murmura l'un. Se cotiser ? L'idée était lancée. « On passera par-dessus l'État pour lui verser un secours ! »

— Et si, à sa sortie de Broussais, on organisait, ici, un banquet en son honneur pour lui donner l'enveloppe ?

Deschamps, qui avait envie que ça remue à *La Plume*, approuva aussitôt : « Un banquet pour Verlaine, très bonne idée... » Le fondateur-animateur de ces soirées se gratta le front sous la chapka groseille : « ... Mais beaucoup d'entre nous ne sont pas riches alors que faire à manger qui lui fasse plaisir et ne soit pas trop cher ? »

— Un bouilli de veau aux haricots, rigola Bibi-la-Purée.

Henri-Albert, debout contre le mur près de l'escalier, leva le bras comme à l'école : « Une salade composée de morceaux de bœuf coupés en carrés, de harengs saurs, de pommes de terre chaudes, avec force oignons hachés menu ; le tout fortement épicé ! »

— Ah bon mais pourquoi ?

— C'est ce qu'il préfère. Il appelle cela « le plat canaille ». Ça a dû lui manquer à l'hôpital. Je m'occuperai du bœuf. Mon oncle me laissera en voler à la Villette.

« Du hareng avec du bœuf ?... » Tout le monde, dubitatif, se demanda si le goût de cet animal marin se mariait à celui des pâturages.

— Ah ben, c'est un plat de poète, hein ! gloussa Cazals qui y avait déjà eu droit au « plat canaille ». Mais vous savez, Verlaine, ce n'est pas non plus tout à fait comme si c'était un humain ! s'esclaffa-t-il dans sa redingote à croisillons qui donnait mal aux yeux.

48.

— Mais, qu'il est beau, le Verlainosaure ! Le plus beau des dinosaures, c'est le Verlainosaure...

Frédéric-Auguste, carton à dessins sous un bras, était entré dans la salle Lassègue en sifflant aussi d'admiration : « T'es sapé comme un milord ! Je ne t'ai jamais vu comme ça. »

Paul, très entouré, attendait assis au bord de son lit, coiffé d'un haut-de-forme, vêtu d'une pelisse fourrée à col en imitation loutre et de vêtements neufs jusqu'à une paire de souliers vernis.

— Voilà ! Cadeau de départ des jeunes infirmières qui se sont cotisées pour que vous soyez beau, ce soir, à votre banquet..., fit madame Triolet en aspergeant Verlaine de parfum. On a préféré jeter les hardes puantes avec lesquelles vous étiez venu. Tout le monde croyait qu'il y avait un rat crevé dans la lingerie.

Une jolie aide-soignante coiffa les moustaches et la barbe du poète qu'elle trouvait certes fantasque mais si gentil tandis que Chauffard l'avertit :

— N'oubliez pas que vous êtes encore très fragile... Le diabète, la pneumonie, la syphilis... et surtout le foie !

— Je serai sage, dit Verlaine.

Le professeur retint à grand-peine un sourire sous ses belles moustaches de canotier : « Il le faudrait... La faculté de médecine aimerait conserver à cette fin de siècle une plume aussi conséquente que la vôtre. Mais l'ampleur de votre cirrhose est telle que je ne sais pas pourquoi vous êtes encore en vie, cher maître. Vous devez absolument arrêter l'absinthe. »

— C'est juré !

Et Verlaine, la main sur le souffle au cœur, promit que si par malchance il était à l'avenir obligé d'entrer dans un café, il se contenterait d'étouffer un pierrot, de commander un sirop d'orgeat, un lait, une gomme chaude ou telle autre consommation qu'il appelait « bénévole ».

Jamais collégien, lâché dans Paris un jour de sortie, ne fut plus heureux et plus aise que Verlaine quittant l'hôpital. Cazals, lui donnant le bras, n'en revenait pas de la distinction vestimentaire de son vieil ami :

— Ah, Paul, moi je veux une photo de toi comme ça !

Il décida qu'ils iraient en fiacre, rue Royale, chez Otto. Le cocher — alcoolique rougeaud boursouflé sous son chapeau verni, yeux ronds d'idiot et colossales moustaches — était engoncé par des quantités de pulls dans un habit écarlate à boutons dorés. Une couverture émeraude sur les jambes, il fit claquer la lanière de son fouet sur le dos d'un cheval. La pancarte « Libre » se rabattit et les lamelles métalliques du taximètre de la Compagnie nouvelle se mirent à descendre les unes derrière les autres.

Au quartier populaire de Montparnasse, passant près d'un maréchal-ferrant, Paul retrouva le bruit familier de la masse sur l'enclume et l'odeur de la corne brûlée par le fer rougi. Loin de l'éther de Broussais, les effluves de Paris étaient ceux du moteur à crottin. Le fiacre s'arrêta dans la cohue près de la Madeleine. En descendant, la manche de Verlaine se tacha à une roue. Cazals le remarqua :

— Tu devrais te brosser.

— Moi, me brosser ? Jamais de la vie. Est-ce que, par hasard, tu me prendrais pour mon domestique ? râla-t-il en entrant chez Otto.

— Ne bougeons plus !

L'opérateur glissa deux plaques dans son appareil. Devant le drap déroulant du studio, peint d'un décor bucolique, Verlaine avait l'air d'un bandit cosaque habillé en rentier. Il tenait sa canne comme s'il était prêt à tout moment à la foutre en travers de la gueule du photographe. Frédéric-Auguste, derrière l'autre penché sous un drap noir, éclata de rire : « Je n'en attendais pas moins de toi ! » Il paya et, avant d'aller livrer des dessins dans quelque revue, proposa à Paul de le ramener chez lui. Mais où d'ailleurs ?

— ... Car, ô sultan capricieux, quelle est à présent la belle en faveur ?

— Je ne vais pas rentrer maintenant.

— N'oublie pas, ce soir, d'être à vingt heures au banquet de *La Plume*.

— Oui, oui.

Verlaine avait envie de marcher vers l'Opéra. C'était une fin de matinée ensoleillée et froide. Des couturières sortaient des ateliers pour aller déjeuner. Ces filles en groupe passaient pour la plus grande joie de vieux messieurs qui faisaient des commentaires et tentaient de leur pincer les fesses.

— Espèce de saligauds !

Il croisa une boulangère, porteuse de pains polkas, lutinée par un cocher de l'Urbaine sous l'œil étroit d'un sergent de ville. Des femmes-sandwichs distribuaient des prospectus et le panneau qui leur protégeait les fesses vantait la fête foraine de Luna Park.

La clarté de fin d'automne éblouissait le côté de l'avenue où marchait Verlaine qui changea de trottoir. Le soleil l'exaspérait. Lui qui venait du nord des Ardennes, la lumière solaire lui causait des nausées, l'étourdissait et l'aveuglait. Il préférait *l'ombre humide du lucide hiver*.

Ce poète à la sensibilité suraiguë, qui ressentait jusqu'à la souffrance des impressions fugitives, arriva sur les Grands Boulevards. Il aimait venir y écouter les discours populaires des bonimenteurs et des camelots. Il trouvait à leurs discours un charme spécial. Un vendeur de journaux hurla que les recherches scientifiques venaient de démontrer que la matière était constituée d'éléments indivisibles et stables : les atomes ! Röntgen, en Allemagne, avait découvert les rayons X et la radioactivité. Un Hercule de foire à la jambe de bois exhiba sa force truquée sur un tapis oriental à même le trottoir. Un démonstrateur déplia une table sur laquelle il installa une boîte pleine de petits savons à détacher et une bouteille d'eau. Ce manège accompli sans précipitation attira les curieux autour de lui qui les rangea en cercle. Cela fait, le racoleur choisit un client, s'adressa à Verlaine :

— Monsieur, regardez cette tache qui dépare la manche de votre vêtement...

Il s'empara d'un linge mouillé, frotté sur le savon, et nettoya la pelisse de Paul en poursuivant son boniment :

— Avec une tache comme celle-ci, monsieur, si vous aviez dû, ce soir, aller dans la bonne société, jamais on n'aurait consenti à vous retenir à dîner...

Il reprit un peu d'eau :

— Certainement, tout le monde peut se tacher contre l'essieu d'un fiacre. Seulement, cela fait croire à vos amis et connaissances que vous ne savez pas vous tenir à table, reniflez votre potage, ou que, enrhumé du cerveau, vous vous êtes servi de votre manche pour ménager votre mouchoir... Mais, grâce à mon savon spécial (à dix, quinze ou cinquante centimes selon la taille), allez à votre dîner, monsieur ! Regardez le drap est redevenu aussi beau qu'en sortant des mains du tailleur...

Verlaine observa sa manche puis leva les yeux vers une hypnotique taverne.

Et ce fut encore et toujours la même fuite vers l'oubli dans l'alcool. Sitôt la première absinthe bue, il rit, songeant à la tache, seul sur sa banquette. L'instant d'après, son estomac se contracta. Il eut des idées tristes ou furieuses, commanda une autre fée verte. La gaieté revint. Verre après verre, l'artificiel bonheur s'installa, l'étourdit dans l'insouciance.

Le bruit de la ville et le vacarme des gens, le passage des tramways électriques ou à vapeur, le toussotement des véhicules automobiles à moteur et le sifflement du percolateur le saoulèrent aussi. La tête renversée, les yeux clos, il eut cet affectueux côté bon enfant et de brave homme qui était en lui. Regardez ce paroissien qui dort si confortablement sur une banquette de café. Quel air d'innocence ! Un enfant dans son berceau. Dors, Pauvre Lelian, dors...

49.

Les sanglots longs
Des violons
De l'automne
Blessent mon cœur
D'une langueur
Monotone.

Tout suffocant
Et blême quand
Sonne l'heure,
Je me souviens
Des jours anciens
Et je pleure ;

Et je m'en vais
Au vent mauvais
Qui m'emporte
Deçà, delà,
Pareil à la
Feuille morte.

50.

Un dessin apparut sur une page de carnet à spirale. Il représentait Verlaine, vu de dos, qui avançait ivre et titubant.

Le carnet tressautait entre les doigts de Cazals car il croquait son modèle en le poursuivant, à travers la place Saint-Michel, dans la nuit.

Les fleurs de gaz bleu des réverbères illuminèrent

sur le papier le hachurage griffonné d'un gros manteau anglais rendu vénérable par l'âge et l'usage. À la nuque, une écharpe douteuse et déteinte sous les bords rabattus d'un sale chapeau de feutre mou écrasé sur le crâne.

— Mais Paul, qu'as-tu fait de ta pelisse neuve à col de loutre et du haut-de-forme ?

— Fourgué le tout à un tavernier contre quelques absinthes et les frusques dépouillées à un clochard mort d'une crise d'épilepsie au pied du comptoir !

— Mais Paul, les infirmières s'étaient cotisées pour toi...

— Raah !...

Boitant terriblement, Verlaine menaça du poing les façades d'immeubles et les étoiles. Il étonna la nuit par sa brutale majesté en filant vers sa cible en face — le point lumineux de l'entrée du caveau du Soleil d'Or (*La Plume*) au numéro un de la place.

Devant la petite porte, des lycéens de Condorcet se retournèrent, sourire aux lèvres, en le voyant arriver. Ils avaient espéré pouvoir assister au banquet mais c'était complet. L'autre chargea sur eux, agitant sa canne. Ivre somnambule, il tangua de tribord à bâbord. Derrière lui, le grand rire du dessinateur :

— Attention, Paul, tu vas louper l'entrée !

Et Cazals l'attrapa par le bras pour le guider. Tous les lycéens s'écartèrent. Un puissant parfum d'absinthe les traversa au passage de l'idole en ruine d'habit de clochard mort.

Au sous-sol du Soleil d'Or, les tables avaient été disposées en « U » et, près d'une place vide, Deschamps présidait, faute de Verlaine :

— On aurait dû s'en douter.

— C'est de ma faute, s'excusa Frédéric-Auguste en se levant. J'ai eu tort de le laisser seul. Je vais tenter de le retrouver.

Le dîner composé d'un plat unique — *le plat canaille* — était terminé depuis longtemps. Finalement, tout le monde l'avait trouvé bon bien que ça leur donnât une haleine de furet (le bœuf mêlé aux harengs saurs, les oignons crus...) et puis c'était très épicé. Des jeunes filles aux yeux rouges agitaient des mouchoirs en dentelle devant leur bouche. Les pierrots rafraîchissants disparaissaient dans les gorges adolescentes tandis que Léon Deschamps comptait les pièces et les billets de la cotisation :

— Tout à l'heure, quand je vous attendais sur le trottoir, deux hommes discrets... Je suis sûr que c'étaient des policiers en civil... ont posé leurs mains sur mes épaules. L'un des deux m'a donné un billet en disant : « Voilà cent francs pour la cotisation... » L'autre, en caressant ma chapka groseille, a rajouté : « C'est de la part d'un admirateur... » Quand je leur ai demandé « Qui ? », ils sont repartis en silence. Et puis il y a eu une autre surprise...

François Coppée — cette pute de Coppée —, ayant appris l'existence du dîner et sachant que le vent tournait en faveur de celui qu'il destinait à l'échafaud, avait voulut se rallier aux étudiants. Il avait envoyé cinq francs et une lettre à Deschamps, lui demandant de la lire à l'assistance. L'animateur à la chapka groseille lut notamment :

— Vous savez, j'ai toujours aimé la jeunesse et ses choix... Je suis des vôtres...

Les jeunes ricanèrent devant l'opportunisme de cet académicien antidreyfusard qui avait aussi demandé au préfet Lépine de mater avec plus de fermeté les émeutes estudiantines de juin dernier.

— Coppée, cette ordure qui pond trop en grec, en prévu je veux dire... Avec lui, on est tranquilles. Les rimes sont convenues. On sait qu'il ne manquera jamais l'œuf. Tandis que Verlaine prend d'autres risques...

Paul en prit des risques en descendant l'escalier malgré la main de Cazals qui le soutenait. Sur les marches glissantes, il manqua de se foutre la gueule en l'air plusieurs fois. Dans le caveau, on entendit venir le brutal pas lourd et inégal du boiteux qui gueula en se pastichant lui-même :

Je suis venu, clopant-clopin,
Riche d'une jambe invalide
Et d'un crâne mongoloïde :
On ne m'a pas trouvé rupin !

Léon Deschamps alla l'accueillir et le conduisit à sa place tandis que, sur l'estrade, des jeunes, à tour de rôle, se mirent à réciter de ses poèmes appris par cœur. L'un d'eux claqua des doigts en rythme comme s'il chantait :

J'ai peur d'un baiser
Comme d'une abeille.
Je souffre et je veille
Sans me reposer :
J'ai peur d'un baiser !

« Regardez comme ils ont l'air contents de dire vos sonnets. Qu'en pensez-vous, Paul ? » demanda Léon à Verlaine. Mais l'autre bourré ne reconnut même pas ce qu'il avait écrit. Il resta silencieux, dans le nuage de fumée de sa pipe, observa l'espace vide sur la nappe devant lui. Haussant le sourcil, il laissa tomber son monocle tel un couperet :

— Trop de vers et pas assez de verres ici !

Condamnation sans appel mais voilà qu'un serveur se précipitait entre les tables, porteur d'un plateau lourdement chargé :

— Votre bâton de dynamite, maître !

Le garçon lui servit une absinthe blanchie au marc si copieuse qu'il resta à peine de la place pour quelques cuillerées d'eau. Verlaine se mit à déguster son poison à petites gorgées. En bout de table, Cazals l'observait.

Paul devint nerveux et inquiet, demanda ce qu'on avait fait de son chapeau qui était sur sa tête. Il fuma et but sans plus adresser la parole à quiconque. Et plus il but, plus sa physionomie s'assombrit. Il jeta autour de lui des regards farouches. Tout le monde sentit qu'arrivé à cette phase d'excitation, il allait facilement devenir agressif, illogique et brutal. D'autant plus qu'un jeune journaliste maladroit fila sur lui, demandant :

— Maître, par où avez-vous le plus péché ?

Verlaine ne répondit pas mais il leva un doigt en l'air qu'il retourna vers sa braguette. Un autre reporter se présenta :

— Quelle fut votre conception de l'existence ?

— Elle n'a pas toujours été immaculée... Mais d'abord, tous les deux, faites-moi le plaisir de me foutre la paix !

Et il se leva, roula des yeux terribles, empoigna sa canne-gourdin. Les deux journalistes s'effacèrent comme la gomme efface le dessin. Dans la fumée bleu velours de la cave, sous le souffle d'un bec de gaz qui noircissait le plafond, Verlaine resta debout, les bras écartés, la canne au poing. Le milieu de son visage se resserra à petits plis. Ses paupières se fermèrent comme s'il allait s'endormir. Cazals prévint tout le monde :

— Attention, il va faire une connerie !

À grands coups de son bâton de vagabond, il démolit tous les hauts-de-forme autour de lui, posés sur les tables ou accrochés aux chaises : « Je hais ce noir mensonge social à reflets de soie ! » Les jeunes furent stupéfaits devant les chapeaux cylindriques aplatis en galettes. Verlaine leur dit : « Or çà, les enfants, quand j'aurai claqué ma gueule, dans ma notice funèbre, n'oubliez pas d'écrire que cette fin de siècle a eu son saint Antoine de pas doux ! » On lui offrit quand même son enveloppe qui contenait quatre cent cinquante francs — une manne. Paul regarda les billets puis ceux qui s'étaient cotisés. Il tendit un bras vers eux :

— Je vous étonnerai par mon ingratitude !

Et il s'en alla.

51.

— Il est où Verlaine ?

Cornuty était très inquiet et nerveux : « Philomène et Eugénie le croyaient encore salle Lassègue. J'ai fait le tour de toutes les brasseries du Quartier latin. Personne ne l'a revu depuis samedi. Il est où Verlaine ? »

Près de lui, Bibi-la-Purée hocha la plume de paon de son chapeau et fit la moue : « En tout cas, il n'est pas retourné à Broussais. J'y suis passé. Et il n'a été admis dans aucun hôpital de Paris. J'ai questionné partout. »

Deschamps retira une brindille de ses lèvres : « Il n'est pas non plus en prison. Quand j'ai demandé au commissaire Michaud de vérifier, il m'a répondu que ce n'était même pas la peine, qu'il n'était pas en prison. »

Cazals, en redingote quadrillée le faisant ressembler à un chanteur des rues, soupira : « D'habitude, je le retrouve tout le temps. Mais là, depuis trois jours... »

La bande des quatre était désappointée autour

d'une table du François-Ier aux murs envahis d'armes et d'armures de la Renaissance — hallebardes, boucliers, cottes de mailles, casques en fer à visière mobile... Dans le soir qui tombait, ils regardèrent par la baie vitrée le boulevard illuminé, s'attendant à voir leur vieil ami débouler à tout moment dans sa brasserie préférée. Mais rien. Henri-Albert fit renifler au chien de Bibi sa pantoufle maintenue par des ficelles : « Il est où Verlaine ? Cherche. Cherche ! » Mais Pistolet se mit debout sur ses pattes arrière et remua la queue joyeusement.

— Quel jour sommes-nous ?

— Mardi.

— Mardi ? Alors il est peut-être chez Mallarmé, suggéra Cazals.

— Pourquoi ? demanda Cornuty.

— Les mardis de Mallarmé, t'en as jamais entendu parler ?

— Non.

— Tous les mardis soir, Stéphane Mallarmé reçoit quelques poètes. Paul y va parfois. Peut-être qu'il est chez lui. Viens avec moi, on va aller voir. Les autres, vous restez dans le coin et on se retrouve là, tout à l'heure ?

Stéphane Mallarmé habitait au 89 de l'inquiétante rue de Rome près de la gare Saint-Lazare. Au quatrième étage, il occupait, avec sa femme et sa fille, un modeste appartement souvent retentissant du sifflement des locomotives qui s'engouffraient dans le tunnel des Batignolles. Il ouvrit sa porte :

— Tiens ? Bonjour, Cazals.

Frédéric-Auguste fit les présentations : « Henri-Albert Cornuty, un ami de... »

— Ah, c'est vous..., sourit l'auteur de *L'Après-midi d'un faune*. La chair est triste, hélas ! et j'ai mangé tous les Verlaine...

Henri-Albert ne comprit rien du tout.

Stéphane Mallarmé le regarda de ses yeux doux. Un bon visage de monsieur avec de grandes oreilles. Une chevelure sage et crantée, des moustaches et une barbiche. Cravate en soie noire nouée au col de sa chemise blanche sous une veste épaisse. Et aux épaules, une écharpe, pliée en deux, jetée artistement : « Entrez. » Henri-Albert se sentit mal à l'aise et gauche face à ce poète aux allures de professeur qui l'observait attentivement.

Pourtant Mallarmé était délicieux. Poli, courtois, élégant, un peu merveilleux... cherchant toujours à mettre les autres en valeur. Mais souvent ses propos étaient obscurs et très énigmatiques. Il avait de ces singulières expressions à trois bandes quasi impossibles à décrypter. Dans son petit salon, où des poètes assis dans des fauteuils buvaient du thé et acquiesçaient, il employa des mots comme : sylphe, nonchaloir, mandore, complies, lampadophore, hoir, auxquels Henri-Albert ne comprit rien. Et ça l'énerva tandis que Mallarmé lui tendait un bocal de bonbons :

— Ainsi donc, c'est vous le fervent petit admirateur du néphélobate ?

Cornuty leva un sourcil, se demandant si c'était une vanne.

— Ça veut dire « celui qui marche sur les nuées », lui souffla Cazals à l'oreille.

— Alors pourquoi il ne le dit pas ? grommela Henri-Albert.

Ce n'était pas un soir où il fallait le gonfler, le petit tueur des abattoirs de la Villette qui scrutait partout l'appartement. Il n'était pas d'humeur. Lui, tout ce qu'il voulait savoir c'est où était Verlaine :

— Il est où Verlaine ?

Mallarmé répondit :

— Verlaine ? Mais il est caché parmi l'herbe, Verlaine.

Alors là, c'était sûr, l'autre, à tête de professeur, se foutait de sa gueule ! Cornuty hésita entre choper les assiettes d'étain sur le buffet pour lui détruire le cervelet ou se jeter sur lui pour le passer par la fenêtre de son quatrième étage. Cazals l'arrêta : « Calme-toi. Je crois qu'il a dit un compliment... »

— Ah bon ?

— Ça doit vouloir exprimer que la poésie de Paul est subtilement dissimulée dans le quotidien des choses... dans le tremblement d'un verre d'eau, dans la buée à une fenêtre...

« Alors pourquoi il ne le dit pas ? ! » fit Henri-Albert, quittant l'appartement sans saluer personne.

52.

Plus tard dans la soirée, au François-Ier, la vitrine se pailletait de givre blanc. À travers les petits cristaux en étoiles, Cornuty et sa bande virent soudain le grand éblouissement des lanternes d'un fiacre s'arrêter et Verlaine s'en faire virer à coups de pied par un autre occupant resté à l'intérieur : « Ah, fi'd'garce, à c't'heure vous voilà arrivé chez vous... sur le trottoir ! » Sous les casques en fer à visière mobile, boucliers et cottes de mailles accrochés aux murs de la brasserie, tous se levèrent. De leurs adolescentes bouches bées montèrent des colonnes de vapeur. Pauvre Lelian, tombé sur les pavés, roula et finit à plat ventre dans le caniveau. Une fine pellicule de glace s'y brisa par plaques et le visage dans une eau très froide où roulaient des détritus, le poète était en train de se noyer. Tous jaillirent du café pour le sauver tandis que Cornuty courait après le fiacre qui descendait le boulevard Saint-Michel. Verlaine fut transporté jusque sur une chaise placée près du gros poêle de la brasserie : « Oh, là, là ! quelle bringue, mes amis !... » En loques détruites, puant l'alcool et le vomi, il leur raconta trois jours d'orgie. « Ce fut grec. » Il cita les prénoms des fort chères Diana André, Marirose, Lily et Butterfly..., du solide Gaston qu'il n'oublierait pas de sitôt, de l'étalon Jean-Claude et... des délicieux petits anges Gérard et Émile...

Cazals tilta. Il n'aimait pas les penchants de son ami aussi pour les enfants quand il était ivre. Ça ne passait pas. Il fit la gueule. Mais l'autre vieux faune lubrique échoué au Quartier latin était satisfait : « Oh ! là, là ! je suis crevé. Ça a duré combien de temps ? En quel siècle sommes-nous ? On est quand ? »

— 26 novembre 1895, répondit Bibi, et demain, au petit théâtre du Procope, Théo de Bellefond proposera un spectacle costumé où l'on dira une sélection de tes poésies. Tiens, voilà l'affiche.

Paul, les paupières à peine relevées, observa la feuille de papier que déroulait Bibi-la-Purée : « Est-ce que ça me rapportera des sous ?... parce que, là, je n'en ai plus, moi ! »

— Comment ça ? s'exclama Deschamps.

— Tout claqué, hips ! fit la bouille de Verlaine.

— Quoi ?

Ce fut à ce moment-là que Cornuty revint dans la brasserie, les doigts pleins de sang. Il remarqua le désappointement de la jeunesse debout autour du Pauvre Lelian. Il est vrai que beaucoup d'entre eux s'étaient carrément sacrifiés pour lui. Certains, qui se payaient les études en graissant le soir des roues de wagons, avaient donné leur paie hebdomadaire et pendant une semaine ne s'étaient nourris que de sucres pris sur le zinc d'un bar dont le patron laissait le sucrier bien garni à disposition des clients.

— Quatre cent cinquante francs en trois jours...

— Ah ! se justifia Verlaine, avez-vous vous-mêmes eu bien souvent quatre cent cinquante francs à votre disposition ? Et vous figurez-vous quel trouble, quel littéral coup de gong dans une âme de poète peut être une pareille fortune à emporter le paradis d'un seul coup ?

— Il est formidable !

Cornuty éclata de rire comme ça lui arrivait souvent, à la muette, en essuyant ses doigts rouges sur la nappe d'une table. Cazals le regarda : « Mais d'où il vient, lui ? » Les lycéens de Condorcet rirent aussi. Ils pardonnèrent au vieux poète comme à un enfant. Ce maudit, ce béni, qui avait humé de nombreuses patries, des geôles, des hôpitaux, des églises, des tavernes et des paquebots..., revêtait, aux yeux de la jeunesse idéaliste, un pathétique puissant. On lui donnait de l'argent pour subsister oui mais voilà... La charte sociale, la charte morale, voilà ce qu'il en faisait ! Ce geste le rendait sublime même s'ils étaient un peu effondrés. De l'autre côté de la cloison en verre dépoli s'envola le croassement de Coppée : « Ah ! Le saligaud ! Quatre cent cinquante francs en trois jours ! Faut-il que les bons pâtissent toujours pour les mauvais ? » La réponse de Verlaine fut : « Et maintenant, purée, marmelade, dèche, que ce serait beau... neuf cents balles ! » Coppée fit : « Des sels... »

53.

Mépris de l'avenir, dégoût du passé, indifférence pour une vie qui allait, certes !... recommencer plus âpre et plus désolante, il sortit du François-Ier, et Esther, surgie d'une ombre, le prit par le bras.

— Ah, c'est toi ? lui fit le poète. Je te préfère à l'autre. Il vaut mieux l'oublier.

— Tu dois être fatigué. Nous allons prendre une calèche.

— Une calèche ? Calèche de qui ?

— Celle conduite par Alfred, un cocher de la rue de la Glacière, que j'ai tout à l'heure rencontré...

Philomène-Esther avait un chapeau fleuri, une étole en fourrure et de hautes bottines lacées. Verlaine s'assombrit.

— Qu'est-ce que tu lui as fait à cet Alfred pour qu'il vienne me chercher ?

— Oh Paul... Paul Verlain !

Le poète retrouva dans la voix de la petite prostituée le lourd accent des Ardennes d'où il était lui-même originaire. Traînant sur certaines syllabes, elle avait dans la gorge des bouffées de terroir et prononçait le nom de Paul comme on l'articulait près de la frontière belge : « Verlain-neu... »

Le boulevard Saint-Michel, sous des becs de gaz falots et clignotants dans la nuit, grouillait de fiacres, d'omnibus à impériale, de cochers qui s'engueulaient. Des chevaux de renfort rongeaient l'écorce des arbres. Philomène dit à Paul : « Sa calèche est là-bas. Attends-moi ici, je vais le chercher. »

Le vent du boulevard plaqua les pans de la robe de la jolie petite Ardennaise contre ses fesses que Verlaine contempla en grognant : « Quand mes couilles tapent contre son cul, je crois entendre sonner les cloches de mon pays mais... »

Derrière lui, Eugénie prit son bras :

— ... Avec elle, ce sera toujours pareil. Elle te trompera et tu seras malheureux...

Le poète détailla la terrible figure de Nini Mouton engoncée dans les épaules de son manteau sombre. Sa face plate, large et convulsée, sous la lumière verticale des réverbères, ressemblait à celle d'une gargouille. Il la suivit, à pied, regardant le ciel étoilé :

— Heureusement, il ne pleut pas.

Il ne pleuvait pas mais un vent soufflait sous les portes de chez la Krantz. Les murs laissaient filtrer l'humidité. Des gouttelettes perlaient au plâtre du plafond. L'immeuble sombre moisissait dans la cour humide et encombrée de hardes. Paul entra dans la chambre, observa les papiers peints déteints, le carrelage de tomettes rouges ébréchées et l'or terni du cadre de la glace sur la cheminée où un coup de vent rabattit la fumée dans la pièce.

Près du lit, la table de travail du poète couverte de paperasses méthodiquement rangées. Une lampe à pétrole dont le réservoir représentait une tête de hibou et un vieux cahier bourré de feuilles volantes, de bouts de papier graisseux, de prospectus froissés, d'articles de journaux dans la marge desquels il avait écrit les esquisses de merveilleux poèmes.

Il alla à la fenêtre. De l'autre côté du parfum des jacinthes, dans la nuit, le reflet d'une lanterne en bas vacillait sur les pavés. Le vent secouait les enseignes de la rue Descartes tandis que, du clocher de Saint-Étienne-du-Mont, un carillonnement retentissait à travers le quartier ouvrier, sonnant onze heures du soir.

Tout à l'heure, quand, se retenant au bras d'Eugénie, il avait contourné en boitant le Panthéon, des bourgeois, croisant le poète, feignirent aussitôt qu'ils le reconnurent de tituber, de s'accrocher aux arbres ou aux poteaux télégraphiques...

— Bon, je vais me coucher.

54.

Le lendemain, Verlaine se réveilla tôt — cinq heures du matin. Il avait froid. Ses doigts tremblaient sous l'édredon. Le poêle à charbon de l'entrée s'était éteint et il n'y avait plus de feu dans la cheminée.

Près de lui, la clarté de la lune illuminait la forme en boule de la Krantz qui dormait en faisant des bulles avec sa bouche. Elle avait tiré sur elle les draps et les couvertures. Paul se leva en chemise de nuit à dentelle d'Eugénie et il enfila son manteau pisseux puis noua une écharpe autour de son cou.

Il s'assit à sa table de travail, alluma sa lampe à pétrole. La tête de hibou en verre luit de reflets dorés. Il souffla sur ses doigts puis plaqua ses paumes contre le tube de la lampe pour les réchauffer. Plus de bois dans le panier près de la cheminée... idem pour le charbon du seau de l'entrée. La feuille de papier huilé recouvrant le carreau cassé de la fenêtre avait dû se déchirer pendant son absence. On avait cloué à la place un calendrier des Postes dont les pages en battant secouaient les dates. Un drap recouvrait la cage de l'oiseau. Du tranchant de la lame de son canif à cran d'arrêt, Verlaine gratta l'encre séchée d'une plume en fer rouillé qu'il trempa ensuite dans l'encrier :

POUR VOTRE FÊTE, MA CHÈRE

Le poète n'est pas très riche !

Il chercha le deuxième vers : *Aussi, se voit-il forcé d'être chiche.* Il y avait deux pieds en trop... Lorsque la pendule, sur la cheminée, sonna la demie de six heures, Eugénie s'étira dans le lit tandis que Paul concluait son sonnet :

(...) alors
Il se contente avec remords
De vous offrir, non pas des ors

Ni même d'humbles rangs de perles,
Mais son petit air pépié,
Comme le plus humble des merles.

Nini Mouton, encore plus vilaine au réveil que dans la journée, pivota vers le poète ses petits yeux bruns en trous de vrille :

— C'est vrai que tu as dépensé tout l'argent de la cotisation ?

— Oui, tu peux fouiller mes poches.

— T'aurais très bien pu avoir gardé des sous pour les lui donner en sortant du François-Ier...

— Mais, à qui ?

— Oh ! À qui...

Eugénie se redressa dans le lit et remonta les couvertures sur ses épaules. Verlaine, en chemise de nuit et manteau, lui tendit son papier :

— Tiens, c'est pour toi. Tu veux tes lunettes ?

— Inutile. J'y vois bien assez pour ce qui m'intéresse.

Elle ne lut pas la petite écriture tremblotée de froid mais compta les lignes : « Quatorze ! Ce n'est pas avec ça qu'on va acheter beaucoup de charbon. Mets un mot à Vanier. Je passerai chez lui avant d'aller faire les courses aux Halles. »

Elle se leva, ôta le drap au-dessus de la cage du serin, se mit à rouspéter. L'oiseau pépia en battant des ailes. Elle rangea, balaya, ronchonna tandis que Paul, indifférent, écrivait la lettre d'accompagnement pour l'éditeur du 19, quai Saint-Michel.

27 novembre

Cher Lion Vanné,

Payez ceci à celle à qui c'est dédié — une personne digne de confiance qui m'empêche de faire des sottises et qui prend soin de mes affaires d'une façon admirable.

« *Qui prend soin de mes affaires d'une façon admirable...* » Le minuscule Vanier, derrière ses gigantesques moustaches, secoua dubitativement la tête mais, avec Verlaine, il ne s'étonnait plus de rien. Il savait par exemple que ce déclassé, ce hors-la-loi, était resté curieusement attaché à quelques traditions de la petite bourgeoisie provinciale. Il aimait souhaiter les fêtes mais était étourdi. L'éditeur relut plusieurs fois le délicat cadeau dont il compta les lignes :

— Douze !

— Quatorze.

— Ah oui, quatorze...

C'était un principe chez Vanier : toujours tenter de ne pas payer ou pour le moins de ne jamais donner la somme exacte qu'on lui demandait. Il ne sortait pas de là... mais s'interrogea en se frottant les mains dans sa librairie :

— Il a écrit ça, quand ?

— Ce matin, pour moi...

— Pour vous ?...

L'éditeur consulta l'éphéméride près de la caisse :

— C'est curieux parce que ce n'est pas votre fête aujourd'hui. C'est la Sainte-Philomène.

— Quoi ?

— Ce poème a été écrit pour elle.

— Hein ?

— Alors vous comprendrez que je ne peux pas vous le payer...

— Ah, le fumier !

Nini Mouton, panier à la main, remonta au trot le boulevard Saint-Michel. Furibarde, elle bouscula des marchandes de *plaisirs* qui, pour des enfants luxueusement parfumés, faisaient tourner des toupies hors de prix sur des tables de café féeriques illuminées par le froid soleil d'automne. Rue Descartes, la Krantz écarlate fila dans la sombre puanteur humide de la boutique du charbonnier-marchand de vins en bas de chez elle : « Est-ce que vous me feriez encore crédit pour un peu de coke ? Oui ou non ? Tenez, servez-moi aussi une gnôle ! »

— Oh ben, dites donc, Eugénie, ça n'a pas l'air d'aller ce matin... Ce n'est pas comme Esther !

— Quoi, Esther ?

— Elle est venue se pavaner tout à l'heure dans une robe neuve et coiffée d'un élégant chapeau. Elle a dit devoir sa toilette à la générosité de monsieur Paul.

— Oh, le salaud !

L'ancienne danseuse du second Empire grimpa quatre à quatre les marches de son escalier délabré en portant son panier vide sous le bras. Le bougnat d'en bas avait refusé le crédit prétextant que, s'il y avait de l'argent pour les robes d'Esther, il y en avait pour lui.

— L'ordure !

« Fumier, salaud, ordure, poète peau de balle en variété ! » Verlaine, toujours en chemise de nuit à dentelles dans son manteau, écrivait à sa table de travail. Il se retourna vers l'entrée, porte-plume à la main, et fixa son lorgnon sur le nez : « Quoi ? Qu'est-ce que j'ai encore fait ? »

— Ce que t'as encore fait ! Il me demande ce qu'il a encore fait... Mais tu y penseras toujours à celle-là, c'est ça ? Il n'y en aura donc que pour elle !

— Mais de quoi tu parles ?

— Ah... Tu le sais bien ! Merci... Merci beaucoup

pour le cadeau ! Je n'ai pas eu l'air d'une idiote, moi, tout à l'heure chez Vanier !

Paul ne comprenait pas ce qu'elle disait. L'oiseau battait des ailes et cognait dans tous les sens les barreaux rouillés de sa cage. Eugénie, folle de rage, lança son panier vide sur la table du poète, renversant l'encrier sur les géniales poésies tout en nuances que Verlaine fignolait :

— C'est comme cette histoire de robe neuve et d'élégant chapeau pour ta pute ! Comment as-tu pu lui offrir ça ?... Alors que je n'ai rien à me mettre ni le sou pour payer le bois. Comment as-tu pu oser ?

— Mais ce n'est pas moi ! Ce n'est pas moi !

La giletière à domicile de La Belle Jardinière gifla à tour de bras le crâne nu du plus grand poète français vivant. Sous les coups, lui qui s'était éveillé de bonne humeur et plein de délicates attentions pour elle, contempla au plafond le globe de la suspension qui ne put, dès lors, lui sembler drôle qu'à l'idée de voler en morceaux.

La Krantz démultiplia ses baffes : « Ton Esther !... Tu y penses continuellement. Mais si, tu y penses ! » Verlaine pria d'abord, à la fin ordonna furieusement « qu'on lui laissât la paix au sujet de cette fille... qui, d'ailleurs, après tout... ». Et, par colère, il se mit à en faire l'éloge, parla de sa beauté, de sa jeunesse, ce qui produisit une bagarre dont retentit tout l'immeuble. Verlaine se leva :

— La parole est à la vaisselle !

Tandis que Nini Mouton s'étouffait, « Belle, elle ? Belle ? Elle est plate comme une limande ! Moi, je ne prends pas des pantalons pour me faire des nichons. J'en ai des vrais ! » et déchirait son chemisier pour exhiber sa poitrine immonde, Paul cassait tout dans la chambre.

À grands coups de sa canne-gourdin, il explosa les vitres des chromos accrochés aux murs et s'acharna, de la pointe triangulaire de son bâton ferré, sur le portrait de son père dont il creva, autour du visage, la toile du tableau en hurlant :

— Et toi, pourquoi tu m'as fait ? Con de militaire !

Le père, peint à l'huile et bicorne à plumes entre les bras, sembla trouver son fils ingrat... N'avait-il pas, en effet, à la naissance de ce Paul-Marie tant attendu, démissionné de l'armée pour ne plus consacrer le reste de ses jours qu'à l'éducation et au bonheur de son fils qu'il voyait déjà saint-cyrien ou polytechnicien... Oui mais voilà, l'enfant devenu vieux poète lançait à l'aveuglette, dans la toile, la pointe de son bâton ferré dont les coups — par quel hasard ? — ne trouèrent que le fond obscur du tableau formant autour de la tête paternelle comme une lumineuse auréole d'outrages.

— Merde !

Il démolit aussi le panier sur sa table de travail, le catapulta au sol, enflamma des poèmes tachés par l'encrier renversé, dont il ne se souviendrait sans doute plus jamais, et les jeta sur les débris d'osier du panier qui brûla, bois sec qu'il était.

Il est mort le petit panier !
Je l'ai détruit lors d'une scène.
Iras-tu encore chez Vanier ?
Il est mort le petit panier.

De grandes flammes s'élevèrent du brasier sur les tomettes rouges au centre de la chambre glacée. « Tiens, réchauffe-toi à mes sonnets puisqu'ils ne te servent qu'à ça ! Misérable fée carotte, princesse souris, punaise qu'attendent les deux doigts et le pot ! » Et il claqua la porte de l'appartement derrière lui. Dans l'escalier sans lumière, il se retint à sa canne et à la mince rampe de fer, se sentit victime d'il ne savait trop quelle cabale.

La rue Descartes était une tempête de cris, de chants, d'appels, d'aboiements, de rires et de disputes. *Il pluvinait, il neigeotait, l'hiver vidait déjà sa hotte.* Entre une laiterie et une boucherie hippophagique, on jouait à un jeu de hasard — celui de la passe anglaise — illégal et à la règle assez obscure. Une femme cueillit sur un tas d'ordures une paire de bas déchirés dont elle secoua la neige. Reprisés, elle les revendrait cinq centimes à moins pauvre qu'elle. Verlaine se fondit et se confondit dans la foule misérable. C'est au milieu d'elle qu'il s'aperçut qu'il était resté en chemise de nuit à dentelles sous son manteau.

— Ah, je suis maudit !

Et, remontant les numéros de la rue à pas lourdauds, il s'en alla au diable. Esther lui ouvrit ses bras. La petite prostituée postée à l'angle de la rue Clovis, sous son chapeau, l'avait sifflé comme un voyou :

— Dis donc, t'es beau en robe !

— Je suis un féminin, ce qui explique bien des choses..., grommela le poète.

Un féminin... C'était aussi un vieux faune lubrique et hystérique. En proie à une soudaine exaltation voisine de la démence, il tomba à genoux aux pieds d'Esther, enfouit sa tête et sa barbe sous le jupon, chercha la chair où s'activa sa bouche délirante. Philomène renversa au ciel ses trente-deux dents de jeune animal.

Eugénie, au quatrième étage du 39 de la rue Descartes, ouvrit les deux battants de la fenêtre pour évacuer la fumée du petit panier. Toussotant et très penchée par-dessus la rue grouillante, elle aperçut en bas celui avec qui elle avait passé la nuit, buste pervers enfoui sous la robe d'une putain qu'il poussait du crâne, tel un bouc, vers l'ombre d'un porche. Les narines de Nini Mouton se pincèrent. Elle referma violemment la fenêtre dont le calendrier, mal cloué, s'envola.

Un vent chargé de neige arrivait par bouffées dans le hall d'immeuble où Verlaine culbutait Esther allongée à plat dos sur les poubelles. Les toits dégouttèrent dans la cour, les murs suintèrent et les godillots délacés du poète dérapèrent sur les pavés glissants. Les dentelles de sa chemise de nuit, remontée devant jusqu'au nombril, s'agitèrent derrière sur ses talons d'Achille. On eût dit un enfant de chœur endiablé pris d'une frénésie. Paul trouva l'entrée de la petite prostituée.

Voilà ma route avec le paradis au bout.

Il baisa Esther tel qu'il aurait cogné Eugénie. Il faisait l'amour comme il buvait, avec une sorte de rage semblant vouloir tuer quelque chose en lui. Les mains qu'il tordit, les lèvres qu'il mordit ! Nez court arrondi entre des pommettes saillantes et sous des yeux de bandit mongol, il s'acharna sur la délicate enfant dans un délire de robe envolée, de dentelle de jupon et de chemise de nuit, tandis que la neige tombait lentement dans la cour. On eût dit la bataille de deux volailles. Les jolies jambes en l'air d'Esther, la patte maigrelette de Paul s'arc-boutant et l'autre tuméfiée projetèrent une ombre absurde au mur du hall. Alors que tambourinait le fer des couvercles de poubelles, il toussa, éructa, tout à sa fureur dans les cheveux de la demoiselle aux cuisses dansantes.

Et je jouis et décharge
Dans ce vrai cauchemar de viande
À la fois friande et gourmande
Et tour à tour étroite et large.

55.

— Que faut-il faire ?

Cazals et Deschamps, face à Bibi-la-Purée, parlaient à voix basse de Cornuty au François-Ier et ils étaient très embarrassés. « Que faut-il faire ? On ne peut pas le laisser continuer comme ça. » Devant des pierrots sur la table ils se repassèrent à nouveau un journal dont ils n'arrivaient pas à croire ce qui était écrit à la page des faits divers :

Hier soir, en pleine cohue, un interne de Broussais a été énucléé à bord d'un fiacre descendant le boulevard Saint-Michel. Quand le cocher et les passants ont entendu ses hurlements, il cherchait à tâtons ses yeux sous la banquette. Personne n'a rien vu.

— Et vous deux, vous êtes sûrs que c'est Henri-Albert qui a fait ça ?

— Oh, écoute, Bibi !... répondirent en chœur Cazals et Deschamps.

— Qu'est-ce que vous en savez ? leur rétorqua le

jeune mendiant édenté. Dans le journal, ils disent que personne n'a rien vu.

— Hier, tu n'as pas remarqué qu'il a essuyé ses doigts pleins de sang sur une nappe de la brasserie ? s'énerva Cazals.

— Il a dû se couper en nous aidant à ramasser Paul.

— Mais il ne nous a pas aidés à le ramasser. Il a couru après le fiacre !

— Ah bon ? Pourquoi ?

Cazals et Deschamps levèrent les yeux au plafond décoré de hallebardes.

— En tout cas, depuis que ce gosse est arrivé à Paris..., soupira Léon en se grattant la nuque devant des cottes de mailles, vaut mieux ne pas toucher à Verlaine. Déjà, avec Tailhade, il a fait fort.

— Ah, parce que vous lui mettez ça aussi sur le dos ? demanda Bibi-la-Purée. La police enquête depuis deux mois, ne trouve rien et vous, vous savez ?

Les deux autres le regardèrent comme un martien.

— Mais Bibi..., fit Frédéric-Auguste. Le massacre de Lacan, tout de même, n'est pas naturel.

— T'as fait médecine, toi ? Chauffard a diagnostiqué une hémorragie interne et la malédiction du lit 27. J'étais là quand il l'a dit. Je le jure sur la tête de Pistolet !

— Et Perrens ?... l'ancien professeur qui a témoigné dans *L'Écho de Paris*..., rappela Léon. Il sort de chez lui, passe sous un arbre et se prend une pierre sur la tête.

— Une météorite ! rectifia Bibi qui avait réponse à tout.

— Il n'empêche..., affirma Cazals, et tu n'étais pas là... l'autre soir, j'ai bien cru que Mallarmé allait passer par la fenêtre.

— Il est mort ? demanda Bibi-la-Purée. Il m'a semblé le voir tout à l'heure dans la rue. Ça avait l'air d'aller.

Le jeune mendiant de vingt ans, à la plume de paon fixée au large chapeau basculé en arrière et petit chien dans ses bras, regarda durement les deux autres : « Vous ne traînez pas pour accuser les gens sans preuve ! Avec des amis comme vous, il n'a pas besoin d'ennemis Henri-Albert. Et puis qu'est-ce qu'il vous prend de plaindre les Tailhade, Lacan, Perrens et autres Grand-Maison ? Ils n'ont pas été cruels, eux, avec le Pauvre Lelian ? »

— De là à bousiller tout le monde..., souffla Deschamps. Reconnais que ça devient dingue cette histoire. Son fanatisme n'a pas de limites. Si on le laisse faire, il ira jusqu'où ? Il faut l'arrêter.

— C'est-à-dire ?

— Ben, lui parler ou...

— Ou quoi ?

— La police ! osa répondre celui qui avait fait des études de droit.

— Vous n'allez pas dénoncer Henri-Albert...

— Écoute, s'il ne veut pas comprendre...

« Mais, les gars, c'est notre copain ! » s'indigna Bibi-la-Purée qui ensuite les menaça : « Oh, et puis faites-le ! Faites-le et un matin, à l'aube, on ira tous les trois, place de la Roquette, voir se faire guillotiner celui d'entre nous qui aura le plus aimé Verlaine ! »

Touché ! Cazals et Deschamps imaginèrent la scène. « Mais pourquoi t'es pas devenu avocat, toi ? » sourit Deschamps à Bibi. Frédéric-Auguste espéra : « Peut-être que c'est fini, les conneries... »

— Mais oui, c'est fini tout ça ! s'exclama l'indécrottable optimiste Bibi en se levant de table. Et puis, vous le savez comme moi, de plus en plus de gens aiment Paul — même Coppée s'y est mis ! — donc il y a de moins en moins de risques. Allez, venez rejoindre Henri-Albert au théâtre du Procope plutôt que de l'accuser à tort...

Frédéric-Auguste et Léon regardèrent, à travers la baie vitrée, tomber lentement les petits flocons de neige.

56.

Les petits flocons tombaient aussi derrière la fenêtre sur cour de la chambre 36 à l'hôtel de Montpellier. Verlaine debout et morose, front au carreau sale, contemplait sans rien dire leur descente hésitante vers les poubelles de la courette puante. Face à lui, il n'avait pour horizon que le cauchemar gris d'un haut mur infranchissable. À sa droite, Philomène, assise sous le rideau rouge du lit, relisait en boucle tous les vers d'*Odes en son honneur* écrits pour elle. Pour elle... Adossée à l'oreiller sorcier, genoux repliés sous la robe et chapeau à plumes sur l'édredon, elle tournait les pages du recueil, s'attarda sur le dernier poème dont le titre incipit était : *Ils me disent que tu me trompes.* Des larmes coulèrent le long des joues de Philomène.

— Viens. Petit bonhomme n'est pas...

Donnant la main à Verlaine, elle quitta l'hôtel de Montpellier.

C'était la fin d'après-midi et déjà presque la nuit. Place du Panthéon, un forain remballait son matériel. Tout le jour, malgré la neige et pour quelques sous, il avait tiré le portrait d'ouvriers de la Mouffe devant une toile de fond reproduisant l'intérieur d'un salon bourgeois, attachée par des cordes à deux perches en plein air. Des familles entières de pauvres gens avaient posé devant cette illusion de richesse flottante sur laquelle glissaient les flocons. Philomène s'imagina photographiée au bras de son poète, souriants tous les deux et réchauffés par les fausses flammes de la cheminée peinte, mais le forain enroulait la toile du décor.

Boulevard Saint-Germain, il y en avait d'autres — des décors bourgeois — et des solides... pas des qu'on remballe vers les banlieues sur la charrette tirée par un âne à la peau malade. Non... ici, ça tintinnabulait réel du piano. Mais mêlé à la neige fondue gouttant des toits et coulant vers les caniveaux, ça sonnait comme un roulis de cascade d'eau claire. Les bruits multiples de la ville n'apportèrent qu'un souffle vague de feuillages aux oreilles de Verlaine. Des messieurs en tube, cocottes empanachées à dessous froufroutants, manches gigot, étaient des personnages de bals masqués. Ils passèrent, presque irréels, sous la lumière laiteuse des globes de verre blanc dépoli. Silhouettes fantomatiques, ils exhalèrent des parfums d'essences, de bois rares, de fleurs exotiques. Sous la pleine lune, Verlaine, en manteau pèlerine et chemise de nuit à dentelles flottant par-dessus ses godillots cloutés, allait comme une sorcière de village mal lunée.

Ressentant jusqu'à la fibre des frissons de forêt parmi l'étreinte des brises, il tourna rue de l'Ancienne-Comédie et, devant le petit théâtre du Procope, regarda Philomène. Le poète poussa la porte. La prostituée entendit :

57.

Votre âme est un paysage choisi
Que vont charmant masques et bergamasques
Jouant du luth et dansant et quasi
Tristes sous leurs déguisements fantasques.

Tout en chantant sur le mode mineur
L'amour vainqueur et la vie opportune,
Ils n'ont pas l'air de croire à leur bonheur
Et leur chanson se mêle au clair de lune,

Au calme clair de lune triste et beau,
Qui fait rêver les oiseaux dans les arbres
Et sangloter d'extase les jets d'eau,
Les grands jets d'eau sveltes parmi les marbres.

58.

Philomène en resta bouche bée. Sur scène, celui qui avait récité *Clair de lune*, costumé en Pierrot et les bras le long du corps, s'était penché dans son habit de satin blanc, la tête auréolée d'un naïf chapeau rond. Boucle de soie rose à sa ballerine gauche, il se redressa. C'était Cornuty, chausson de Verlaine au pied droit.

Il avait dit la mélancolie du poème dans une sorte de transe, psalmodié les vers d'une petite voix monocorde qui fit à tous l'effet d'une prière arabe. Le public bouleversé l'applaudit. Cazals et Deschamps se levèrent et tapèrent dans leurs mains, soufflés par l'émotion dégagée, tandis que Bibi leur déclarait : « Je ne l'avais encore jamais entendu prononcer autant de mots les uns derrière les autres. »

Henri-Albert désigna, au fond de la salle, Verlaine près de la porte d'entrée. Les spectateurs se retournèrent — une cinquantaine de personnes sur des chaises dorées à l'assise en velours vert dans ce minuscule théâtre où l'on disait aussi des proverbes. Découvrant Paul, en chemise de nuit sous son manteau, Cazals s'esclaffa et sortit vite fait, de sa poche, un carnet à spirale et un crayon. Philomène suivit Pauvre Lelian vers les trois copains tandis que Cornuty s'apprêtait à dire une autre poésie. C'est alors que la porte du théâtre s'ouvrit une nouvelle fois. Eugénie y pénétra avec éclat en hurlant :

— Votre poète ! Votre poète, c'est peau de balle en variété !...

Elle tenait à la main un cabas plein à déborder.

— ... Et saloperie et compagnie !

Rouge de colère, elle se répandit en injures sur le grand poète : « Un vaurien, un fainéant alcoolique, un homosexuel et un pédophile, un dégueulasse ! Demandez-lui s'il a aussi essayé les animaux ! »

Elle éjecta de son sac des vêtements qu'elle déchira et jeta au plafond. Les manches des chemises et les jambes des pantalons volèrent en tournoyant sous les pompeuses bordures du théâtre aux savantes peintures représentant des fleurs, des nymphes et des amours.

— Mais si vous l'aimez tant que ça, ce fou, eh bien, lavez aussi ses chaussettes ! Tiens, en voilà ! Et ses culottes sales de foireux... À vous de glisser les doigts dans sa chiasse ! Et puis tiens, tiens !

Elle déchira des pages de notes manuscrites avec les mains, avec les dents, en cracha des confettis dans la salle :

— Et torchez-vous aussi avec sa poésie de taré !

Théo de Bellefond, le patron du Procope, se précipita pour stopper le sacrilège de la destruction des notes. Avec Deschamps, Cazals et Bibi, ils eurent un mal de chien à ceinturer la furieuse qui se débattait en criant :

— Non mais, regardez-moi ce type ! Vous ne voyez pas qu'il est anormal avec sa gueule à être exposée au stand des monstres de la fête foraine ?...

C'en était trop. Henri-Albert descendit de scène et fila vers elle en silence, comme sur des patins à glace, et lui lança son front en plein visage. Le nez d'Eugénie explosa comme un fruit mûr, aspergeant de sang l'habit de satin blanc et la ballerine du petit tueur de La Villette.

— Le costume de location ! s'écria Bellefond.

— Alors ?... firent Deschamps et Cazals à Bibi.

— Ah, là, je dois reconnaître..., répondit le jeune mendiant, qu'elle ne l'a pas volé, rajouta-t-il.

Frédéric-Auguste en éclata de rire, observant un Verlaine désemparé :

— Qu'est-ce qu'elle t'a mis, hein, la Nini Mouton ! Quand Coppée apprendra ça, il dira : « Cette femme a du bon sens... »

La giletière de La Belle Jardinière était écroulée dans les bras du patron du Procope. En face, Cornuty ne savait plus que faire.

« Le spectacle est terminé ! » coupa, tranchant, Théo de Bellefond. « C'était une soirée poésie et puis voilà, Monsieur Verlaine ! Un scandale de plus et un nez cassé. Alors maintenant, ça suffit. Tout le monde dehors ! » Certains s'exécutèrent en rejoignant le trottoir où fut traînée aussi Eugénie pour panser son nez avec des serviettes de table. D'autres spectateurs, restés dans la salle, ramassèrent les vêtements lacérés du poète, tombés sur des dossiers de chaises ou accrochés aux lustres.

Paul, se retenant d'une main fébrile au pommeau de sa canne, se pencha douloureusement vers le parquet et des pages déchirées, crachées et tachées d'hémoglobine. Un homme s'accroupit devant lui. Il était un peu large. Il recueillit des lambeaux de papier sur lesquels l'encre des rimes se dilua en arabesques mouvantes dans des bulles de salive où se refléta tout le théâtre. L'homme se redressa avec des fragments dégoulinants, les tendit au poète qui le regarda. C'était Laurent Tailhade !

Verlaine ne le reconnut pas immédiatement. Le critique littéraire de *L'Écho de Paris* avait considérablement engraissé durant son repos forcé à l'hôpital et beaucoup vieilli. Ses cheveux noirs laqués qu'il lissait avant sur son crâne étaient devenus blancs, partaient en touffes sur les côtés. Défiguré, toute la partie droite de sa tête était une bouillie d'os et de chair rafistolée comme on avait pu. L'œil crevé avait les paupières mi-closes. L'autre, rond, fixait Verlaine avec sympathie. Paul, lui, eut le regard fuyant, glissant sur le parquet, furetant dans la salle :

— Je ne vois pas votre michelangesque amie La Nuit...

— Elle est morte. J'ai tout perdu.

Il termina cette phrase par un grand sourire. Des diamants étincelèrent à l'intérieur de sa joue droite en remplacement des dents arrachées sur le débris de mâchoire qu'il lui restait. Les plis de son cou gras remuèrent en vagues sous le désastre latéral de son visage :

— Allons fêter ça ! comme aurait dit Néron. J'invite tout le monde chez Foyot...

— Chez Foyot ?

Alors que les spectateurs finissaient d'entasser les loques de vêtements et les manuscrits déchirés dans le cabas laissé par Eugénie, Frédéric-Auguste, qui dessinait sur son carnet les dentelles de la chemise de nuit de Verlaine, trouva que Tailhade n'était pas rancunier : « Après ce qu'il s'est pris dans la gueule la dernière fois qu'il y est allé, chez Foyot... »

Tailhade n'était pas rancunier. Tandis que la salle se vidait, Cornuty resta, désappointé, près de Léon Bloy qui grogna en contemplant le Décadent :

— Cyclope des urinoirs...

Le critique littéraire dut complètement pivoter sa tête pour les voir tous deux et leur demander :

— Eh bien, alors, vous venez ?

Laurent Tailhade, vêtu d'une pelisse de fourrure, tenait à la main une canne en jonc à pomme d'ivoire. La réponse à sa méchante critique publiée par *L'Écho de Paris* lui ayant arraché la moitié de la tête, il se tourna vers sa victime éditoriale :

— J'ai appris que vous aussi êtes allé à l'hôpital. Vous savez, Verlaine, je voulais vous dire...

— Ne dites rien, Laurent.

La trentaine d'invités de Tailhade attendait, regroupée sur le trottoir. Sous le balcon fleuri du Procope, des cascades végétales pendaient, éclairées par les réverbères accrochés à la façade entre les fenêtres des salons particuliers aux rideaux jaunes. Tout l'établissement scintillait dans la nuit.

Théo de Bellefond traversa l'attroupement essentiellement composé de jeunes. Il rejoignit Verlaine et lui remit vingt francs : « ... La recette de la soirée. Ce n'est pas beaucoup mais vous comprendrez que j'ai dû déduire le prix du costume de Pierrot irrattrapable au lavage. » Tailhade l'invita aussi : « Venez, Théo... » Verlaine grogna en prenant les deux billets qu'il glissa dans une poche de son manteau pèlerine. Esther s'approcha de lui, observa les coins de papier-monnaie dépassant de la couture défaite. Autant cette jeunette putain un peu voûtée, aux épaules rentrées, pouvait être délurée dans l'intimité et employer des mots d'argot avec son fort accent ardennais... lorsqu'elle était entourée d'étrangers, se tenait raide ou comme pelotonnée sur la défensive, ne prenant part aux conversations que d'une petite toux nerveuse qui trahissait son caractère émotif.

Bibi-la-Purée portait le cabas de Verlaine. Près de Deschamps, Cazals rigolait, moqueur et un peu fou ne voyant pas plus loin que le bout de son nez en l'air. Le cortège allait s'ébranler. Tailhade voulut appeler, d'un sifflet, la rosse efflanquée de sa calèche garée plus loin mais de la bouche démolie ne sortit qu'un misérable « Flw ! Flw... ».

Léon dit à Bibi : « On dirait toi, sifflant Pistolet. »

Néanmoins, le cheval comprit. Aux mots de son maître criant ensuite : « À table, tout le monde ! » Pégase souffla bruyamment en secouant la tête, tracta le véhicule décoré d'une Voie lactée. Près des flancs du cheval marchant à pas lents rue de l'Ancienne-Comédie, le Décadent prit le bras de l'auteur des *Fêtes galantes* pour traverser le carrefour de l'Odéon.

59.

En haut de la rue de Tournon, devant la façade du restaurant Foyot, un ours en cage éloignait les piétons de la fenêtre qu'un soir la rougeur d'une bombe étoila.

Près de la cage de ce brun plantigrade aux gencives violettes, une pancarte annonçait qu'on pouvait ici réserver les côtes de cet animal. Le cheval de Tailhade, reniflant l'ours, refusa d'aller plus loin, s'arrêta à quelques mètres du restaurant.

La victime de l'attentat au bouquet piégé, sortie le matin même de l'hôpital, n'était pas encore retournée chez Foyot. Laurent poussa la poignée de la porte, fut accueilli avec étonnement et chaleur par le maître d'hôtel s'empressant de saluer aussi le patron du Procope. Le loufiat en livrée fut moins enthousiasmé par la dégaine puante de Verlaine pénétrant dans le restaurant en chemise de nuit douteuse et suivi d'une foule de jeunes gens débraillés.

— Annulez vos réservations ! fit Tailhade avec munificence à l'employé. Ce soir, j'invite mes amis...

Et il se dirigea vers sa place habituelle, près de la

fenêtre, à la stupéfaction du maître d'hôtel. Trente personnes, ça prenait toute la banquette et plusieurs tables dans la salle... Verlaine fut installé près du critique littéraire face à Bibi-la-Purée à côté de Théo de Bellefond. Un peu plus loin, après quelques étudiants, il y avait Henri-Albert resté dans sa tenue tachée de Pierrot en vis-à-vis de Cazals. Léon Bloy et Deschamps étaient en bout de banquette, entourés de jeunes filles.

Le maître d'hôtel arriva avec son carnet pour prendre les commandes. Tailhade réfléchit : « La dernière fois, où en étais-je ?... Ah oui, des huîtres ! » puis s'adressant à Verlaine : « Si vous aimez les bivalves de Cancale... »

— Vingt ans que je n'ai pu m'en payer..., grogna le vieux poète à tête de faune.

— Donc, déjà deux douzaines...

Finalement, tout le monde choisit des huîtres. Sur le trottoir, quatre écaillères aux bras nus eurent les muscles ronflant comme des cariatides — trente douzaines... La salle s'emplit aussi de jolies femmes aux bras de boursiers apoplectiques qui jouaient l'univers au palais Brongniart.

Tailhade, toujours aussi majestueux dans son gilet s'irisant des nuances de l'arc-en-ciel, chemise en soie couleur de poison indien semée de pastilles d'or et cravate d'un rouge féroce, entrouvrit la fenêtre à sa droite pour humer les pétales du pot de fleurs posé sur le rebord. Le maître d'hôtel recula de trois pas et tous les invités eurent instinctivement un mouvement du bras pour protéger leur visage sauf Cornuty, installant sa serviette sur le satin blanc de ses genoux. Le maître d'hôtel se rapprocha du critique qui refermait la fenêtre :

— Et ensuite ?...

— Ah, au fait, mon ami, que je vous dise... Je suis ruiné, plus un billet en poche, et ne pourrai donc régler la note de mes invités.

L'ours, de l'autre côté de la fenêtre, remua dans sa cage.

— Comment ça, ruiné ? fit le loufiat aux airs guindés. Monsieur veut rire. D'ici, j'aperçois son bel équipage constellé d'étoiles.

— Gardez pour vous la calèche et servez-nous le cheval.

Tout le monde se demanda si le glorieux éborgné plaisantait mais il ne plaisantait pas. « Si vous pouvez proposer les côtes de cet ours exposé, je ne vois pas pourquoi... »

Le maître d'hôtel, soufflé, prit la responsabilité d'accepter : « Jamais vu client aussi chevaleresque ! », regarda soudain toute la table avec sympathie : « Que désirez-vous boire ? »

On servit à flots des hémorragies de bourgogne dans des verres en cristal quand les invités de Tailhade virent passer devant la fenêtre son cheval Pégase, tenu au licol par un commis de cuisine qui le conduisait vers la courette derrière le restaurant.

Il y eut bientôt la détonation sèche d'un coup de pistolet sans doute tiré dans la tête du cheval s'écroulant sur les pavés de la cour.

Les conversations s'animèrent. Verlaine, lui, avait

commandé une absinthe allongée au marc puis une autre. Théo de Bellefond expliqua à ses voisins de gauche — des lycéens de Condorcet — que Foyot était le nom de l'ancien chef de cuisine de l'établissement. Fortune faite, il y a quelques années, il avait revendu le restaurant pour se retirer dans un château. Au centre de son parc, il fit abattre un grand chêne pour en tirer un cercueil capitonné à ses mesures. Hélas, quand il mourut, ayant pris trop d'embonpoint, il ne rentra pas dedans... Les lycéens s'esclaffèrent tandis que Tailhade, discrètement sous la table, tapotait de l'ongle une seringue d'or gravée à ses initiales. À travers la toile gris perle du léger pantalon, il serra la peau de sa cuisse et s'y fit une injection sous-cutanée.

À l'hôpital, soigné à la morphine, il en était devenu dépendant, ne pouvait plus s'en passer, l'appelait sa fée grise. « En voulez-vous ? proposa-t-il à Verlaine qui commandait une énième absinthe. Ça vous changera de la fée verte. »

Paul déclina l'offre : « Le lait de sorcière suffit à ma destruction. » On apporta les huîtres blanches, grasses, ruisselantes de fraîcheur, admirables... En bout de table, Léon Bloy buvait une eau-de-vie de gingembre qu'il avait découverte dans un bar de jockeys et bookmakers des Champs-Élysées. Il s'était pris de passion pour ce corrosif élixir qui attaquait directement la moelle épinière.

Après les huîtres, pour attendre, le maître d'hôtel proposa ses fameuses omelettes aux foies de volaille. Tailhade, en fait sans appétit, y toucha à peine, mur-

murant seulement à propos de la morphine : « J'ai fait connaissance avec le philtre irrésistible par la porte de la douleur... » Puis il commença à délirer, victime du péché de luxe dont, disait-on, Bismarck et le préfet Lépine étaient des accoutumés. Maupassant écrivait à grands renforts d'éther, Loti tirait sur le bambou, untel sniffait et Bloy commençait à être sérieusement torché en bout de banquette. Autant Verlaine devenait sombre quand il avait bu que Léon Bloy s'égayait enfin. Visant les pierreries des lustres et entouré de présences féminines, il grimpa sur la table et s'exclama : « Que je meure, mesdames, si je ne vous décroche une étoile ! », glissa sur la nappe, se fracassa la gueule. Théo de Bellefond, qui avait d'abord été un peu vexé que Tailhade n'invite pas ses amis au Procope, commençait à ne pas le regretter. Verlaine se mit à taper le sol de sa canne. Laurent retira de l'orbite son œil de verre devant l'ahurissement, là-bas, des poules à boursiers qui le virent ensuite en tapoter le bord de son assiette pour appeler un serveur. Il avait soif et la gorge sèche, réinstalla son œil sous le regard lointain des belles qui se sentirent mal devant leurs oursins. « Où est ma femme ? » demanda Verlaine. Personne ne put lui répondre ne sachant d'ailleurs de laquelle il parlait. Esther n'était pas là. Paul mit sa main à la poche, n'y trouva plus ses deux billets.

Entouré par la pompe royale de ce restaurant du Second Empire aux élégances fastueuses dégringolant le long des portes, boursouflures d'or aux plafonds, Verlaine vit s'animer sur les murs les fresques héroïques à la gloire des provinces françaises. Il devint nerveux : « C'est long, ici ! »

À côté de Paul, Tailhade divagua, affirma savoir comment se procurer trois authentiques poils du Diable :

— Au Moyen Âge, le magicien Nicolas Béhune — qui, quoique bon catholique, jurait ventre du pape ! — les a gardés dans un coffret d'acier, aspergé chaque jour d'eau bénite, qu'il daignait montrer à ses intimes, par grande faveur, les jours de fêtes carillonnées...

— Ah bon ? rota un étudiant déjà éméché. Mais où sont-ils aujourd'hui ?

— Je suis sur la piste..., reprit le morphiné. Il semblerait que les trois poils de Satan soient exhibés en une église de campagne, comme ayant appartenu à la barbe de saint Christophe. Le Diable est si malin... Il doit bien rire quand les dévotes font brûler des cierges en l'honneur de ses poils !

Le critique de *L'Écho de Paris* partit d'un grand rire décadent dévoilant tous les diamants étincelants à l'intérieur de sa joue droite. Un lycéen fit des yeux ronds. Tailhade se pencha vers lui : « Quand je n'aurai plus rien, je mangerai mes dents », puis il dit : « Ah tiens, encore ! Il faut que je vous en raconte une bien bonne... »

Et il se lança dans une nouvelle histoire d'occultisme ou d'ésotérisme. Verlaine n'écoutait plus. Toutes ces conversations l'emmerdaient prodigieusement. Un peu plus loin, Cazals l'épiait. Le maître d'hôtel arriva entre deux serveurs :

— Le chef a fait aussi vite qu'il a pu. J'espère que vous aimez la viande saignante...

Et l'on disposa sur les tables deux longs plats à poisson contenant les filets de Pégase.

— ... Farcis au foie gras et piqués des premières truffes, arrosés au vin vieux de Banyuls... Mesdemoiselles, messieurs, en vous souhaitant un bon appétit ! Pardonnez-nous si la chair est un peu ferme mais...

Le maître d'hôtel repartit tel qu'il était venu, comme faux. Avec d'élégants gestes accentués d'automate, il se dirigea vers un boursier, s'adressa à sa jeune compagne : « Vous n'appréciez pas vos oursins, mademoiselle ? Un problème de fraîcheur peut-être ?... »

— Non, ce n'est pas ça...

Tous les invités de Tailhade, mains posées sur la table, regardèrent les deux longs morceaux de viande levés de part et d'autre de l'épine dorsale de Pégase venu à pas lents au restaurant.

Il recommença à neiger. À travers la fenêtre, on vit les flocons tomber. Des effluves de truffes remontèrent de la viande fumante. Les dés de foie gras insérés y fondirent, formèrent des bulles s'éclatant en surface et dégueulèrent sur les côtés tels des pus jaunes échappés d'une multitude d'abcès crevés.

Aux extrémités de chacun des filets, ressemblant à une cuisse de Pauvre Lelian, coula un sang palpitant comme si Pégase était encore vivant. Paul scruta les petits jets d'hémoglobine. Cela convint au goût, qui fut toujours très vif chez Verlaine, de voir couler le sang. Cazals l'observa. Le poète ferma lentement ses paupières comme s'il allait s'endormir et glissa une main dans la poche de son pantalon, se saisit de ce qu'il appelait son méchant petit canif. Frédéric-Auguste s'écria : « Retirez les mains de la table ! »

Celle de Verlaine bondit partout. La pointe de la lame déchira la nappe à l'emplacement de doigts ôtés à temps. Mais l'acier du canif à cran d'arrêt attrapa celle de Bibi-la-Purée, s'y acharna, lui sectionnant les tendons tandis que l'autre se tenait le poignet en hurlant. Des gouttelettes de sang s'élevèrent jusque par-dessus sa tête. Une blonde près d'un boursier demanda où étaient les toilettes. Théo de Bellefond ne regretta plus du tout que le repas n'ait pas eu lieu chez lui. Bloy, hébété et réveillé, implora qu'on lui dise ce qui s'était passé. Cette manie de Verlaine, une fois ivre, de taillader les mains de ses amis !... Cornuty, estomaqué, eut un grand rire à la muette sous l'auréole de son naïf chapeau rond. Toutes les paluches étaient dissimulées sous la table sauf la gauche de Paul. Il la contempla et, du poing droit, il y lança son couteau mais le petit Henri-Albert projeta sa main par-dessus celle du poète et c'est la sienne qui fut traversée par la lame. Il y eut un silence total.

Cornuty, déguisé en Pierrot, à demi allongé sur la table, canif planté dans la main par-dessus celle de Verlaine, regarda le poète dans les yeux et doucement souleva sa paume. Paul retira, dessous, sa minuscule menotte de monstre chinois intacte, la fit tournoyer devant lui avec étonnement. Il entendit Tailhade lui murmurer à l'oreille : « Décidément, pour ce petit, personne n'a le droit de vous faire du mal... » Verlaine eut un affreux rire du nez, se leva en chemise de nuit, demanda où était son sac.

Bibi-la-Purée, une serviette de table ensanglantée nouée autour de la main, le lui tendit. Et Verlaine s'en alla.

Dans le courant d'air de la rue de Tournon, les écaillères enfilèrent des gilets et, du cabas débordant de Paul, il neigea des débris de poésie.

Les particules de poèmes s'envolèrent, ascendantes, montèrent plus haut que les réverbères, y tournoyèrent, se mêlèrent à la neige qui tombait, subirent les brusques élans des bourrasques qui les relancèrent de l'autre côté des toits, partout sur Paris.

60.

Il neigeait aussi du Verlaine sur le pont de la Tournelle.

Votre âme est un paysage choisi

Philomène, penchée, regardait la Seine, frêle parmi les nœuds énormes des rubans de sa robe bleue. Des hommes, passant, se retournèrent sur elle.

Que vont charmant masques et bergamasques

Elle sentit leurs hésitations comme un mal réel, blafard, spectral, qui changeait en ombres livides les personnages...

Jouant du luth et dansant et quasi

Tristes sous leurs déguisements fantasques.

Elle ne croyait plus à leur réalité, déchirait, en petits bouts, les deux billets de banque de Paul qu'elle fit neiger vers le fleuve. Les particules de papier-monnaie filèrent sur l'eau qui rêve. Un trouble profond s'avouait en Esther.

La lune, derrière la découpe noire de la tour Eiffel, lui lança une œillade scélérate. Au plafond d'un appartement éclairé de l'île Saint-Louis, un amour peint banda malignement son arc. Philomène crut entendre, dans son cœur, une voix :

— Est-ce que t'es une pute, toi ?

Une ombre frissonnante et glacée baigna le dos de Mademoiselle Boudin. Des sentiments à fleur d'âme et quel vague dans les pensées... elle se retourna vers celui qui avait parlé. Il était inconnu et laid, de face anguleuse et roux de la plus déplorable nuance, la dent pourrie, l'œil chassieux, avec la barbe en balai à pot de chambre qui serait moisi, l'accent cul-terreux.

— Oui..., répondit Esther.

Revenue tard dans la nuit à l'hôtel de Montpellier, sa clé cria dans la serrure. Et le poète :

— D'où viens-tu à cette heure ? Tu ne vois pas que je meurs ?

— Peut-être ai-je un peu flâné.

— Pour qui me prends-tu, ma belle ?

Philomène s'assit au bord du lit sous le rideau rouge, saoule, et lui avoua naturellement avoir bien nocé :

— ... Un autre m'a beaucoup plu qui me parlait dans le cou. Voulais-tu que je le gronde de m'avoir frôlé de sa moustache ? J'ai ri. Pourtant je disais : « Messieurs, laissez-moi passer », mais tous m'invitaient à danser. Un barbouillé qui me chevaucha m'abandonna à demi morte. Je lui avais crié : « Beau militaire, vas-y ! »

Elle en rajoutait, mentait. Pourquoi ?

— Qu'as-tu fait de mon argent ?

— Jeté dans la Seine.

61.

Le lendemain, très tôt, Paul écrivit sous le rideau rouge jusqu'au matin qui tardait à la tempe des vitres. Il souffla la bougie. Lambeaux de vêtements dans le cabas, il enfila à nouveau son manteau par-dessus la chemise de nuit et glissa ses pieds nus dans les godillots. La gamine de dix-neuf ans se réveilla sous les draps. Paul lui dit : « J'ai laissé sur l'oreiller un poème pour ta fête. »

— C'était hier, soupira Philomène. Aujourd'hui, c'est la Sainte-Eugénie.

— Et merde..., fit Verlaine. Je suis maudit.

Effectivement — hasard assez piquant —, à l'époque, les prénoms de Philomène et Eugénie voisinaient dans le calendrier. 27 et 28 novembre. Pauvre Lelian le savait mais avait inversé les fêtes. Ether s'en fâcha :

— Fous le camp ! lui cria-t-elle. Je ne veux plus jamais te revoir ici.

Le poète, devant une cuvette et un broc, se fit une grimace à lui-même dans la glace. Il y jeta ses mains. Quand on brise les miroirs, la belle couleur qu'ont les poings !

Le Ronsard de la cour des Miracles aux mains ensanglantées quitta la chambre sans un mot. Esther prit son petit porte-monnaie pour y ranger la vingtaine de lignes du sonnet que parcourut Philomène. Si Paul s'était trompé de date, le poème était bien pour elle. On y parlait d'oreiller sorcier qui tant bouge. Elle lut : « Naître, qui me le demanda ? », « J'en ai assez de ce joli monde à sanglots. »

Le reste du sonnet, on ne le connaîtra pas car, contrairement à toutes prévisions, Philomène n'alla jamais le fourguer chez Vanier. Elle le garderait toute sa vie, posé contre son cœur, entre le tissu du corsage et ce sein d'Esther que les tanneurs du pont aux tripes mordaient régulièrement de leurs dents de castor, y laissant des hématomes de suçons pareils à de nouvelles aréoles de mamelon qui parsemaient aussi sa poitrine et la base du cou.

Philomène rangea le poème et, en larmes, contempla son reflet dans les débris de glace où Esther, allongeant de khôl ses grands yeux, accentua la vulgarité de son maquillage :

— Connard ! Je ne perds pas grand-chose.

62.

Place du Panthéon, le poète assis sur les longues marches extérieures de l'austère édifice ne savait plus où aller dans sa lamentable odyssée. Il grelottait, toussait, avait besoin d'aide, d'un bras qui le soutienne. Très au-dessus de lui, entre les chapiteaux des colonnes corinthiennes et le fronton triangulaire, s'étalait en elzévir d'or : AUX GRANDS HOMMES, LA PATRIE RECONNAISSANTE. La patrie reconnaissante... qui avait refusé tout secours à cet homme portant si haut la langue française.

Jambes serrées sous sa chemise de nuit, bras croisés aux mains dégoulinantes de sang glissées sous le manteau, l'hémoglobine lui glaça les flancs à travers les dentelles. Front dans les genoux, il sanglota. Un gamin de la Mouffe s'approcha de lui :

— Faut pas pleurer, m'sieur Paul...

C'était le petit François Daude — l'enfant de la concierge d'Eugénie —, à contrejour dans la demi-lumière enchantée de la place du Panthéon où régnait un silence de neige tombée dans la nuit. Il portait un cartable. À l'angle de la rue Soufflot, un athlète de carrefour en pull attendait qu'on lui jette un sou pour commencer ses tours. Un aveugle à bonnet tourna la manivelle de son orgue et le ruban à trous passa, se rangeant méthodiquement.

— Venez, m'sieur Paul...

Verlaine se leva et suivit le môme d'un pas las vers la rue Descartes. Ils croisèrent une charrette dont les roues projetaient lentement des flocons sur des carottes s'en allant aux Halles. Ils rencontrèrent le père Daude — « Salut p'a ! » — qui détourna la tête à la vue de Verlaine. Il portait sur son dos un joug dont les chaînes soutenaient deux seaux emplis de livres dédicacés pour le Pauvre Lelian qui ne le savait pas. Dans la cour du 39, l'enfant galopa vers la fumée d'une fenêtre ouverte :

— Maman ! Y a m'sieur Paul qui pleurait !

— Qu'est-ce que tu veux que ça me foute ?

Le poète entra dans la loge. Sur le buffet, une photo encadrée représentait la famille Daude devant la cheminée de marbre d'un salon bourgeois où il neigeait. On y voyait le petit François, grelottant en liquette du dimanche, devant son père martial donnant le bras à sa mère. Mais le gros cul de la femme avait poussé la toile du décor et, derrière elle, le marbre du salon avait des plis. Une bourrasque latérale, chargée de flocons, dissimulait en partie son visage rendu flou. Verlaine contempla la photo un peu ridicule et surréaliste mais familiale.

Mon Dieu, mon Dieu, la vie est là.

— Savez-vous, madame Daude, si Eugénie est chez elle ?

« Non, partie à Saint-Étienne-du-Mont frotter ses draps contre la châsse de Sainte-Geneviève. Elle ne va pas tarder. Vous n'avez qu'à aller l'attendre dans la cour. » La voix qui avait répondu, derrière un couvercle de casserole levé, fut une vapeur blanche, en bout de loge sombre, qui ondula, enfla, roula jusqu'à l'enfant près du poète : « Ben, qu'est-ce que tu fais encore là, François ? Veux-tu aller à l'école, oui ! »

— C'est m'sieur Paul qui pleurait...

— Ouste ! Non mais, je t'en ficherais, moi, des caprices !

La fumée de cuisine sembla pousser l'enfant dans la cour, revint tournoyer autour de Verlaine :

— Toujours là, vous ?

Paul suivit le petit François qui traînait son cartable alourdi d'ardoise et de craies. Cet enfant de sept ans fréquentait une des écoles dites « Mutuelles » établies par les soins de l'administration municipale dans chacun des arrondissements de Paris. Il recevait aussi une éducation religieuse au catéchisme dirigé par l'abbé Schœnhentz — jeune vicaire de la paroisse de Saint-Étienne-du-Mont d'où revenait Eugénie, pénétrant sous le porche. Elle portait ses draps sous un bras et un gros pansement muni d'une attelle en bois recouvrait son nez. Paul agita vers elle sa guibole fuyante, sa canne branlante et les plis dansants de sa chemise de nuit :

— Eugénie ! Eugénie... J'ai beaucoup réfléchi. Je te propose le mariage, le vrai, celui devant le maire et l'autel !

Nini Mouton fila, montrant ses draps : « Tu sais d'où je viens, là ? De demander à la Patronne de Paris de les désinfecter de toi ! » Et elle lui claqua au visage la porte de son escalier. Paul se retourna. En silhouette, sous le porche, le petit François l'attendait au bord du trottoir :

— Elle est fâchée ?

— Bah...

Côte à côte, l'enfant et le vieux poète rejoignirent la rue Clovis. Ils allaient tourner vers le Panthéon quand Verlaine aperçut plus loin Philomène qui grimpait à bord d'une calèche. Pauvre Lelian laissa là le petit écolier et s'écria en claudiquant vers l'hôtel de Montpellier :

— Philomène ! Philomène... T'épouser serait le plus grand plaisir de ma vie ! Et nous irons chez le maire quand tu voudras. C'est d'ailleurs le plus sûr moyen de te laisser quelque chose de fixe après ma mort. Ô chérie, je n'aime que toi !

Va savoir où Philomène se cachait dans la pute, c'est Esther qui se retourna et éclata de rire : « Fouette cocher ! Vas-y, Alfred. Tes copains de la rue de la Glacière attendent pour me baiser aussi ! » Et devant la détresse du vieux poète glissant sur la neige, elle roula délibérément des pelles au cocher

Alfred qui fouetta le dos du cheval. Main dans le corsage, malaxant un sein de la prostituée, il en sortit un papier :

— C'est quoi, ça ?

— C'est à moi...

Et ce fut Philomène qui se retourna dans le tressautement des roues sur les pavés, la bouche tremblante, vers celui qui, au loin, à genoux dans la neige au milieu de la rue, criait son prénom et : « Marions-nous, Philomène ! Marions-nous ! »

Un géant à tricot de laine, nerf de bœuf à la main, sortit du Bar de la Montagne :

— C'est quoi ce bordel ?

À l'issue d'une partie de zanzibar sur son zinc avec des proxos du Quartier latin, il avait gagné la reprise de la « gérance » de l'hôtel de Montpellier, filait vers Verlaine qui continuait de s'époumoner à genoux : « Marions-nous ! Marions-nous ! » Le poète toussait, éructait dans ses dentelles. L'autre s'énerva :

— Mais elle va la fermer, sa gueule, la femme à barbe ?

Le géant cracha sec un mégot de cigare à un sou, attrapa Paul par le col et le souleva jusqu'aux altitudes alpestres de son haut visage. Les pattes nues de Verlaine gesticulèrent en l'air et, du fouillis de sa barbe hirsute, il persista à jeter vers l'infecte haleine de tabac du patron de bar : « Marions-nous, Philomène ! »

Marions-nous... Le grand leva les yeux au ciel et relâcha le poète qui tomba en paquet, se pencha vers lui : « Bon, alors ça suffit, monsieur Paul ! *Marions-nous...* Est-ce que c'est des choses à crier, ça, devant un hôtel de passe ? Vous voulez casser le commerce ou quoi ? » Puis il le reprit par un pan du manteau et le traîna dans la neige comme une luge : « Mais venez plutôt par là, vers les poubelles. Va falloir qu'on parle aussi poésie tous les deux. Qu'avez-vous écrit ces temps-ci ? J'espère que c'est bien et que ça va me rapporter des sous sinon vous allez goûter à mon nerf de bœuf. Récitez-moi un sonnet... »

C'est alors qu'un bras de policier en civil se posa sur le tricot de laine du géant et l'entraîna avec douceur :

— Viens par là, grand, et ne te mêle plus de poésie...

Un autre bras de sbire de Lépine lui tapota, là-haut, le crâne :

— Tu sais, on l'avait prévenu, Lacan, que ça lui donnerait mal à la tête...

Dans le désordre des dentelles de sa chemise de nuit, Verlaine avait fui comme un volatile ensanglanté par la rue de Polytechnique. Il croisa Célestin Daude, revenant avec ses deux seaux pleins d'eau, arriva au café François-Ier. Lorsqu'il entra dans la grande brasserie, Pistolet en boule sur une banquette se leva, s'étira et s'en alla renifler quelqu'un. Paul s'assit près de Cazals qui, sous un bouclier accroché au mur, parlait avec des amis.

— Salut, Paul ! Bibi est allé se faire recoudre la main, il m'a laissé son chien.

Des étudiants en complets, melons gris clair ou café-au-lait, changeaient de place dans la brasserie, s'interpellaient, allaient au comptoir, sortaient, revenaient s'asseoir vers d'autres, leur racontant le dîner de la veille chez Foyot :

— ... Et c'est alors que deux serveurs ont apporté les filets de Pégase... Mais non, ce n'est pas des conneries ! Hein, Frédéric-Auguste...

Tandis que le jeune dessinateur confirmait, il sentit la main gauche de Verlaine se poser sur l'un de ses genoux parce qu'il voulait sans doute lui dire quelque chose. Sur la table, la main droite de Paul écrivait au crayon dans la marge d'un journal et Cazals, à côté, insistait devant des incrédules :

— Mais si, il a lancé sa main pour recevoir le coup de couteau ! Puisqu'on vous dit que c'est vrai.

C'est alors que Frédéric-Auguste sentit la paume de Verlaine remonter le long de sa cuisse... mais remonter si haut qu'il s'en saisit, se retourna :

— Hé, Paul !

L'autre poussa vers le dessinateur le journal griffonné : « Tiens, je t'ai écrit le début d'un poème. C'est une œuvre d'anticipation... » Cazals lut :

Même quand tu ne bandes pas,
Ta queue encor fait mes délices
Qui pend, blanc d'or, entre tes cuisses,
Sur tes roustons, sombres appas.

Les mains du dessinateur en tombèrent sur la table.

— Couilles de mon amant, sœurs fières
À la riche peau de chagrin,
D'un brun et rose et purpurin,
Couilles farceuses et guerrières,

Cazals ne sut pas s'il devait se fâcher ou éclater de rire.

Et dont la gauche balle un peu
Tout petit peu plus bas que l'autre
D'un air roublard et bon apôtre,
À quelles donc fins, nom de Dieu ! —

Frédéric-Auguste en fut sans voix, Verlaine proposa : « S'il y a des erreurs de couleurs ou si c'est la couille droite qui pend plus que la gauche, je rectifierai plus tard... » À :

Elle est dodue ta quéquette
Et veloutée...

le dessinateur n'en put plus, n'alla pas plus loin, ne fut pas du tout curieux de la suite : « Mais pourquoi tu m'as écrit ça ? »

Le vieux faune cligna des yeux :

— Tu ne voudrais pas vivre avec moi ? Je te rendrais heureux.

— Mais il est complètement con, lui ! Tiens, va dire ça à ma petite amie Marie...

Verlaine parut réellement surpris :

— Tu crois que ta femme voudrait bien de moi ?

— Oh, Paul, ça suffit !

Le personnage mythologique fronça les sourcils : « D'accord, je vois... Monsieur préfère les femmes avec leur *truc* un peu trop géant. » Il reprit son journal : « Rends-moi ça puisque tu ne comprends rien à l'art ! Le petit paysan de Béziers, tu sais où il habite, toi, à la Villette ? »

— Mais t'es fou, Paul. C'est un enfant !

— Tu ne sais pas ce qu'est bon..., grogna le poète.

Un serveur ouvrit la porte à Pistolet qui jappait devant et s'en alla tressautant sur le trottoir. À travers la vitrine, on le vit de dos renifler tout et agiter sa petite queue en l'air. Verlaine se leva et sortit comme un dément.

— Paul !

Le soir, le poète était titubant dans la rue, s'accrochant à des réverbères et hurlant :

— Rimbaud !

La dernière fois qu'il l'avait vu, c'était dans la banlieue de Stuttgart. L'autre l'avait roué de coups et laissé à demi mort au bord du fleuve Neckar. Des paysans avaient ramassé Verlaine, le lendemain, inanimé dans l'herbe.

— Rimbaud !

Paul avait été sa « vierge folle » et, après avoir tenté de le tuer de deux coups de revolver, était sorti très mystique de la prison belge de Mons. Il avait voulu retrouver l'Arthur en Allemagne pour tenter de le convertir au catholicisme. Celui-ci raconta leur dernière entrevue terrestre en ricanant : « *Verlaine est arrivé ici l'autre jour, un chapelet aux pinces... Trois heures après, on avait renié son Dieu et fait saigner les 98 plaies de Notre Seigneur.* » Et il l'avait laissé sous la lune, exsangue au bord d'un fleuve allemand, pour s'en aller mourir, lui, d'un cancer dans la lumière d'Afrique.

— Rimbaud ! Reviens...

Tout à l'heure, dans un café, Léon Bloy en avait mal parlé. Paul, assis en bout de banquette du Soleil d'Or où l'on acceptait l'entassement de ses soucoupes, avait entendu le virulent polémiste dénigrer l'œuvre de l'adolescent de Charleville (Ardennes). À des étudiants sceptiques lançant des « Ah bon ? Vous êtes sûr ? Ah ? » il avait expliqué :

— Arthur Rimbaud fut un poète solidement assis dans la pagode de l'imbécillité parfaite. J'apprécie aussi peu le drolatique sonnet des *Voyelles* que l'intolérable vision du *Bateau ivre* de ce jeune vélocipédique assassin pédalant dans le délire de sa fleur d'adolescence.

La plupart des étudiants n'étaient pas d'accord, avaient hoché négativement la tête en faisant la moue. Mais le moustachu à face de bouledogue avait insisté :

— Voyez-vous, écrire comme lui, c'est fort simple : vous prenez les pensées les plus incohérentes, les mots les plus hétéroclites, vous les accouplez tant bien que mal et de ce croisement naîtra avant terme un délicieux petit fœtus monstrueux que vous appellerez « poème de Rimbaud ». Tiens, vous voulez que je vous en invente un ?...

Et le fustigeur avait improvisé la composition d'un pastiche hilarant. Verlaine, en bout de banquette, s'était levé :

— Bloy, cessez ces plaisanteries aux dépens d'un absent... Et quel absent !

Puis il était sorti sur la place Saint-Michel en hurlant :

— Rimbaud !

Vacillant, se cognant à des roues de calèches garées, lui qui n'avait jamais eu de logement — *Je ne demeure pas, je loge à la nuit* — ne savait où aller. Dans la même journée, il avait été refusé par une giletière, une putain, un irréductible hétéro, peut-être un chien... le souvenir irradiant d'un « fils du Soleil ».

Perdu dans la rue, il vomit sa solitude, son absinthe, ses amis disparus, Villiers de L'Isle-Adam — *Tu nous fuis, comme fuit le soleil sous la mer* —, ses amants, ses maîtresses, *J'ai toujours été amoureux d'un sexe ou deux.* À la vue de son pitoyable spectacle, les bourgeois se tordirent de rire.

Barbe en balai de chiotte et prunelles fluorescentes dans la nuit, il traversa l'attroupement de la foire aux déchets de tabac de la place Maubert. Sous la lumière des lampadaires, on y négociait le « zouave » ou le « notaire » à 1,25 F la livre de « gros », 1,75 F la livre de « fin » (mégots de cigarettes ramassés sur les trottoirs par les mendiants). En hiver, le cours montait à cause de la neige... Paul arriva chez Guignard où les gueux du quartier dormaient à l'abri pour un sou. Découvrant Verlaine en chemise de nuit, l'*hôtelier* rigola :

— Ah ben, vous êtes déjà en tenue, vous !

Dans l'ancien frigidarium des Thermes du Nord, les pauvres venaient maintenant dormir à la corde. À un mètre cinquante du sol, Guignard tendait une ficelle le long des murs, en guise de balustrade, et les indigents alignés y posaient leurs avant-bras, s'endormaient debout, une joue au creux d'une épaule. Quand l'un d'eux bougeait, tous les autres ondulaient comme des barques sur la mer... À l'aube, Guignard dénouait la corde et les pauvres tombaient sur les pavés couverts de paille où couraient la vermine et la gale. Un seau commun au centre des thermes pour les ablutions puis tout le monde dehors !

Et Verlaine était là, visage sur la corde comme on lui en avait souvent prédit une enroulée autour de son cou. Dans les grognements, les plaintes de ses frères de misère, il regarda l'architecture des hautes voûtes romaines humides de la cave empestée aussi par ce relent de chou-fleur que soufflaient les vieux plombs du soupirail.

Il en était là.

Lui, né dans la bourgeoisie de Metz, n'en revenait pas de sa dégringolade : « Ah, quand même, c'est emmerdant la misère lorsqu'on a su ce que c'est d'être un peu à son aise... » Un pou courut sur son nez, qu'il chassa des doigts : « Va-t'en, Coppée. »

Entre les pierres du plafond, l'eau de la neige des rues s'infiltrait, formait des stalactites de glace qui gouttaient sur son crâne, jouant une petite musique : toc, toc, toc...

63.

Écoutez la chanson bien douce
Qui ne pleure que pour vous plaire.
Elle est discrète, elle est légère :
Un frisson d'eau sur de la mousse !

La voix vous fut connue (et chère ?),
Mais à présent elle est voilée
Comme une veuve désolée,
Pourtant comme elle encore fière,

Et dans les longs plis de son voile
Qui palpite aux brises d'automne,
Cache et montre au cœur qui s'étonne
La vérité comme une étoile.

Elle dit, la voix reconnue,
Que la bonté c'est notre vie,
Que de la haine et de l'envie
Rien ne reste, la mort venue.

Elle parle aussi de la gloire
D'être simple sans plus attendre
Et de noces d'or et du tendre
Bonheur d'une paix sans victoire.

Accueillez la voix qui persiste
Dans son naïf épithalame.
Allez, rien n'est meilleur à l'âme
Que de faire une âme moins triste !

Elle est en peine *et* de passage,
L'âme qui souffre sans colère,
Et comme sa morale est claire !...
Écoutez la chanson bien sage.

64.

Le lendemain matin, Paul quitta les Thermes du Nord en grommelant : « Allons nous promener dans la capitale du monde où l'on rigole... comme dit le poète. » Parmi les mégotiers de la place Maubert, un aveugle, au loin, l'aperçut (?) et le héla :

— Hé ! Paul !

C'était Bibi-la-Purée qui mendiait, les yeux couverts d'un bandeau qu'il retira pour filer vers le poète. Les mégotiers crurent à un miracle. Des culs-de-jatte et des manchots se précipitèrent aussitôt sur Verlaine. Pensant qu'une jambe ou un bras allait leur repousser, ils touchèrent la toile du manteau, la chemise de nuit, comme si c'étaient des reliques de sainte Geneviève. Verlaine s'en agaça :

— Raah !...

Bibi retira des brins de paille de la barbe du poète :

— Mais d'où viens-tu, là ? Tu n'as quand même pas dormi chez Guignard ?

— Je ne suis pas très argenté ces temps-ci... plus pauvre que pou.

— Hein ? Avant-hier soir, Bellefond t'a donné deux billets. Où sont-ils ?

— À l'heure qu'il est, ils doivent voguer vers Rouen. J'aurais mieux fait de les suivre... Tu m'imagines en Ophélie, flottant entre deux eaux et comme endormi, tournoyant lentement parmi les roseaux des berges ?...

— Oh ben, dis donc, Paul... Allez viens, moi, j'ai faim. Je t'invite. Je t'offre un arlequin !

Les *arlequins* étaient des plats composés de morceaux de nourriture assemblés au hasard comme un habit d'Arlequin. La propriétaire d'un bouge, la mère Maillard, avait un deal avec les plongeurs de presque tous les grands restaurants de Paris — du Procope au Grand Véfour en passant par Foyot...

Ces laveurs de vaisselle, relégués dans des étuves d'arrière-cuisines, vidaient les déchets des assiettes de la clientèle dans différents seaux : un pour les rogatons de viande, un autre pour les poissons, un autre pour les légumes... les croûtes de fromage, les desserts. Et c'est avec cela que la mère Maillard composait ses arlequins. Elle achetait aux plongeurs les seaux emplis, trois francs l'unité. On y trouvait de tout : des peaux de poulet truffé, du gras d'entrecôte laissé au bord des assiettes, des restes de gibier, du bœuf au chou, tout ce qui aurait dû aller à la poubelle...

La mère Maillard jetait dans chaque assiette en carton un déchet de viande ou de poisson, légume, fromage, dessert... disposés en cercle et vendus quatre sous aux gens aisés de Saint-Michel pour leur chien et aux pauvres pour leur repas. Les indigents faisaient la queue sur le trottoir devant son bouge à la fenêtre ouverte, été comme hiver. On ne pouvait pas choisir son assiette, réclamer un peu plus de ceci aux dépens de cela, préférer la suivante...

— T'as tes quatre ronds ?

Une serveuse qui tutoyait tout le monde encaissait la monnaie avant de tendre les arlequins dans l'ordre où ils arrivaient sur une table près de la fenêtre. Alors on pouvait bien ou mal tomber. Paul eut une aile de pintade à l'ancienne, à peine rognée. Sur la peau de la volaille, une trace de rouge à lèvres. Paul y posa sa bouche comme un baiser. Bibi-la-Purée éclata de rire car il avait de la purée et un morceau de barbaque qu'il exhiba devant Verlaine, de sa main droite bandée :

— Non mais, regarde ça...

C'était rouge et sanguinolent, piqué de truffes avec des taches jaune pâle de gras figé.

— Pégase... Non mais t'as vu, Paul ?

Le poète observa surtout la main bandée de son jeune ami :

— C'est moi qui t'ai blessé ?

— Oui mais ce n'est pas grave, t'es si gentil. Et puis quand je fais la manche, ça apitoie davantage.

Ils allèrent s'asseoir au bord du fleuve, sur des tonneaux du quai Saint-Michel. Notre-Dame ondulait comme un voile dans la clarté du matin. Il faisait moins froid. La neige fondait en boue que mâchaient les roues des fiacres, véhicules à moteur...

Près de Pistolet, oreilles dressées d'étonnement devant une peau de saumon à l'oseille, Bibi, de ses gencives à nu, déchira les restes de chair du cheval :

— Tu chavais que Tailhade, quand il a fini de dîner, plie ses assiettes ?

— Ah bon ?

— Il l'a fait chez Foyot après que tu sois parti. C'est une habitude qu'il a prise à l'hôpital pour que personne ne becte ensuite dans son écuelle. Alors il la casse en deux... Il mange aussi les verres.

— Ah oui ?

— Il dit qu'avec les dents en diamant, c'est facile. Et puis il paraît qu'il a, enchâssée dans sa bague, une vraie larme.

— Oh ben dis donc.

Paul se leva et s'étira. Une « hirondelle » à vapeur de la Compagnie des bateaux parisiens passa en toussotant sur la Seine, emmenant cent cinquante ouvriers vers le chantier de la gare d'Orléans.

— Où vas-tu, Lelian ?

— Embêter le bibliopole.

65.

Souvent, Verlaine allait chez Vanier tenter de lui soutirer quelques centimes — *des ors*. Puis il filait au café où l'on pouvait, d'après la hauteur des soucoupes entassées, mesurer la générosité de l'éditeur du quai Saint-Michel. Mais ce n'était pas gagné tous les jours... Léon Vanier avait une tournure d'esprit un peu mesquine de petit commerçant et le poète — vieil enfant — luttait de ruse avec lui pour obtenir des écus supplémentaires. Il poussa la porte vitrée de la librairie. Des clochettes tintinnabulèrent. L'éditeur, au fond du magasin, se retourna :

— Tiens, mon cher maître ! Cela faisait longtemps. Comment ça va ?

— Moi, pas mal sombre.

Vanier hésita. Du coin de l'œil, il examina le poète des pieds à la tête :

— Vous sortez du lit ?

— Quel lit ? J'ai dormi chez Guignard et mangé un arlequin ! souffla-t-il en s'affalant dans le fauteuil club face à la caisse. « Ah, un bain de cuir... »

L'éditeur, reniflant les effluves que dégageait Verlaine dans sa librairie, se frotta les mains et pensa qu'il lui faudrait aussi un bain d'eau savonneuse. Paul, sous ses mâchoires de barbare, frappa le sol de sa canne :

— Je veux dix francs !

Vanier reprit la lessive de ses phalanges, expliqua que ce n'était pas le moment, « Les temps sont durs pour tout le monde ». Et cette histoire de guerre qui se profile avec l'Allemagne... Verlaine avait-il entendu parler de l'affaire du Transvaal ? Ah oui, ça freinait les ventes.

— Je veux dix francs !

Sans compter que le papier de Tailhade avait quand même fait du mal...

— Je veux dix francs et des articles écœurant d'éloges !

« Ah oui, mais ça, mon cher maître... » Et l'éditeur partit aussi dans des explications comptables, rappela que, la première année, il n'avait vendu que huit exemplaires de *Sagesse*. « À deux francs l'exemplaire, faites le compte. » Alors bien sûr, depuis le début de cet automne, sans qu'on comprenne pourquoi, les choses changeaient mais... pour des éditions à combien ? Trois cents, trois cent cinquante exemplaires...

Le minuscule Léon Vanier, à immenses moustaches, tournoyait, non loin du carrelage, ses phrases vagues et entortillées :

— « Alors comment se fait-il ? » me direz-vous. « Moi qui deviens l'idole de la jeunesse estudiantine, pourquoi je ne vends pas davantage ? » Eh bien, parce que la plupart des garnements qui vous lisent n'achètent pas vos livres ! Quand ils ne me les volent pas, ils se les refilent l'un à l'autre et les recopient par classes entières, les apprennent par cœur... Des recueils de vingt sonnets, ce n'est pas foulant. Ah, vous auriez été Hugo ! *Les Contemplations* — huit cents pages — ils y auraient regardé à deux fois et on en aurait vendu davantage.

Verlaine leva les yeux au ciel :

— Hugo... avec son corbillard de pauvre pour aller au Panthéon. Cabot !

Puis il plissa ses paupières de faune très bridées sous le front énorme :

— Et vous, le bibliopole, malgré vos airs doucereux, vous ne valez pas grand-chose, ancien marchand de vers de vase et de mouches à viande...

Léon Vanier n'aimait pas que Verlaine lui rappelât continuellement son passé — l'époque où il vendait des articles de pêche sur les quais. Mais l'autre s'en amusait : « En vendant des vers, finalement, vous n'avez pas changé de métier. » L'éditeur trouvait son poète ingrat car c'est après avoir acheté en solde le premier recueil de Verlaine chez un bouquiniste qu'il avait décidé de se lancer dans l'édition. Il avait tout de suite perçu le génie de Paul, arrêté aussitôt la vente d'asticots pour s'occuper du Pauvre Lelian. Et puis voilà la reconnaissance ! L'autre le harcelait :

— Je veux dix francs !

— Cinq francs.

Au fond de la librairie, à droite, une porte s'ouvrit sur un escalier qui menait vers l'appartement de l'éditeur à l'étage. Apparut une fillette de onze ans

— Jeanne Vanier — grands yeux noirs et teint rosé, le portrait de sa mère. Du fond du magasin, elle entendit le poète déclarer à son père : « De toute façon, je me vengerai. Vanier, l'année où je mourrai, vous mourrez aussi ! » L'éditeur poussa des cris stridents, se boucha les oreilles, lança cinq francs. « Taisez-vous, taisez-vous ! » Il était effrayé par cette prédiction — d'autant plus que son poète n'était pas très en forme — mais le vieux faune pervers et cruel se délectait à la lui rappeler : « La même année... je vous dis ! » puis il alla au Soleil d'Or changer en absinthes cérébricides les francs du bibliopole. Une demi-heure plus tard, il poussa à nouveau la porte de son éditeur :

— Je veux vingt francs !

La petite Jeanne, dans la librairie, observait une affiche punaisée à un mur. On y voyait une caricature de Verlaine, seulement vêtu d'une chemise, accroupi et l'air terrible avec des pieds fourchus et une queue de reptile. Il tenait entre ses mains un pan de mur de prison en forme de lyre dont il jouait en pinçant les cordes qui étaient en fait des barreaux de cellule. Le personnage était effrayant. Sa musique devait être épouvantable. Le vrai monstre ivre entra dans la librairie :

— Je veux vingt francs !

— Papa, papa !

Jeanne partit en courant vers l'arrière-boutique où était son père qui aussitôt en ferma la porte à clé pour qu'ils s'y réfugient tous les deux. De l'autre côté, l'enfant entendit le poète tambouriner comme un loup de fable :

— Vanier, j'ai réfléchi. Avec quelques malheureuses fées vertes que j'ai avalées, j'y suis de ma poche. Il me faut vingt francs !

La fillette se mordit la lèvre et plaqua une paume contre sa bouche : « Il avale les fées ? » L'autre ponctua ses syllabes de coups de canne sur le carrelage, fit des menaces de procès, parla de rupture de contrat :

— Cochon d'éditeur ! Vous me trayez. Je suis le pis de Vanier !

— Tu traies le monsieur, papa ?

Puis ce furent d'autres imprécations terribles martelées à la porte : « De toute façon, je me vengerai. L'année où... » La fille et le père Vanier n'entendirent pas la suite car ils s'étaient bouché les oreilles. Verlaine vola des exemplaires de ses propres recueils exposés en vitrine qu'il alla *laver* chez les bouquinistes en face. L'éditeur, soulagé de s'en sortir à si bon compte, quitta l'arrière-boutique en se frottant les mains. Jeanne, aux manies de son père, le suivit en se tordant nerveusement les doigts : « Papa, c'est vrai ce qu'il dit, le vieux monsieur ?... que l'année où il mourra, toi aussi, tu... »

— Mais non, chérie, ce sont des blagues. N'aie pas peur..., répondit-il en caressant de ses mains tremblantes les cheveux de Jeanne.

Sur le quai Saint-Michel, Célestin Daude, deux seaux pleins de livres au bout de ses chaînes, détourna le regard en arrivant vers les bouquinistes que Verlaine quittait en grommelant :

— Raah...

Du paquet de ses propres poésies, il n'avait obtenu qu'un billet de dix francs qu'il posa sur une table du café Muller où il commanda une absinthe allongée au marc : « Un bâton de dynamite ! » On ne lui rendit pas sa monnaie, prit aussi les cinq francs de Vanier.

— Mais pourquoi ?

— Les soucoupes, monsieur Paul, les soucoupes ! Bientôt il va falloir percer le plafond tellement elle est haute, votre pile de soucoupes ici.

— Raah...

Et Verlaine se retrouva encore sans un rond.

Un peu plus tard, au 39 de la rue Descartes, la machine à coudre ronflait dans la chambre d'Eugénie. Lorsque ça frappa à la porte, la pédale s'arrêta. L'ouvrage commencé fut rangé avec soin.

— Qui est-ce ?

— Célestin ! J'apporte l'eau.

Nini Mouton, gros pansement couvrant une attelle de bois au nez, alla ouvrir. Sur son paillasson, il y avait du courrier administratif — impôts des portes et fenêtres, frais de ramonage —, des lettres pour Verlaine, quelques paquets gonflés de livres certainement dédicacés. Le porteur d'eau enjamba ceux-ci en râlant après son petit garçon :

— Ah ça, c'est encore un coup de François ! Je ne sais pas ce qu'il lui trouve à votre poète mais alors... dès qu'il voit des livres pour lui dans la loge, il faut qu'il les monte. Je ne sais pas pourquoi il fait ça... Et moi, je n'aime pas trop voir mon fils avec votre bonhomme. Après tout ce qu'on raconte sur lui...

Daude versa l'eau dans le broc de la cuisine et celui de la chambre : « Les vieux porteurs à la bretelle prévoient un coup de froid cette nuit. On annonce des moins dix. Demain, avec la gadoue qui aura gelé dans les rues en pente, ça va être gai. Et il paraît qu'ils vont couper l'alimentation à la fontaine Saint-Michel. J'ai l'impression qu'il va bientôt falloir retourner casser des blocs de glace, à la hache, sur la Seine. »

— Ne les prenez pas à l'embouchure de la Bièvre, sous le pont-aux-tripes, cette fois-ci. L'hiver dernier, quand ça dégelait dans la chambre, l'eau sentait la peau de chèvre et la viande pourrie. On y trouvait des bouts d'os.

— Ah ben, ça...

Le mari de la concierge jeta les livres pour Verlaine dans ses seaux vidés. Les gouttelettes d'eau qui y traînaient encore gondolèrent les couvertures en papier, firent couler l'encre de jeunes dédicaces enthousiastes : *Pour vous, très cher maître ! / Avec toute mon admiration. / Au plus grand des poètes !...* Eugénie avait gardé les enveloppes des paquets pour enflammer les bûches dans la cheminée. Elle allait aussi y jeter les lettres adressées à Paul quand elle remarqua les timbres étrangers : *Deutsche bundespost / Postage revenue / U.S.A...* Prise d'intuition, elle ouvrit les enveloppes, parcourut des missives à en-tête signées : *Moreton Fullerton / Heinemann / M. Yeats...* C'était écrit dans des langues qu'elle ne comprenait pas mais sut lire les offres en chiffres arabes qui parsemaient les lettres : *75 / 125 / 612...* Ça faisait combien en francs français ?... appela Daude, en bas du sombre escalier : « Célestin, avez-vous croisé Paul ? Où est-il ? »

— Sur le quai Saint-Michel et ça n'avait pas l'air d'aller ! D'ici qu'il se foute à la baille... François, viens ici ! Mais où il est encore parti, celui-là ?

Le petit François arriva sur le pont Saint-Michel où Pauvre Lelian, penché par-dessus le parapet, regardait l'eau. Au bord de la crise de nerfs, le poète se sentait prêt à toutes sortes de bêtises, suicide compris. Dans d'affolantes incertitudes, il suivit, sous lui, le passage d'un bateau à aube. Les palettes de la roue hydraulique formèrent un remous pareil aux méandres de son cerveau. Il se pencha périlleusement. Une toux le secoua, déchira sa poitrine, une petite main tira son manteau :

— Faut pas tomber, m'sieur Paul.

Verlaine tourna vers François ses yeux mongols puis il eut un étonnant visage d'enfant : « Tu sais, quand j'avais à peu près ton âge, un jour, j'écoutais le chant d'une bouilloire... Et j'ai plongé ma main dans la belle eau d'argent bouclée qui faisait une si jolie musique. Résultat, une brûlure effroyable. Depuis, c'est toute ma vie que j'ai plongé dans une eau bouillante... J'ai vécu une existence d'eau bouillante ! »

Le gamin et le vieux poète se regardèrent. C'est alors que, derrière eux, ils entendirent venir en courant un bruit de seaux vides et de chaînes bringuebalantes : « François, viens ici ! François ! » L'enfant s'enfuit à toutes jambes par la rue de la Huchette tandis que son père, joug sur le dos, continuait de lui courir après : « François ! Attends que je t'attrape, toi ! »

Verlaine contempla la place Saint-Michel. Il y avait partout des chaos de monde. Des ouvriers fumaient leur brûle-gueule au nez des agents de police. Un démonstrateur de produits chimiques versait des éprouvettes dans des verres, déclenchant des effets fantastiques. Une voix héla Paul :

— Maître ? Ah mais oui, c'est vous ! Je me disais : « Cette sorcière... » Mais comment êtes-vous habillé par ce froid ? Vous voulez attraper la mort ou quoi ?

Verlaine se retourna et vit Chauffard descendre d'une automobile à moteur. Le médecin-chef de Broussais était en complet sous un long manteau noir qu'il retira pour l'offrir au Pauvre Lelian :

— Ôtez votre guenille.

Chauffard balança la relique élimée à l'arrière de son automobile, prit le pouls du poète, posa une main sur son front :

— Mais vous êtes fiévreux. Avez-vous de quoi vous soigner ?

Le manteau du médecin, trop grand pour Paul, traînait par terre.

— Venez avec moi.

Sur une aile avant de son automobile, pétaradant à l'arrêt, il remplit une ordonnance sortie d'une sacoche en cuir : « Prenez bien tout ça, sinon vous allez mourir, et d'ici quelques jours, je viendrai vous voir... » Chauffard tendit l'ordonnance à Paul puis rangea sa sacoche sur le siège avant près de la place de conduite : « ... Vous habitez bien toujours 39, rue Descartes ? »

Pas de réponse. Le professeur se retourna. Verlaine n'était plus là.

Instinctivement, le médecin se pencha par-dessus le pont pour observer l'eau du fleuve, pensant peut-être y découvrir les manches de son manteau disparaissant au creux d'un tourbillon. Mais non, les seuls remous furent ceux des bateaux de la Compagnie Mouche. Chauffard leva la tête. Sa pelisse filait là-bas, en claudiquant sur le quai, vers la rue du Chat-qui-pêche.

Le poète aux manches de manteau trop longues poussa la porte vitrée du 19, quai Saint-Michel :

— Vanier, je suis mala-a-a-de... Vous allez bientôt crever !

Jeanne, au fond de la librairie, feuilletait une édition illustrée de *Vingt mille lieues sous les mers*. Elle tourna la tête quand tintinnabulèrent les clochettes de l'entrée, crut voir une pieuvre noire et tentaculaire resurgir des profondeurs de l'océan. L'enfant eut une crise d'hystérie, ses cheveux se dressèrent sur la tête, elle partit en courant dans l'escalier : « Maman ! Maman ! C'est le monstre ! »

Le poète, prompt aux émotions, entendit les cris de panique qu'il avait provoqués, grimaça. La porte de l'escalier s'entrouvrit à nouveau et la mère de Jeanne dit à sa fille : « Mais non, ce n'est pas un monstre. Tu vois, c'est juste un homme saoul. » Paul se laissa tomber dans le fauteuil, mine consternée.

— Qu'y a-t-il encore, cher maître ? soupira Vanier en se frisant la moustache avec fatalité.

Verlaine, après un long silence, sortit de sa poche une feuille de papier pliée en quatre et la mit sous les yeux de l'éditeur : « Ce n'est pas, comme vous pourriez croire, un sonnet. C'est une ordonnance qui implique l'achat, chez le pharmacien Lassassin, de substances, de drogues, aussi coûteuses qu'hétérogènes... En somme, il me faut trente francs — un louis ! »

— Je vous ai déjà remis cinq francs, ce matin, et vous avez pris une quinzaine de vos recueils...

— Il me faut un louis. Je souffre atrocement.

Vanier sortit des billets de sa poche, proposa dix francs. Verlaine n'en démordait pas de ses exigences : il lui fallait trente francs.

— Quinze francs.

— Vingt francs !

— Dix-sept francs... et vous accepterez bien un verre de vieux bordeaux avec des biscuits ?

Le poète, en glissant un de ses recueils dans une poche du manteau trop grand, parut réfléchir :

— Un verre de bordeaux... Je ne crois pas que le docteur me l'ait défendu.

Il empocha aussi l'argent et froissa, en boule, l'ordonnance médicale qu'il jeta sur le carrelage : « Je pense que l'apéritif me sera plus salutaire que toute autre drogue. D'ailleurs, je me sens beaucoup mieux depuis que j'ai touché une avance. »

Il siffla la bouteille de bordeaux au goulot tandis que Vanier se servait un modeste quinquina.

— Ah oui : quin qui n'a rien...

Et le poète grinça comme une hyène qui rit puis partit.

Il revint dans la nuit. Des volets de bois couvraient les vitrines de la librairie éteinte et la porte vitrée était protégée d'une grille en fer. Paul glissa sous la porte une feuille de papier :

À Mlle JEANNE VANIER

Parfois dans un local plein de livres, deux hommes
Se gourment presque, bien que bons garçons au fond ;
C'est votre père et moi dont les paroles vont
De l'offre à la demande en quels écarts de sommes !

Je n'ai pas l'air commode. Il est mal disposé.
Choc terrible ! Soudain, au fort de la querelle,
Petite et fine à la croire surnaturelle,
Une enfant apparaît, grands yeux noirs, teint rosé.

Elle s'enquête, elle tremble, comme inquiète
— Sérieusement trop ? Non, — du bruit de tempête
Que vont menant ce monsieur chauve et son papa

Souriants sur-le-champ, — et voici la paix faite
Entre, en un mutuel et franc mea culpa,
Votre père, éditeur, et moi, votre poète.

Paris, 30 novembre 1895

66.

— Bedeau, ouvre ! Je veux me réconcilier avec Dieu !

Verlaine frappait des poings contre la porte d'une église :

— Bedeau !...

Il avait erré dans la nuit glaciale et, au hasard des rues glissantes et désertes, rejoint le quartier Mouffetard où il se disait qu'il serait rejeté par Esther et Eugénie... Une heure du matin sonna à l'église Saint-Étienne-du-Mont. Il s'y précipita. Toute la soirée, il avait entendu, parmi les rumeurs de son sang, comme une voix indistincte et lointaine qui lui reprochait ses fautes — ses excès, sa violence, sa perversité innommable et tout le mal qu'il avait infligé à tant de gens, à la fille de son éditeur... Il avait honte de lui, ne se supportait plus. Une plainte intérieure et insoutenable le bourrelant de remords, il se précipita vers l'église réclamant, maintenant, l'assistance d'un prêtre. Mais la porte était fermée et Verlaine y martela des poings :

— Bedeau, ouvre ! Il faut que je me réconcilie avec Dieu !

De l'autre côté, un sacristain refusa d'ouvrir, ce qui énerva le poète : « Mais puisque je te dis que je veux me réconcilier avec le bon Dieu, sacré nom de Dieu ! Ouvre cette putain de porte ! »

— Demain ! Demain !

— Mais demain, j'aurai peut-être changé d'avis ! Ouvre !

Et sous la grande rosace de la façade, en dérapant sur son mysticisme, il donna des coups de poing, des coups de pied dans le chêne, secoua la poignée en cuivre, hurla à réveiller tout le quartier.

À l'autre bout de la place du Panthéon, trois policiers de la brigade cycliste aperçurent la silhouette d'un homme en chemise de nuit et long manteau qui s'agitait en jurant devant la maison de Dieu. Ils pédalèrent vers lui. Dès qu'ils reconnurent Verlaine, ils accélérèrent... dans l'autre sens. Paul se laissa lentement glisser contre l'angle d'un mur du porche :

— Bedeau, ouvre...

Assis, genoux au menton et bras autour des jambes, il pleura des larmes qui se figèrent en glace sur ses joues. Elles brillèrent, stalactites immobiles, et sa barbe se pailleta de givre. Une fine poudre blanche apparut sur son manteau noir. Ses dentelles eurent des plis cassants comme le verre. Il se statufiait en haut des marches de l'église tel un saint du porche, descendu se reposer un peu. Pauvre Lelian s'endormit.

— Il faut que je me réconcilie...

Au lever du jour, il n'avait pas changé d'avis. Il entra soudain dans l'église, alla vite, chercha, vit des femmes à genoux et le blanc surplis d'un prêtre de vingt-cinq ans disparaître dans l'étroite loge d'un confessionnal. Le vieil impulsif s'y jeta, heurtant des chaises et des prie-Dieu qu'il renversa, éveillant sous les voûtes des échos incongrus. Dans la petite loge sombre, devant les croisillons de bois, il se prosterna, hésita, s'étonna... Mais déjà, près de sa bouche tremblante, se leva la planchette : « Mon enfant ? »

Ô ce mot ! Ce bras replié de mère qui reçoit la tête renversée, folle, de l'enfant en colère. Ce mot qui pardonne et soulage. Alors les aveux abondèrent, scrupuleusement. Ils se déroulèrent. Cela dura, vous pensez, Verlaine qui confie ses péchés !... Les dévotes toussèrent d'impatience en attendant leur tour. Mais le poète ne pensa qu'à lui. Rotules cramponnées au petit banc, il en raconta, il en raconta...

Le jeune abbé Schœnhentz avait d'abord trouvé le cas intéressant... puis grave. Mais Paul en avait tant et tant à dire : « La fois où et puis quand j'ai ! Allez, je vous fais le grand nettoyage ! » Et là, il lui en raconta d'autres au curé qui crut s'étouffer.

— Savez-vous, lui dit Paul, qu'à Coulommes où j'ai vécu dans une ferme, près de Nancy, les enfants ne crient plus « Au loup ! » mais « Attention Verlaine ! » Il faut dire que...

Et là, il en relata des événements. Le curé, en état d'apoplexie, le chassa en criant : « Au fou ! Partez d'ici ! Partez ! » Il fit des signes de croix partout sous les voûtes tandis que l'autre titubait sur les dalles en disant : « Mais je ne vous ai pas raconté quand j'ai enculé... Comment s'appelait-il ?... ni quand j'ai voulu noyer la tête de ma mère dans un ragoût de mouton. »

— Taisez-vous !

Sous le porche de l'église, se retenant contre la porte ouverte, le jeune mince abbé chauve à long nez, une main sur la poitrine, haleta :

— Ah, ah, ah... a-a-avez-vous aussi essayé les animaux ?

Verlaine le regarda de ses étranges yeux mongols. Le curé le jeta, des deux mains, dans la rue. En bas des marches, Cornuty le réceptionna dans ses bras.

Henri-Albert portait un gros pull bleu sous l'habit de Pierrot maculé de sang qu'il avait gardé sur lui. En tombant dans les bras de l'adolescent, un recueil avait glissé de la poche du manteau de Verlaine. Le petit tueur de la Villette prit le poète sur son dos. Les bras de Paul pendirent devant la poitrine d'Henri-Albert qui, penché, le traîna dans la neige par la rue Clovis. Le curé ramassa, sur une marche de l'église, le recueil de poésies — *Sagesse.*

Revenant du boul'Mich en soufflant, un vilain petit laideron frisotté à face plate, pansement sur le nez et jambes arquées, traversa la place du Panthéon au trot et arriva près du curé : « Bonjour, monsieur l'abbé. J'ai cru vous voir au loin avec quelqu'un. C'était qui ? »

— Je ne sais plus son nom, madame Krantz... Un barbu avec un air de brigand.

— Barbu, vous dites... et l'air d'un brigand ?

— Oh, pour sûr !

— L'air d'un brigand, ce doit être Verlaine...

Le jeune curé lut le nom de l'auteur sur l'exemplaire de *Sagesse*.

— Ah, peut-être...

— Où est-il ?

— Parti par là, vers chez vous. Tenez, rendez-lui son livre qu'il a perdu.

— Oh là, gardez-le ! Vous verrez, pour allumer le feu, c'est l'idéal..., grogna la Nini Mouton en s'éloignant vers la rue Descartes.

Elle grimpa quatre à quatre les marches de son escalier sombre et étroit, aperçut là-haut les dentelles de la chemise de nuit de Verlaine traînant dans le dos d'un Pierrot qui atteignait son palier. Elle se saisit du poète :

— Laissez-le-moi !

L'ancienne danseuse du bal Bullier glissa ses bras sous les aisselles de Paul pour le conduire dans la chambre à coucher. Les talons de Verlaine traînèrent sur les tomettes devant la cuisine.

Pauvre Lelian se laissa transbahuter des épaules de l'un aux bras de l'une, indiciblement heureux de ce qu'il avait dit à l'église. Soulagé d'avoir vidé son sac, une pureté d'absolution l'envahit d'autant plus qu'il entendit derrière lui le craquement béatificateur et réconfortant d'un grand feu de bûches dans la cheminée. En traînant sur les tomettes, il s'endormit sur un bras d'Eugénie comme un enfant.

Henri-Albert voulut entrer. D'un coup de pied,

Nini Mouton lui lança la porte qui se referma au ras de... son nez. Le bord auréolé du naïf petit chapeau rond de Pierrot bascula en arrière et tomba derrière lui.

Cornuty avait remis son chapeau rond par-dessus une écharpe en laine, nouée au menton, qui couvrait ses oreilles et sa tête comme un œuf de Pâques. Il faisait très froid dans le train de Petite Ceinture, ouragan de ferraille et de courants d'air grinçant le long des congères d'un tunnel... Puis des plaines de banlieue apparurent dans le cadre des portières avec des rivières de glace, des cristaux dans les arbres. Henri-Albert regarda défiler les paysages de neige.

67.

— Comment va votre nez, Eugénie ?

— Mon nez ! Ah, il s'agit bien de ça. Aïe, aïe, aïe ! Je suis en train de crever, voilà tout...

Frédéric-Auguste Cazals sourit dans l'entrée de l'humble logis gris de la rue Descartes.

— ... Oui, de crever ou plutôt de « me » faire crever à...

Eugénie, en s'agitant dans la cuisine, feignait de râler mais elle était plutôt contente. Verlaine avait répondu aux lettres étrangères. De l'argent allait arriver. Elle s'en était vantée chez le bougnat d'en bas pour que Esther l'apprenne : « Tiens, je vais aussi prendre un pinceau plat, de la peinture dorée... Ce sera pour le cordon de notre sonnette que j'ai fait installer... car nous allons sans doute recevoir des visiteurs venus d'Amérique ! »

Elle s'était également procuré, dans un hangar de chiffonniers, un vieux canapé démoli qu'elle recouvrit d'un drap à carreaux :

— Pour que les Allemands et les Anglais puissent s'asseoir...

Ravi de ce faste, Verlaine s'occupa de l'augmenter encore. Après avoir peint le cordon de la sonnette, il dora les pincettes et le garde-feu de la cheminée... puis toutes sortes d'objets — les coquetiers, son porte-plume, le vase de nuit... les chaises, la commode de toilette en acajou plaqué...

— Je suis comme le roi Midas. Je change tout en or.

Cazals, pénétrant dans la chambre dorée, en fut ahuri. Paul toussait en sifflotant sur un tabouret et barbouillait les barreaux de la cage du serin. Il peignait comme un sagouin, des projections de peinture dorée éclaboussaient tout, coulaient sur le plancher de la cage et dans la petite réserve d'eau de l'oiseau.

— Tu ne mets pas trop de peinture sur ton pinceau, Paul ?

Frédéric-Auguste s'assit sur une chaise près du peintre poète.

— Attention, ce n'est pas sec.

Le dessinateur se releva, contempla son pantalon souillé :

— Quand je dirai que je me suis couvert d'or chez toi, qui me croira ?

Paul trempa son pinceau plat dans le pot, le souleva, le regarda s'égoutter :

— Est-ce que tu pourrais dire à Bloy que je l'invite à déjeuner ici, après-demain ?...

Cazals passa un doigt sur le dossier de la chaise :

— Tu as décapé avant de peindre ?

— Hein ?...

— Comment ça va, Paul ?

— Je suis serein comme serin. Las de m'asseoir, je rampe me coucher.

Frédéric-Auguste observa l'oiseau dans sa cage dorée.

68.

Le lendemain, l'oiseau était mort.

Quand Eugénie, au réveil, avait soulevé le drap de la cage, elle l'avait découvert, gisant sur le dos à même le plancher de sa prison, les ailes déployées dans la peinture dorée.

Descendu de son perchoir pour aller boire, il avait dû s'engluer, s'intoxiquer à l'abreuvoir, se renverser sur le sol de sa cellule. Toutes les plumes jaunes de ses ailes en croix étaient recouvertes d'or. À son court bec épais grand ouvert, une grosse bulle scintillante s'était figée et il avait dégueulé sur un côté une bile dorée. Il ressemblait à un bijou brillant.

— Paul, viens voir...

Verlaine en fut très affecté. Eugénie disait :

— Mon oiseau est mort...

Le passereau avait trépassé discrètement mais ses obsèques furent grandioses. Le poète fouilla parmi les revues sur sa table de travail — *Le Limaçon, La Doctrine, La Cravache parisienne, Art et critique, Fin de siècle...* Il choisit une page du *Chat noir* pour envelopper l'oiseau :

— Nous allons aller le déposer dans une crypte du Panthéon à côté des gloires de l'humanité, dit-il en ouvrant la cage.

Eugénie lui sourit. Le voyage jusqu'au Panthéon, au bras de l'ancienne danseuse, fut très pénible pour Verlaine qui haleta sur sa canne, suffoqua, se traîna. Et tous les dix ou vingt pas lents, il lui fallut s'arrêter, reprendre des forces et son souffle. Ils mirent un temps infini à descendre les longues marches en marbre de la nécropole. Au sous-sol, longeant des sépultures de grands personnages, ils arrivèrent jusqu'au tombeau de Victor Hugo. Dans la petite crypte à quatre places, seule celle du fond, à gauche sous le soupirail, était occupée par l'auteur des *Misérables*. Le poète des *Fêtes galantes* déposa le serin sur le socle d'en face.

Pris par le souffle de la lumière remuante d'un flambeau au mur, le petit oiseau doré et scintillant semblait battre des ailes dans la page dépliée du *Chat noir* sur la grande dalle en ciment gris.

Eugénie redonna le bras à Verlaine pour quitter la crypte. Pauvre Lelian fit la tronche à l'idée de tous les efforts qu'il allait encore lui falloir fournir pour remonter au rez-de-chaussée du Panthéon et escalader les quatre étages du 39, rue Descartes :

— Ce sera peut-être ma dernière randonnée..., souffla-t-il en rejoignant les longues marches en marbre. Allez, petit bonhomme..., s'encouragea-t-il.

Dans leur dos, une ombre apparut derrière un large pilier du sous-sol...

69.

Après avoir soutenu le poète haletant dans le sombre escalier de quartier ouvrier, Eugénie redescendit faire les courses.

Sur le trottoir d'en face, Esther semblait l'attendre, bras croisés et adossée contre un mur. Sitôt qu'elle vit sortir, du porche, sa vieille rivale aux pattes arquées, la petite prostituée s'anima. Elle alla à droite, à gauche, tournoya sur elle-même, fit s'envoler les pans de sa robe à rayures jaunes et bleues. D'une manière provocante, elle bascula des hanches, exhiba sa toilette — hautes bottines, étole en fourrure, insolent chapeau à plumes. Elle narguait Nini Mouton, en pauvre manteau, qui leva les pupilles de chaque côté du pansement de son nez :

— Qu'est-ce qu'elle a, celle-là ? Oh, nom de Dieu ! Salope ! Putain ! Je vais t'arracher les yeux !

Entre les plumes du chapeau d'Esther, transpercé par une longue épingle, le serin doré d'Eugénie aux ailes déployées brillait comme une parure d'or.

— Rends-moi mon oiseau !

— Maintenant, il est à moi !

Paul, assis sur le canapé démoli, les mains pendantes entre les genoux, entendit les hurlements de la Krantz dans la rue. Il se leva et, se retenant contre le mur, ouvrit la fenêtre, se pencha. Nini Mouton cavalait après Esther qui riait aux éclats en retenant, d'une main, le chapeau sur son crâne et fuyant vers le pont-aux-tripes.

— Salope, je vais te tanner la peau du cul, moi !

Paul vit s'éloigner et disparaître Philomène, le petit serin volant près de sa tête...

Eugénie, quoique ancienne danseuse véloce, ne put rattraper la jeunette avant qu'elle filât par des dédales de ruelles perpendiculaires tandis que, rue Descartes, remontait un orchestre.

Clarinette folle, piston enragé, violon intempérant et triangle tenu par un enfant frénétique entouraient une imposante femme aux allures de reine qui chantait, suivie d'une foule.

Sois bonne, oh ! ma belle inconnue
Pour qui j'ai souvent chanté
Ton offrande est la bienvenue
Fais-moi la charité !

C'était la très populaire chanteuse de café-concert Eugénie Buffet qui, sous les flocons à l'approche des fêtes de Noël, chantait dans les rues pour les pauvres, les grévistes, les soldats et les malades. Elle gueulait, bras tendus vers les fenêtres des étages, sa célèbre *Sérénade du pavé*.

Sois bonne, oh ! ma belle inconnue
Pour qui j'ai tant chanté
Devant moi, devant moi, sois la bienvenue.

Quelqu'un lui dit : « Vous avez vu, là-haut, c'est Verlaine. »

— Verlaine habite ici ?

Eugénie Buffet — cœur débordant de sympathie, bonté, simplicité dévouée — monta saluer le grand poète qui en fut flatté :

— C'est un grand honneur pour moi, madame, qu'une femme aussi populaire que vous..., toussa Verlaine.

— Vous savez, maître, que si j'interprète Botrel et Bruant, je chante également, en tapant du talon, une de vos poésies...

— Ah bon ? Laquelle ?

En bas, l'orchestre jouait dans la cour du 39 où s'était aussi engouffrée la foule qui débordait sur le trottoir. Nini Mouton déboula à l'angle de la rue Clovis, écarlate, essoufflée et fumante de colère. Elle n'avait pu rattraper Esther, se demandait où elle avait filé. Découvrant l'attroupement de gens qui s'entassaient devant le porche de son immeuble, elle grogna :

— Mais que se passe-t-il encore, ici ?

Des femmes cherchaient, scrutant par-dessus des épaules, demandaient :

— Je ne la vois pas. Où est-elle ?

— Montée voir Verlaine.

« Montée voir Verlaine ? » La Krantz, les yeux

allumés comme des phares, traversa la foule pour atteindre sa cage d'escalier : « Mais laissez-moi passer ! »

Quatre étages plus haut, Eugénie Buffet s'empara de Verlaine, le décolla du sol, et le plaqua contre son immense poitrine de cantatrice. Et elle dansa, de la cheminée aux chandeliers dorés dont la peinture tachait le simili-marbre jusqu'à la machine à coudre plaquée d'or qui s'écaillait déjà.

Elle tapa du talon les tomettes rouges ébréchées... Sur un rythme vif à deux temps, traversa, dans un sens et dans l'autre, la chambre en diagonale. Le poète, dans ses bras, fut secoué comme une poupée de chiffon, subissant en l'air le tempo endiablé de la danse paysanne d'origine irlandaise. La chanteuse lui hurla dans les oreilles le début de sa poésie :

— Dansons la gigue !

70.

Dansons la gigue !

J'aimais surtout ses jolis yeux,
Plus clairs que l'étoile des cieux,
J'aimais ses yeux malicieux.

Dansons la gigue !

Elle avait des façons vraiment
De désoler un pauvre amant,
Que c'en était vraiment charmant !

Dansons la gigue !

Mais je trouve encore meilleur
Le baiser de sa bouche en fleur
Depuis qu'elle est morte à mon cœur.

Dansons la gigue !

Je me souviens, je me souviens
Des heures et des entretiens,
Et c'est le meilleur de mes biens.

Dansons la gigue !

71.

La Krantz déboula dans l'humble logis, front en avant, prenant d'abord l'intruse pour Esther puis quelqu'une de ses émissaires venue se renseigner sur la galette de « bank-notes » à venir de l'étranger pour le poète. Nini Mouton jeta la chanteuse dans l'escalier, l'appelant voleuse. Ses colocataires firent chorus et conspuèrent celle qu'ils ne reconnurent pas car elle se protégeait le visage avec les bras tandis qu'en bas, les badauds s'indignaient de la manière dont on recevait ici une si grande artiste. La concierge tenta de l'arrêter, la traita de putain. Alors ce fut l'assaut de la loge. Célestin affolé sortit son revolver et tira. Une vitre vola en éclats, blessant au bras Eugénie Buffet que tous ses admirateurs emmenèrent sur leurs épaules en courant vers la rue Descartes et criant :

— C'est un immeuble de fous !

Le lendemain à midi, Léon Bloy poussa doucement la porte de la Krantz qui n'était pas là. Sur le palier, il avait d'abord sonné en tirant un cordon qui macula d'or ses doigts, puis ouvert la porte laissée entrebâillée.

En face, la cuisine était vide et aucun plat ne mijotait sur le poêle. Dans la salle à manger, le couvert n'avait pas été mis. Il tourna à gauche vers la chambre. Devant lui, le canapé démoli, recouvert de sa toile à carreaux, et tout de suite à droite, Verlaine qui était couché tout habillé sur le lit et recroquevillé contre la cloison mitoyenne avec la cuisine. Bloy se pencha, regarda les paupières baissées du poète, puis, après avoir installé un numéro de *Fin de siècle* sur l'assise d'une chaise peinte près du lit, il y posa son séant, tourna le dos à Verlaine pour contempler la chambre dorée. Tout y dégueulait d'or. Les cadres des chromos aux vitres brisées avaient été mal peinturlurés à même les murs. On y voyait tout autour, sur le papier peint déteint, de larges traces de pinceau plat et des coulures qui descendaient jusqu'aux plinthes. Au bord de la fenêtre, deux bottines dorées servaient de pots à des fleurs dont même les pétales avaient été teints couleur métal précieux. De la pédale de la machine à coudre d'Eugénie jusqu'à l'encrier du poète et son porte-plume sur sa table dorée, ici tout pleurait d'or. Dans ce misérable fastueux décor, le polémiste à face de bouledogue et grosses moustaches blanches hocha la tête d'un air dubitatif. C'est alors qu'il reçut soudain une série de coups de poing et de bûche sur la nuque et les épaules.

Le soi-disant dormeur, qui avait fait le crocodile, s'acharnait sur lui, avec lâcheté, dans son dos. Pliant sous l'orage des coups, Léon Bloy parvint à lancer derrière lui l'eau d'un broc — doré — en s'enfuyant épouvanté tandis que son agresseur hurlait :

— Cessez ces plaisanteries, Bloy, aux dépens d'un absent et quel absent !

Il tapa tant, sur le crâne de son fervent admirateur et dénigreur de Rimbaud, qu'on crut que le bois allait s'enflammer. Dans l'escalier, Léon Bloy se retourna :

— Verlaine, je ne vous parlerai plus que pour les derniers sacrements !

Le soir même, vers dix-neuf heures, Nini Mouton était revenue de La Belle Jardinière, où elle avait livré ses gilets, et râlait. De son plumeau, elle époussetait des cloques dorées partout dans la chambre, et du balai, bouscula six pieds, lustra des jambières en fer chaussées de solerets métalliques à bouts pointus.

Sur la toile à carreaux du canapé démoli et côte à côte, Bibi-la-Purée, Frédéric-Auguste Cazals et Léon Deschamps étaient assis en armure, bouclier entre les jambes, et Verlaine, sur son lit, se bidonnait de rire en toussant alors qu'Eugénie, les yeux au ciel, trouvait ça ridicule.

— C'est-à-dire qu'on a pensé que si maintenant tu reçois tes admirateurs... commença l'un en cotte de mailles.

— À coups de revolver..., continua l'autre, tenant une hallebarde.

— À coups de bûche..., soupira le troisième en pivotant sa cuirasse.

— Valait mieux qu'on se protège !... reprit celui

qui avait d'abord parlé. Alors on a emprunté la décoration murale du François-Ier.

Les voix étaient quasi méconnaissables et caverneuses dans les casques à visière rabattue mais Paul repéra les trois jeunes amis. Le premier, plume de paon accrochée au ventail, dit :

— T'as vu, avec les verticales lamelles en fer de la visière, on dirait que maintenant j'ai des dents.

Verlaine sourit au spectacle du deuxième qui avait glissé dans des genouillères métalliques son pantalon à triangles jaunes, verts et violets : « Ça, c'est Cazals... Le troisième ne peut être que Deschamps puisque... »

Près de Bibi, le chien Pistolet jappa sous un casque gaulois retenu par une ficelle nouée à sa gorge. Frédéric-Auguste gloussa en osant tendre à Nini Mouton un casque conique à nasal.

— Pour vous, Eugénie, on en a choisi un de croisé avec la languette en fer qui protège le nez...

La giletière de La Belle Jardinière ulcérée prit le casque et, ne sachant plus qu'en faire, le posa sur sa tête pour aller ouvrir puisqu'on avait tiré le cordon de la sonnette sur le palier :

— Ah vous, jeune homme, ça suffit ! s'exclama-t-elle. Ça ne va quand même pas être tous les soirs. Encore hier, je vous ai dit que je ne voulais plus vous voir ici !

— Mais laisse-le entrer ! fit Verlaine, depuis la chambre.

Henri-Albert Cornuty, toujours en gros pull bleu sous le satin blanc de son habit de Pierrot taché par l'hémoglobine d'Eugénie et celle des bêtes de la Villette..., portait aussi son naïf petit chapeau rond. De ses mains considérablement agrandies et rougies d'engelures, il dénoua l'écharpe qui enveloppait son crâne et ses oreilles. Une ballerine au pied gauche et loque de chausson de Verlaine ficelée au droit, il entra dans la chambre avec ses grands yeux mélancoliques ce qui, sur le canapé, glaça le dos de ses trois jeunes amis en armure.

72.

Dès lors, plus rien n'alla. La peinture dorée s'écailla, la santé du poète déclina et le moral de son ménage se désagrégea.

Pour la peinture, Verlaine ne comprenait pas. L'enduit précieux n'était pas très adhésif ou, pour le moins, autrement que l'affirmait l'étiquette du flacon — il se collait aux doigts. On ne pouvait guère y toucher sans emporter avec soi des lambeaux de l'étincelante parure ôtée de la pelade des meubles et des objets dorés de la chambre. Les chaises et les tabourets semblaient avoir attrapé un coup de soleil. Ils perdaient leur épiderme d'or, par parcelles, que Nini Mouton balayait sur les tomettes rouges en râlant :

— C'est parce que tu n'as pas décapé le vernis, abruti !

— Ah bon ?

Paul chaussa ses besicles, relut l'étiquette et constata :

— Le gâtisme me gagne...

Pauvre Lelian, fumant au lit en robe de chambre et bonnet de coton, secoua la cendre de sa pipe et toussa. Une bronchite aiguë lui déchirait la poitrine. Il ressentait violemment l'arythmie de son cœur, des douleurs au foie, les brûlures de la syphilis, et sa jambe opérée à Broussais recommençait à gonfler. La veille, le professeur Chauffard, en remuant des lambeaux d'or au bout de ses doigts, avait diagnostiqué :

— Prenez soin de vous, maître. Il vous faut du repos et du calme sinon le prochain accident sera dangereux. En cas d'alerte, n'hésitez pas à réclamer qu'on vienne aussitôt me chercher...

Le médecin-chef de Broussais était l'une des rares personnes qui pouvaient encore entrer chez Eugénie (d'autant plus qu'il ne faisait pas payer ses consultations). Sinon, mis à part l'inévitable bande des quatre — Cazals et compagnie —, les autres, depuis l'affaire Buffet, étaient rejetés dès la cour par la concierge :

— Plus aucune visite pour Verlaine !

La Krantz avait donné des ordres. Elle se méfiait de tous ces jeunes gens dépenaillés qui lui semblaient trop inférieurs pour admirer le poète et ne pouvaient donc qu'avoir l'intention de tirer quelques sous au ménage... à moins qu'ils ne vinssent en messagers secrets d'une Esther quelconque... Nini Mouton considérait ces étudiants semblables à la petite putain de l'hôtel de Montpellier, faisant les mêmes calculs, par conséquent rivaux et ennemis ne devant plus grimper l'escalier où d'ailleurs une pancarte indiquait : « Il n'y a jamais eu de Verlaine ici ! »

Paul, reclus dans la chambre dorée du modeste

logis des hauteurs du Panthéon, en était marri. Il devint somnolent. Les ressorts de sa résistance vitale s'affaiblirent. Dans ce corps usé, la vigueur intellectuelle alla de même. Le tempérament fatigué s'alanguit aussi par la claustration tandis qu'Eugénie, en balayant des nuages de poussière d'or, s'agitait partout et gueulait :

— Et les fameux billets de l'étranger, c'est quand qu'on en verra la queue d'un ?

— Quand j'aurai écrit...

— Écrit ?

— Ben, qu'est-ce que tu croyais ?... Qu'on m'enverrait de l'argent comme ça ? On me réclame des souvenirs, des...

— Ah bon ? Alors pourquoi ce n'est pas déjà fait ?

Eugénie était intraitable avec celui, à la santé peu brillante, qu'elle confinait, bouclait, forçait à renflouer les finances du ménage :

— Écris !

Nini Mouton affirma n'avoir que du mépris pour les hommes qui ne casquent pas. Elle se vanta d'avoir fait chanter copieusement tous les michés qu'elle avait eus avant Verlaine, entra dans un moment de colère folle alors que Paul soupirait :

— Ne plus entendre tes ordres et jérémiades, Eugénie... Ne plus t'avoir devant les yeux, armée de ton balai et de ton plumeau, quelle délivrance ce serait...

Mais la Krantz remuait, bousculait tout, disait « Allez, allez ! On prend le porte-plume et du papier ! », filait de la chambre à la salle à manger, passait par la cuisine, revenait. Elle donna le mal de mer à Verlaine. Quand la fatigue obligea la grondeuse ménagère à s'asseoir et garder quelques secondes de silence, Paul eut un peu de calme. Il s'empressa d'en jouir et de détendre ses nerfs surmenés, son cœur malade.

Hélas, la Nini Mouton se remit vite en branle, se demanda à voix haute si, finalement, sa « victoire » sur Esther n'était pas une mauvaise affaire... Eugénie affirma qu'elle était maintenant sans illusion, qu'elle savait qu'elle traînerait jusqu'à la fin un malade chronique et sans ressources :

— Un fainéant qui n'écrit plus... Mais si tu ne me laisses rien, Paul, de quoi je vais vivre quand tu seras mort ?

Le poète soupira :

— Ton abjection est comme embourgeoisée... Les débordements de l'autre petite gredine ont du moins quelque chose de fou !

L'ancienne danseuse se leva : « Pas le sou... et un homme à soigner ! Ah-hum ! Ah-hum ! Je vais y perdre ce qu'il me reste de santé et de jeunesse ! » Elle déplaça les objets partout, bouscula les meubles, décolla le lit de contre la cloison, le fit pivoter pour balayer dessous, engueula Verlaine :

— Poète peau de balle en variété !

Pauvre Lelian, plume à la main griffonnant la scène sur du papier, fut saoulé par toute cette agitation, ces reproches continuels à voix stridente et les nuages de poussière d'or qui le firent aussi tousser :

— Mais arrête ! Je te somme de me faire transporter dans un hôpital ou simplement dans la rue pourvu que je sois délivré de ton sale balai de merde !

73.

— Entrez, monsieur Maleur ! Vous êtes ici chez vous.

Le vitrier de la rue Descartes pénétra dans l'humble logis. Il avait un visage en éclats de verre — long nez pointu, menton de même, hautes pommettes saillantes, lèvres effilées, regard aigu, cheveux piquants, dents acérées — et il portait dans son dos des rectangles de ciel... noir.

Paul, à la jambe gauche douloureuse et inerte, clopina vers la chambre, en suivant monsieur Maleur, à l'aide de sa canne et en s'appuyant aux meubles :

— On vous fait travailler même un soir de Noël...

— Oh ! Moi !

Le vitrier ne s'exprimait que par segments de phrases lancées. Il avait un avis tranchant : « Si on me paie ! »

— Ah mais oui, au fait, qui va vous payer ? trembla soudain Verlaine sur sa canne branlante.

— Un Pierrot, taché comme un boucher, l'a fait ! M'a dit de venir ce soir ! Cadeau de Noël !

Monsieur Maleur décloua de la fenêtre le calendrier des Postes 1895. « Encore une année qui ne me manquera pas mais que sera 96 ?... » soupira Verlaine, debout près du vitrier retirant aussi les restes de l'ancien carreau brisé. Le poète observa, quatre étages plus bas, un employé municipal armé d'une lance qui fit flamber une anémone de gaz au sommet d'un réverbère à l'angle de la rue Clovis. Apparurent alors, plus à la lumière dans la rue Descartes, des enfants élevés à la diable parmi les disputes des façades. Tout était blanc de neige. Des gens faisaient des courses chez le cochonnier en portant des choux à la crème. Sur les bords de la rue sans trottoirs, des commerçants aux langues agiles criaient : « C'est Noël ! C'est Noël ! »

— C'est Noël...

Paul, une immaculée écharpe de soie blanche autour du cou, s'assit sur le canapé démoli recouvert d'une toile à carreaux. Il avait envie de parler au vitrier ou à lui-même :

— Ma femme est descendue réveillonner chez les concierges. Moi, avec ma guibole et les escaliers... De toute façon, je n'ai pas été invité...

Monsieur Maleur, du plat de la lame d'un tournevis, dégagea l'ancien mastic écaillé autour des montants du carreau à remplacer tandis que Pauvre Lelian continuait :

— Dans un moment de déprime, j'avais écrit un poème... En écrirai-je encore ? Elle l'a pris pour ses étrennes, fut contente parce qu'il y avait vingt lignes, l'a soldé à mon éditeur et me laisse là, seul, pour Noël...

Le vitrier glissa, du châssis de bois dans son dos, une plaque de verre. Paul suivit des yeux le voyage horizontal de ce rectangle de nuit étoilée. Il y vit passer le reflet de six lunes rousses alignées, se retourna. En face, sur la cheminée, où mouraient quelques braises dans la cendre, six oranges étaient disposées à intervalles égaux comme six taches éclatantes.

— C'est une coutume de la campagne ardennaise... Faut pas y toucher avant la fin des fêtes si on veut avoir de la chance...

— À quoi ? lâcha monsieur Maleur de sa voix brisée en tournant vivement son profil de vitre éclatée vers les fruits d'Afrique du Nord.

— Un jeune dessinateur qui connaît mon attachement à quelques traditions anciennes me les a offertes avec ces trois seaux de coke pour la cheminée..., reprit Verlaine. Et un autre petit copain clochard a mendié pour aller m'acheter des médicaments chez le pharmacien de la rue, là, vous savez...

— Lassassin ! coupa monsieur Maleur en se retournant pour mesurer la vitre.

— Il nourrit pour moi une haine féroce, souffla le poète sur le canapé. Cet immonde potard prend une mine dégoûtée quand il me sert trois sous de bicarbonate ou de « réglisse en bois » et déclare à tout venant que je ne suis qu'un ivrogne et que mes poésies sont ineptes... Ivrogne, passe encore — j'ai d'ailleurs à ce point de vue de nombreux et illustres camarades, à commencer par Villon, Shakespeare lui-même —, mais mes poésies... Eh bien, quand Bibi a demandé cette fiole d'élixir de garus pour moi, l'autre Hippocrate de plâtre lui a jeté aussi mes deux sous de jujube sur le comptoir aussi brutalement que si j'avais été son ennemi personnel...

— Z'êtes malade ? grinça le vitrier en raclant la pointe de son diamant sur la plaque de verre.

— Oh là ! Influenza, coqueluche ou le diable et son train... Je me soigne mais est-il encore temps ? Ma jambe gauche enfle, c'est mauvais signe. Le ventre ballonne, c'est pire encore. Mais c'est moralement surtout que je suis atteint et ce que vous faites là ne sert à rien.

— Hein ? pivota monsieur Maleur avec huit pointes de clous entre les lèvres.

— Aujourd'hui — joyeux Noël — le propriétaire a menacé de nous foutre à la porte si je ne règle pas, d'ici janvier, deux ans d'arriéré de loyer...

Il neigeait doucement dans la rue Descartes et le vitrier installa sa plaque de verre. Pauvre Lelian, au sommet du crâne titanesque découronné par des tempêtes, contempla la chambre où s'écaillait l'or :

— Ce matin, au courrier, est-ce une plaisanterie ?... j'ai reçu un plan de la ville de Nancy avec une rue Paul-Verlaine... Une rue à moi ? J'oserais à peine demander une maison, tout juste une cave..., continua-t-il en se levant et se traînant jusqu'à la porte d'entrée où quelqu'un avait frappé pendant que monsieur Maleur martelait les clous pour maintenir la vitre. « On a pas tiré la sonnette. Le visiteur est de petite taille... », pronostiqua Verlaine en ouvrant.

C'était François Daude, le fils des concierges, qui

lui tendait entre l'index et le pouce une friandise enveloppée d'un papier doré.

« Oh ! Un bonbon habillé d'or... », sourit le mauvais ange vieilli aux sourcils touffus et hérissés comme des barbes d'épis couvrant un regard vert et profond. « Mais moi, que vais-je pouvoir t'offrir ? » dit-il à l'enfant qui scrutait, fasciné, les six taches éclatantes sur la cheminée. « Tu veux une orange ? Va la choisir. »

Monsieur Maleur se retourna. Son œil brilla d'étonnement. Verlaine grommela : « Tant pis pour la chance. »

À l'église Saint-Étienne-du-Mont, les cloches battaient pour la messe de Noël et une voix sous le porche criait : « François ! François ! Mais où est-il encore passé celui-là ? J'espère qu'il n'est pas... »

— Va vite sinon ton père va te gronder !

— M'sieur Paul, y a des jeunes avec des cadeaux pour vous, en bas dans la rue... mais maman ne veut pas les laisser monter et une fille m'a donné une lettre pour vous.

— Qui ?

— La blonde à l'oiseau doré sur le chapeau.

« Ah ! La pute ! » appuya, du pouce, le vitrier en étalant le mastic tout autour du carreau. « Voilà ! » et « Fini ! » tombèrent ensuite de ses lèvres comme des débris de verre. « B'soir ! » lança-t-il comme une balafre au visage du poète.

L'artisan suivit le gosse dans l'escalier.

— Merci de votre visite, monsieur Maleur.

Et Verlaine se retrouva seul, au milieu de son

canapé, dans la pénombre de la pauvre chambre écaillée. Il se moucha avec le cadeau de Deschamps. L'écharpe en soie blanche prit des teintes, couleur nuances de vitrail. À sa gauche, sous les cinq oranges de la cheminée, les trois seaux de coke offerts aussi par Cazals que Paul renversa entièrement dans le foyer ce qui eut pour effet d'étouffer définitivement les braises mourantes parmi le tas de cendre qui s'éleva en nuage. Des boulets de houille roulèrent sur les tomettes rouges jusqu'au milieu de la chambre et aux pieds du canapé. Sur la toile à carreaux... la fiole d'élixir de garus — don de Bibi-la-Purée. Verlaine la lança dans la vitre que Cornuty avait fait changer.

Un bonbon habillé d'or suivit comme une étoile filante... La fiole en verre épais tomba dans la neige de la rue Descartes aux pieds de quelques étudiants et collégiens qui, petit paquet doré entre les mains et menton relevé sous la neige, regardaient en silence vaciller une lueur au quatrième étage. La lueur se déplaça.

Verlaine avait approché la bougie de la lettre d'Esther qu'il déplia :

Poète dit vin que le monde a de mire et que je ça voure, joyeu No-aile.

Philomène.

74.

La bise d'un matin d'hiver se lamentait à la fenêtre. Elle soufflait dans le logis son haleine morose. On sentait dans tout cela qu'il manquait quelque chose.

Cornuty, devant le carreau cassé, racla d'un ongle le mastic encore frais depuis plusieurs jours. Il en fit une boulette avec ses doigts. Le corps engoncé dans un pull bleu sous son habit de Pierrot, il avait de grosses chaussettes dans sa ballerine et son chausson de Verlaine. Son pas fut doux, furtif et léger sur les tomettes rouges. Des gestes souples et des yeux de gazelle, il aperçut sur la table de travail une lettre énigmatique dont Paul avait arraché la signature.

« *Poète dit vin que le monde a de mire...* Mallarmé vous a écrit ? » demanda Henri-Albert qui s'approcha du lit : « Comment vous sentez-vous, monsieur ? »

— Bobos aux jambes, les réclamations du logeur...

Derrière le petit ange gardien, la machine à coudre ronflait par à-coups irréguliers et Eugénie confectionnait des gilets pour La Belle Jardinière. Pied sur la pédale, elle cousit une boutonnière, regardant, devant elle, le portrait du père de Verlaine, accroché au-dessus de sa machine. Par le courant d'air de la vitre cassée, le lin de la toile du tableau battait en demi-cercle autour de la tête militaire, à nouveau récemment attaquée de : « Et toi, pourquoi tu m'as fait ? » Eugénie trancha, des dents, le fil à coudre et leva le gilet devant elle.

« Il vous faudrait combien, maître ? » Assis sur le canapé, Deschamps s'interrogeait. Le poète, adossé à des oreillers, se moucha dans l'écharpe que Léon lui avait offerte :

— Deux mille francs.

La soie blanche du foulard, rougie du sang des poumons du poète, ressembla à l'habit de Cornuty.

— Deux mille francs...

L'animateur de *La Plume* se dit qu'il ne pourrait jamais collecter une telle somme en si peu de jours. « Je vais refaire une demande de secours au ministère de l'Instruction publique. »

— Autant frapper à la caverne d'Ali Baba..., fit, résigné, Verlaine en bonnet de coton et les paupières mi-closes, mains croisées sur son ventre par-dessus les draps.

Henri-Albert regardait une ébauche se faire pardessus une épaule de Cazals. Frédéric-Auguste, assis sur un tabouret doré couvert d'un carton à dessins, charbonnait le regard éteint du poète. Cornuty se pencha à son oreille :

— Pourquoi tu le fais mort ?

Le dessinateur saisit un brutal petit éclat de lumière dissimulé sous la paupière gauche mi-close de Verlaine. Eugénie ne disait plus rien. Elle était comme hébétée par la situation. Cornuty se redressa :

— Il faut demander une dent à Tailhade.

Pistolet jappa. « Une dent à Tailhade ? » s'étouffa Bibi-la-Purée, vêtu de sa jaquette trop longue, puis il sourit d'une bouche édentée sans lèvres au-dessus d'un col trop large :

— Remarque, il a une fortune plein la gueule !

À côté de Bibi, sur le canapé démoli, Léon hocha la tête : « Alors là... qui osera lui demander ça ? »

— Moi, promit Cornuty ce dont personne ne douta. Écrivez-lui une lettre, monsieur !

— Ah, je ne peux quand même pas réclamer une dent à Tailhade ! toussa Paul qui avait rouvert les yeux.

— Dites-lui que vous avez besoin d'aide. Je m'occupe du reste.

Frédéric-Auguste soupira : « Ça devient n'importe quoi... » On apporta du papier et un crayon à Verlaine tandis que Cazals faisait ses recommandations à Henri-Albert comme une petite maman :

— La dent, tu la de-man-des ! Tu ne te sers pas toi-même dans sa bouche comme dans une épicerie, hein ! Et t'en prends une seule !

— Oui, oui.

Pauvre Lelian paraissait s'être rendormi.

Je suis malade comme jamais ; je ne puis rien garder et pas un centime à la maison.

Vite an immediate money ! *par vous-même.*

Paul Verlaine

Laurent Tailhade portait un monocle de soudeur — à quoi lui aurait servi une paire de lunettes ? Et il tenait dans la main gauche un chalumeau. Vêtu d'un drap romain, il avait seulement entrebâillé sa porte et Cornuty, sur le palier, découvrit les avant-bras et les chevilles du Décadent couverts d'abcès — la morphine.

Le jet bleu de gaz enflammé poussait son souffle régulier et Tailhade, de l'épaule, maintenait la porte juste entrouverte. Après avoir soulevé la vitre noire de son monocle puis lu la lettre du poète, il la rendit à Henri-Albert :

— J'irai tout à l'heure me faire arracher une dent. Je viendrai demain.

Il allait refermer sa porte quand Cornuty la bloqua avec son chausson de Verlaine. Laurent Tailhade leva vers lui son œil crevé et sa demi-face défigurée :

— Vous vouliez me demander autre chose, jeune homme ?

Henri-Albert retira son pied.

75.

— Bonne année, maître !

Le mercredi 1er janvier 1896, Verlaine sentit à de mystérieux signes que la mort rôdait autour de lui et Léon Vanier entra dans la chambre pour souhaiter la bonne année au poète. Il le trouva, sur le canapé, pessimiste et effondré :

— Mon père et ma mère sont morts un mois de janvier...

L'éditeur apportait avec lui l'épreuve à corriger du dernier poème de Verlaine qu'Eugénie était venue lui vendre le matin du 24 décembre.

— La *Revue rouge* veut le publier, dit Vanier en tendant l'épreuve dont Paul lut le titre : « Mort ! »

— C'est pour quand ?

— La publication ? Mercredi 8 janvier.

— 8 janvier...

Nous allons, mal rêveurs, dans le vague des fables.

Assis sur le lit, Cazals dessinait en silence son ami et Cornuty, près de la fenêtre, regardait passer dans la rue Descartes un tondeur de chiens et des ânes fumants qui, le flanc fatigué, bousculaient la neige. Sous la commode de toilette en acajou plaqué où remuaient des lamelles d'or, un bloc de glace décongelait dans un broc, diffusant dans la chambre une odeur de viande pourrie.

Dans les fables plus incertaines que les sables

Verlaine parut très affecté par la relecture de son poème. Il se tassa dans le canapé et demeura muet, semblant ne plus rien entendre. Eugénie dut congédier l'éditeur :

— Il faut partir...

Frédéric-Auguste et Henri-Albert allaient s'en aller aussi quand on sonna à la porte. C'était Laurent Tailhade qui portait une de ses dents en diamant, sur le serpent d'or brodé d'un coussin de La Nuit en harmonie avec la chambre dorée. Or, tandis que Verlaine le recevait sur le canapé démoli, on sonna à nouveau. Ayant appris que Paul allait au plus mal, Philomène prit le risque insensé de monter lui présenter ses vœux :

— Eugénie, je t'en prie, laisse-moi lui souhaiter la bonne année...

Cazals dira plus tard : « Ce fut une scène atroce. » Eugénie se précipita sur sa rivale, crocs et griffes dehors. Il s'ensuivit sur le palier une bagarre avec une bordée d'injures grossières de la part de la Krantz qui jeta Philomène dans l'escalier. Verlaine, au bord des larmes, gémit : « Assez ! Assez... »

Et nous allons, désappointés, parmi les hommes.

76.

Samedi 4 janvier, *La Plume* ferma à minuit et demi. La salle se vida dans la jeune bousculade. Au-dehors, des groupes se formèrent. La plupart des collégiens allèrent sagement se coucher mais, en regagnant lentement leurs logis, ils s'entretinrent avec animation à propos de Verlaine, firent de brusques arrêts pleins d'interpellations sous des réverbères, reprirent leur marche. Bibi-la-Purée et son chien les suivirent au hasard des rues d'un pas las.

Un groupe d'étudiants, avec Léon Deschamps, alla faire la « tournée des grands-ducs », explorer les bouges de la place Maubert — Château rouge, le Père Lalunette — en parlant du Pauvre Lelian. Puis au petit jour, ils iraient manger des huîtres aux Halles en récitant ses vers.

Une autre bande s'éloigna avec des chuchotements mystérieux. Ceux-là étaient des fumeurs de haschich ou des buveurs d'éther. Ils se retrouvèrent dans un grand appartement vide derrière la fontaine Saint-

Michel. Dans un climat d'inquiétude partagée en silence, de solitude et de mort, ils toussèrent, novices, dans la fumée âcre ou burent, à même le parquet, non pas des gin-cocktails mais des cocktails à l'éther qui les allumèrent d'une griserie spéciale. Dans un premier temps, une sensation de mieux-être. Les yeux hébétés (par la prémonition de quelle catastrophe à venir ?), ils rirent soudain et les idées tourbillonnèrent — le jeune *poetæ minore* vit son poème achevé aussi beau que ceux du « Dieu de la rue Descartes » et l'élève en médecine inventa un remède miracle qui sauverait Verlaine, le rendrait immortel... Cazals les avait suivis et, en cette mode omniprésente de l'Orient, coiffé d'un énorme turban rouge, vêtu d'un pantalon bouffant et d'une petite veste jaune comme les mameluks, il fit l'étoile de mer sur le parquet. Frédéric-Auguste fixa les moulures du plafond, un grand trou dans les pensées.

Dans un petit café de la rue Descartes au sol en carrelage couvert de paille, Philomène se saoula de vin dans de lourds pots en grès, absorbant aussi force cognacs : « Pa...tron, un au...tre... »

— Alors comme ça, tu te mets à picoler, Esther ? fit le taulier, derrière le comptoir, en essuyant un verre.

— Je suis... une fille de trottoir de l'espèce la plus vile, une ignoble ribaude ! Il l'a dit ! Pa...tron, donne-moi à boire !

— Et puis qu'est-ce que tu pues, maintenant, fit le cafetier, en la servant. Mais pourquoi tu gardes la charogne dorée de cet oiseau crevé sur ta tête ? Regarde-le. Son ventre gonflé coule et entre les côtes, on voit grouiller des vers.

« Ah, ne parle jamais comme ça de Verlaine ! » se leva soudain, en chancelant, Philomène. Les murs tournèrent autour d'elle, les glaces et l'horloge s'étirèrent. Le patron en eut assez, la chassa : « Allez, barre-toi ! T'as pas du travail ? » La jeune prostituée blonde tituba dans la rue vers les dangers nocturnes du racolage au carrefour.

« Non ! » Henri-Albert, en nage, s'était assis dans son lit en criant. Son oncle qui, lui ayant laissé sa couche, dormait sur une paillasse, alluma une bougie et se leva. Puis il se posa sur le sommier de l'enfant qui se jeta dans ses bras en pleurant : « Tonton ! Tonton... » Près du lit en fer, l'habit de Pierrot ensanglanté était rangé avec soin sur le dossier d'une chaise où était aussi accrochée l'auréole d'un chapeau rond. La paille de l'assise crevée de la chaise pendait vers une ballerine et une loque de pantoufle sur le sol en terre. Contre les planches disjointes d'un mur de la cabane de jardin, la bougie projeta la grande ombre de l'oncle qui tenait l'enfant dans ses bras, le secouant maladroitement comme une peau de lapin : « Petit, petit... » L'oncle anarchiste avait baissé sa tête vers son neveu qui continuait de pleurer. Alors l'ombre palpitante des énormes épaules arrondies du tonton et de ses bras musclés aux coudes rejoints devant lui forma, sur les lattes de sapin de la cabane, la naïve silhouette d'un gros cœur.

77.

Le mardi matin, Verlaine alla mieux. Vers dix heures, après avoir regardé la une du journal, il put se lever, et Eugénie, qui n'avait plus de pansement au nez, l'aida à s'habiller. C'est alors que survint Cornuty. Paul le pria d'aller inviter les autres petits copains pour le déjeuner.

Le repas fut gai. Verlaine mangea un peu du cheval bourguignon et but quelques gorgées d'un vin blanc léger coupé d'eau de Vichy.

À ses hôtes — Bibi, Cazals, Deschamps et Cornuty — il raconta avoir reçu, la veille, d'un Américain de San Francisco, un coupe-papier de lapis-lazuli grand comme un sabre accompagné d'une lettre des plus flatteuses.

— Malheureusement, dit le poète, le coupe-papier m'est arrivé brisé. Ne trouvez-vous pas que mon admirateur yankee eût été tout aussi bien inspiré en m'envoyant, à moi qui suis podagre, une bicyclette en fer ? Il m'aurait été impossible de monter dessus mais j'aurais pu la léguer à l'un d'entre vous...

Il y eut des raclements de gorge puis la conversation dévia. Eugénie sortit d'un buffet de vieilles assiettes à dessert illustrées de personnages grotesques. Frédéric-Auguste contempla le dessin au fond de la sienne. « Ce nain à longs poils qui se frotte les mains ressemble à Vanier ! » Et chacun prit alors un plaisir enfantin à trouver des ressemblances entre des gens qu'ils connaissaient et le bonhomme ridicule dessiné au fond leur assiette. « Moi, le mien qui croasse, c'est Coppée », fit Bibi-la-Purée. « Ce borgne, évidemment, c'est Tailhade », dit Deschamps qui se tourna ensuite vers l'assiette de Cornuty : « Et toi, c'est qui ? On ne comprend pas bien. Elle se regarde dans quel sens ton assiette ? — C'est Mallarmé », répondit Henri-Albert. Cazals éclata de rire et se pencha vers celle de Verlaine : « Et toi, Paul, cette gueule de gros con dégénéré ?... Non mais, t'as vu sa face de taré ! Qui cela peut-il être ? »

Le poète attendit que Eugénie file dans la cuisine avant de répondre :

— C'est mon fils, Georges, que je ne reverrai plus jamais.

Tout le monde fut interloqué :

— T'as un fils, Paul ?

Eugénie revint avec une salade de fruits.

— Qu'est-ce que vous dites ?

Soudain fatigué, Pauvre Lelian voulut aller se coucher. Deschamps, assis sur le canapé, lui lut le journal. Verlaine s'intéressa un instant à la fameuse lettre écrite par le kaiser Wilhelm au président Krüger. À Cazals, qui le dessinait près de la tête du lit, il demanda : « Ne crois-tu pas que cela produira des événements graves... une guerre avec l'Allemagne ? »

— Mais non !

L'indécrottable optimiste Cazals n'y croyait pas. Alors Paul eut un demi-sourire vaguement rassuré :

— De toute façon, je m'en fous. Je suis foutu et tu le sais bien.

— C'est ça ! Et puis quoi encore ? affecta de rire le dessinateur.

Verlaine garda le silence, ferma les yeux... Mais Cazals vit qu'à travers les cils, non rapprochés entièrement, le poète guettait l'expression de son visage pour savoir s'il ne lui faisait pas un pieux mensonge. Cependant la ruse était trop visible pour Frédéric-Auguste qui, malgré sa tristesse, put conserver un air gai et siffloter en griffonnant.

La soirée fut paisible. Cornuty était allé acheter le journal du soir pour Paul et inventa ce qu'il lui lut. L'affaire du Transvaal paraissait s'arranger alors Verlaine s'endormit.

78.

Au cours de la nuit, le poète couché près de Nini Mouton ressentit de brûlantes douleurs d'estomac qui le réveillèrent. Il toussa, geignit, se retourna sans cesse. Eugénie lui fit prendre du sirop et il parut se rendormir. Peu après, réveillé à nouveau pour un besoin naturel, il voulut se lever mais en s'asseyant sur le seau hygiénique, près de la commode de toilette, il glissa, le renversa et s'écroula sur les tomettes — une auréole d'or autour des fesses et incapable de se relever. Eugénie tenta de le soulever sans y parvenir. Il glissait entre ses bras et retombait au sol. Elle n'eut pas la force nécessaire pour porter un corps aussi lourd alors elle l'engueula. Debout, penchée vers lui, elle le querella, l'insulta, et ce fut horrible cette dernière scène d'une malheureuse folle vers un agonisant sur les tomettes. Elle quitta l'appartement en claquant la porte ce qui eut pour effet de déchirer le nouveau papier huilé de la fenêtre.

Elle descendit chez les concierges, au départ pour demander l'aide de Célestin, puis finalement suggéra dans le noir : « Est-ce que je peux dormir ici ? »

« Oui... », ondula une ample vapeur de cuisine au bout de la loge. « M'sieur Paul est resté tout seul ? » s'éleva soudain un petit nuage à parfum d'orange. « Dors... », lui répondit un lourd relent de tabac. On entendit un furtif bruit de couverture qu'on tentait de retirer. « François, reste là. » Eugénie s'assit dans le fauteuil de la loge éteinte et regarda, par la fenêtre, la nuit bleue dans la cour et la neige qui tombait.

C'était janvier. Quatre étages plus haut, il n'y avait plus de feu dans la cheminée. Verlaine gisait, à demi nu, sur les tomettes près d'un seau hygiénique renversé. Un vent glacial soufflait par le trou du papier huilé à la fenêtre. Au-dessus de la machine à coudre, les secousses du blizzard arrachèrent les derniers lambeaux de lin du tableau autour de la figure paternelle. Et le visage du père tomba, laissant comme un trou d'obus dans la toile. La tête austère du militaire roula jusqu'à celle de son fils. Enduite de peinture sèche et de vernis brillant, elle tournoya comme une pièce sur la tranche, semblant hésiter entre pile ou face, et lançant à chaque tour des lumières de phare de bord de mer... dans les yeux de Verlaine qui délira. Des sifflements de mort au bord des lèvres, faciès incendié de fièvre, ses yeux flambèrent dans le tournoiement de son père. Son sang chanta et ses os s'élargirent comme des dalles. Quelqu'un, là-bas, courait vers lui sur les quais de marbre. C'était sa mère, ouvrant en son milieu un album de famille : « Paul, comment as-tu pu mettre, en vis-à-vis, la photo de Rimbaud devant celle de Mathilde ? »

— Eh bien, quoi ? Ma femme et mon mari face à face. Et les deux qui m'ont quitté. Ma femme avec le petit Georges que je ne reverrai jamais.

Madame Verlaine, dans le délire, se tordait les mains. Paul riait comme un démon, referma l'album photo — clac ! :

— Je réunis les deux êtres qui m'auront fait le plus souffrir.

— Sacrilège !

— Non, justice...

— Abomination !

— Tant mieux !

— Cela te portera malheur. Ôte ce portrait de l'Éternité.

— Je ne veux pas.

— Est-il possible d'avoir un enfant pareil ? Tu es sur la mauvaise pente !

— Hélas, je la suis... (de cheminée).

Les calculs de côté, l'inévitable descente du ciel. Le vent des remords battait ses rafales. Sur le beau front, touché par les années, la lune fit briller les croix d'un cimetière. Des pétales de doigts se fanèrent dans sa main. Ô là-bas, le tombeau en pente sur la rive. Un rayon blanc, tombant du haut du ciel, anéantit cette comédie.

79.

Au presbytère de la rue Clovis, dans un modeste appartement au plancher bien ciré, un jeune ecclésiastique de vingt-cinq ans, déjà chauve et à long nez — l'abbé Schœnhentz —, lisait à table, pendant son petit déjeuner, un recueil de poésies intitulé *Sagesse*. Il étudiait son livre avec la passion d'un entomologiste qui tient un insecte rare sous sa loupe lorsqu'on frappa à sa porte. Le bedeau de Saint-Étienne-du-Mont entra, suivi de Cornuty. Le jeune abbé reconnut le costume de satin blanc ensanglanté de l'enfant :

— Vous venez rechercher ce recueil tombé, l'autre matin, sur les marches de l'église ? Est-ce bien l'homme qui m'a horrifié à confesse l'auteur de ces merveilles ?

— Il va mourir. Celle chez qui il habite dit qu'il faut que vous veniez.

Le jeune abbé aux yeux clairs regarda devant lui et, distraitement, laissa tomber des hosties consacrées, dans le petit aquarium au centre de sa table, pour nourrir ses poissons rouges :

— Je vous suis.

Dans ce quartier populaire, les serviteurs de l'Église étaient habitués au spectacle de la misère. Néanmoins, le dénuement du logis dans lequel le jeune prêtre fut introduit ce matin de janvier fit sur lui une impression qui ne s'effacerait jamais de sa vie. Verlaine respirait à peine. L'abbé alsacien se pencha vers son lit en agitant des huiles saintes et des paroles latines, prescrites pour les extrêmes-onctions, puis il lui demanda :

— M'entendez-vous ?

Mais le poète fit le crocodile. Entre les cils de ses yeux presque fermés, il observa ce confesseur qui l'avait chassé lors d'un *grand nettoyage*. Maintenant, c'était trop tard pour les derniers aveux. Verlaine s'obstina à garder les paupières baissées et les lèvres hermétiquement closes. Le jeune curé tout frais émoulu du séminaire se redressa, contempla la pièce dorée, dit : « Maître, je vous ai lu... » puis il lui chuchota à l'oreille :

— Dieu n'aura pas le courage de vous damner.

Le jeune admirateur en soutane quitta la chambre en traçant dans l'air un signe de croix lorsque le professeur Chauffard — mandé à Broussais par Bibi-la-Purée — y entra. Paul souleva ses paupières. Il était réellement mal en point, blême, fiévreux, ne respirant presque plus. Le médecin-chef — ultime recours — jugea d'un coup d'œil la gravité de l'état du poète. Il s'entretint quelques minutes avec son cher malade qui lui répondit d'un souffle rauque puis il quitta Verlaine en serrant longuement ses mains et lui promettant, pour le rassurer, de revenir bientôt. Dans l'entrée, près du poêle ouvert où du charbon luisait, Chauffard prescrit des cataplasmes pour essayer de dégager la respiration de l'organisme abattu. Eugénie s'étonna : « C'est tout ? Vous ne l'emmenez pas à l'hôpital ? »

— C'est inutile, lui répondit le beau médecin en reboutonnant son manteau. Pourquoi une telle aggravation soudaine ? Que s'est-il passé ?

« Ah-hum ! Ah-hum ! » Eugénie, en ouvrant la porte donnant sur le palier, lui avoua tout naturellement que, la nuit précédente, Verlaine était tombé à demi nu sur le carrelage et que ne pouvant l'aider à se recoucher, elle l'avait laissé là et était descendue dormir chez la concierge. « Ah-hum ! Ah-hum ! » Le médecin l'écouta tousser, scruta ce qu'elle cracha dans son mouchoir, et lui répondit, abasourdi, qu'une pareille négligence dans un tel moment était indigne. Eugénie lui claqua la porte au nez. Resté dans l'entrée, le jeune curé lui dit à son tour :

— Madame, vous êtes à ranger au dernier rang parmi les créatures de Dieu.

Et il s'en alla aussi. Eugénie se regarda dans un miroir — teint cireux, traits vieillis, yeux excavés : « Comment je vais vivre ? »

« Je lui avais acheté un bel habit complet à La Samaritaine pour quand il serait rétabli. Il est là, tout plié, dans l'armoire... », rajouta-t-elle en se tournant vers la salle à manger où Cornuty et Bibi, debout, la regardaient. Deschamps, assis, était accablé, accoudé sur la table. Le jeune curé en soutane rattrapa le médecin dans l'escalier sombre :

— Comment est-il possible, docteur, qu'une femme ait un tel comportement ? Par cupidité ? Pour profiter au plus vite de l'héritage d'un poète dont la gloire viendra ?...

— Elle n'en profitera pas longtemps. Elle part des poumons. Elle est fichue. Et je crois qu'elle le sait...

— Ah bon ? Mais vous ne..., s'affola soudain le jeune homme en robe d'Église.

— La médecine ne fait des progrès notables que pendant les grandes guerres, répondit le professeur, d'un air las, en continuant de descendre l'escalier. Mon père, que pensez-vous de ce vaste conflit qui se profile avec l'Allemagne ?

— Ayez confiance, mon fils. Les hommes ne seront jamais assez fous...

« Dieu vous entende ! » s'exclama le médecin en sortant dans la cour et croisant Cazals, surpris de passer entre le professeur de Broussais et un prêtre.

— Alors ! fit Frédéric-Auguste, d'un air enjoué, en entrant dans la chambre. Léon m'a expliqué. Paraît que tu as attrapé un sacré rhume, cette nuit ! Mais laisse-toi soigner et ne te fais pas de bile : tu en as vu d'autres !

— Je suis foutu..., lui dit Verlaine.

— Allons donc ! Qu'est-ce que tu me chantes là ? s'esclaffa le dessinateur à habit de clown qui lança ses bras au ciel et, en éclatant de rire, il s'enfuit de la chambre pour tomber en larmes au creux d'une épaule de Deschamps dans la salle à manger.

Bibi-la-Purée, qui remettait des bûches dans le feu, quitta aussi la chambre... en se frottant les yeux à cause de la fumée. Pistolet jappa. Henri-Albert, assis sur une chaise près de la tête de lit, essuya la sueur au front de Verlaine avec un mouchoir. De l'autre côté de la cloison, les autres copains entrèrent dans la cuisine et chuchotèrent autour d'Eugénie. Verlaine tourna un peu la tête vers la cloison :

— Eh ! Vous trois, ne chaussez pas déjà la pantoufle du mort.

Puis il fit un clin d'œil à Cornuty, lui tapota la main :

— Ça ira...

Le condamné parut loin de penser ce qui occupe ordinairement ceux qui voient la mort imminente. Il ne songea à aucune disposition testamentaire. Il ne dit pas : « Je voudrais, si je meurs... » Il resta lucide et calme.

Cazals, Bibi et Deschamps s'en allèrent. Aucun des trois n'osant affronter le visage de leur ami, par crainte d'éclater en sanglots devant lui, c'est, du palier, qu'ils lancèrent un joyeux « À tout à l'heure, Paul ! On revient après dîner ! »

Eugénie entrouvrit la chemise de nuit du moribond pour appliquer sur sa poitrine fébrile les sinapismes de farine de moutarde tandis que Cornuty, en habit de Pierrot à la fenêtre, contemplait la vieille rue étroite et pauvre où les maisons ouvrières s'entassaient les unes sur les autres. En bas, des cordes à sauter tournoyaient projetant la neige comme des roues de charrette. Des militaires, mis à contribution, tournaient les poignées et les cordes sifflaient dans l'air autour d'envolées de flocons, de robes en laine et de bonds rythmés de petites filles. Une gamine délurée de treize ans, sautant en rythme, regardait là-haut l'ange gardien en satin blanc à la fenêtre.

J'aimais surtout ses jolis yeux
Plus clairs que l'étoile des cieux
J'aimais ses yeux...
Dansons la gigue !

Henri-Albert se retourna vers le vieux poète. Les premiers effets des cataplasmes desserrèrent un peu l'étreinte de sa poitrine. Le souffle devint moins sifflant, plus régulier. Verlaine somnola une partie de l'après-midi.

Eugénie était retournée en silence dans la salle à manger avec le pot de peinture dorée. Cornuty s'assit dans le canapé démoli, prit le porte-plume de Paul recouvert d'une pellicule d'or et dévissa le bouchon de l'encrier. Dans un petit carnet qu'il avait toujours sur lui, il se mit à écrire. Verlaine souleva parfois ses paupières, entendant le grincement de la plume sur le papier et le bruit léger des pages tournées.

Sur la table de la salle à manger, Eugénie avait étalé un journal puis posé dessus des porte-plumes neufs, achetés chez le marchand de couleurs en bas, qu'elle badigeonnait de peinture dorée. Elle perçut des gémissements de Paul dans la chambre : « Ça me mord... Ça me mord », mais comme elle entendit ensuite Cornuty se lever, elle resta à peindre ses porte-plumes dorés.

Les cataplasmes, maintenant, faisaient souffrir le

patient : « Ça me mord. » Paul eut un geste douloureux comme pour indiquer qu'il fallait arracher de sa poitrine nue l'ardente brûlure de farine de moutarde qui lui dévorait la peau.

— Il faut vous soigner, monsieur...

— J'en ai assez, assez... Retirez-moi aussi ces couvertures...

On eût dit que le poète voulait s'envoler. Il souffrait et l'enfant était décontenancé. Cornuty remarqua le coussin doré qu'avait apporté Tailhade, le premier janvier. Il était brodé de serpents et adossé contre la cloison mitoyenne avec la cuisine. Henri-Albert prit le coussin dans ses mains et en porta le bord supérieur à ses narines. Il regarda, par-dessus, Pauvre Lelian et se mit à pleurer.

— Pourquoi ? dit Verlaine.

Eugénie, dans la salle à manger, tendit l'oreille. Elle avait entendu la voix et rangea tous les porte-plumes peints dans une boîte en carton qu'elle enferma dans le buffet.

Cornuty renifla les fragrances du coussin en dandinant lentement sa tête. Il sentit la peau lactée de La Nuit, son parfum *New moon hay*... Il darda sur le poète des prunelles fixes. Verlaine l'observa entre les cils de ses yeux presque fermés, resta ainsi... Cornuty baissa les bras ! Quand Eugénie arriva dans la chambre, le petit tueur de la Villette se retourna :

— Il est mort.

— Je l'ai entendu dire « François ! »

— « Pourquoi ? » rectifia l'enfant en reposant le coussin contre la cloison.

« Oui, pourquoi il a dit François ? » s'étonna Nini Mouton tandis qu'on sonnait à sa porte. « Son dernier mot a été François ! » lança-t-elle à Cazals suivi des deux autres.

— « Pourquoi ? » répéta Cornuty.

« Oui, pourquoi il a dit François ? » fit Frédéric-Auguste en entrant dans la chambre. Henri-Albert n'insista pas. Deschamps suggéra : « Peut-être a-t-il pensé à François Villon. Pour lui, c'était le plus grand des poètes. »

— Ou alors il avait soif, dit Bibi. Et ça lui a rappelé le François-Ier. C'était sa brasserie préférée.

« Sa dernière pensée a dû être pour sa mère, morte il y a dix ans, cour Saint-François », fit Cazals. « Il aimait beaucoup François, le fils des concierges », rappela Nini Mouton.

— Mais pourquoi il a dit « François » ?

Il fut convenu que Deschamps et Bibi iraient prévenir les amis. Eugénie aidée par Cornuty s'occupa de la toilette du mort — une ample chemise passée autour du corps et la cravate noire de La Samaritaine, un drap tendu. Henri-Albert glissa un oreiller blanc sous la tête de Verlaine qu'il tourna un peu. De l'intérieur des pouces, il modela les paupières, les joues, la bouche, effaça les rides de souffrance du front, arrangea les moustaches. Il fit mieux que Auguste Rodo (pas Rodin) — le sculpteur suisse venu à Broussais. Cazals sortit des crayons et des feuilles de papier à dessin, félicita tendrement l'enfant :

— Tu l'as fait très beau.

La nuit tomba. Cornuty alluma les trois bougies roses qui ornaient la cheminée, contempla le poète :

— Il ne fait pas tellement mort.

Les reflets des bougies roses animèrent les ombres et comme Verlaine eut toujours le teint blême, son visage sembla à peine plus pâle que d'habitude et il donna l'illusion, à cause de cela, d'être moins mort que les autres morts. La tête un peu penchée sur l'épaule gauche, comme se détournant du monde, les traits détendus, l'air grave, purifié.

La nouvelle se répandit comme une traînée de poudre dans tout le Quartier latin. Les jeunes admirateurs accoururent. Et toute la nuit, ce fut un défilé de coups de sonnette, de paroles à voix basse, de mains serrées en silence, d'instants de recueillement devant le corps fluet, comme irréel dans le reflet des bougies.

80.

Le jeudi 9 au matin, chez le bougnat de la rue Descartes, Philomène posa *Le Gaulois* sur une table. Ses paupières tombèrent.

Un autre exemplaire du même journal, avec un dessin de Cazals représentant Verlaine mort à la une, était sur la toile cirée de la salle à manger d'Eugénie. Autour de la table ronde, Léon Vanier, l'ami Deschamps et Bellefond — le patron du Procope — rédigeaient le texte du faire-part de décès que l'éditeur ferait imprimer.

« *De la part de...* » Ils hésitèrent. « Il avait un fils », déclara Deschamps. « Ah bon ? » s'étonna Théo de Bellefond. « Un enfant en traitement psychiatrique à l'hôpital militaire de Lille... » fit Vanier. « Il m'en a parlé, une fois... »

« *De la part de son fils, Georges, de son éditeur, de ses amis...* » La sonnette retentit. Eugénie rajouta « *... et de sa veuve !* » en allant ouvrir la porte.

C'était Coppée ! « Comment cela s'est-il passé ? » demanda-t-il, royal. « Je suis venu dès que j'ai appris la nouvelle par le journal. » Les obsèques avaient été fixées pour le lendemain à quatorze heures.

— L'enterrer à deux heures de l'après-midi sans une messe ? Vous n'y pensez pas ! s'indigna Coppée. Verlaine était chrétien, il doit passer par l'église !

— Mais, s'interposa Bibi-la-Purée, je remettais du bois dans la cheminée quand le prêtre est venu et je sais que Paul a fait le crocodile pour éviter la dernière confession...

— Que vous dites ! lança l'autre académicien, toisant le jeune clochard d'un air méprisant. Ah ! là, là ! si je n'étais pas là !

Alors il fallut tout modifier, reprendre contact avec les pompes funèbres, prévenir le clergé de Saint-Étienne-du-Mont. L'heure des funérailles fut définitivement fixée à dix heures du matin. Dans l'appartement, c'était un défilé incessant de lycéens et d'étudiants. Eugénie finit par laisser la porte ouverte. Coppée les regarda. Il alla dans la chambre envahie de fleurs. Il prit l'une des oranges qui se trouvaient sur la cheminée, l'éplucha nonchalamment, la mangea et en jeta les épluchures sous le lit. Il décrocha du mur un crucifix qu'il posa sur la poitrine de Verlaine, revint dans la salle à manger avec ses grands airs :

— Avez-vous pensé au masque mortuaire ? Il importe de garder pour la postérité les traits exacts du poète défunt, dit-il, mi-dégoûté, devant le dessin de Cazals à la une du *Gaulois*. Un si grand homme ! J'exige un moulage de son visage sur mon bureau !

tonna-t-il encore pour être entendu par tous les étudiants agglutinés dans l'escalier.

— Alors on aurait dû y procéder hier, grommela Léon Deschamps, car il faut d'abord obtenir une autorisation du préfet de police pour prendre un moulage de visage, rajouta celui qui n'avait pas oublié ses études de droit. Je vais voir ce que je peux faire...

Sur le palier, Eugénie installa une chaise, une petite table où elle posa une boîte à biscuits vide en fer. « Ah-hum ! Ah-hum ! » Et elle fit payer cinquante centimes tous ceux qui voulaient contempler une dernière fois le visage du maître et baiser sa main glacée :

— Il serait mort au 18 de la rue, c'est ce que ça vous aurait coûté. Et dame quand on va au spectacle, on paie sa place ! Moi, quand je dansais à Bullier, les gens passaient la monnaie.

Tout au long de la journée, ce fut, rue Descartes, une indicible cohue. L'escalier était sur-encombré d'une jeune foule attendrie et respectueuse qui refluait jusque dans la rue. Dans la cour, la concierge Madeleine disait :

— Il n'y a plus de place, là-haut, pour les fleurs. Laissez-les devant la loge, près du registre de condoléances que vous pouvez signer.

81.

Une main experte jeta du plâtre sur le visage de Verlaine. C'était la nuit dans la chambre dorée et Léon Deschamps, en faisant la moue près du lit, tenait la lumière — une lampe à pétrole dont le réservoir scintillant représentait une tête de hibou projetant des ombres sur les murs. Cornuty n'avait pas voulu assister à la scène. Cazals et Bibi-la-Purée détournèrent les yeux lorsque les poignées de plâtre commencèrent à recouvrir la figure de leur ami.

Un spécialiste en moulage, Méoni — collaborateur du sculpteur Falguière —, fit peu à peu disparaître la tête du poète sous des paquets de plâtre, s'excusa pour les taches autour :

— D'habitude, on fait ça de jour. Vous avez eu du mal à obtenir l'autorisation ?

— Non, lui répondit Deschamps en rapprochant la lampe. Le commissaire Michaud l'a donnée immédiatement...

— Sans la signature du préfet Lépine ?

— Oui et il a abandonné le prix de sa vacation. Il

m'a même proposé de l'argent, de sa poche, pour payer votre travail.

— Eh bien dites donc... Première fois que j'entends ça ! fit Méoni en s'essuyant les mains puis rangeant une partie de son matériel pendant que le plâtre séchait.

Bibi-la-Purée regarda le tas blanc qui recouvrait le visage du Pauvre Lelian, grommela près de Frédéric-Auguste : « Regarde ça. On dirait que c'est l'autre con d'académicien qui lui a chié sur la gueule. On n'aurait jamais dû accepter... »

Méoni allait procéder au démoulage lorsque Stéphane Mallarmé arriva, porteur d'un petit bouquet de violettes :

— Ce cher, ce génial Verlaine, murmura-t-il d'une voix tremblante d'émotion. Nous ne nous rencontrions pas aussi souvent que je l'aurais désiré... Mais les plus chers et les meilleurs de nos amis ne sont-ils pas souvent ceux que nous ne voyons guère, quoique nous pensions toujours à eux ?

Lorsque, devant l'auteur de *L'Après-midi d'un faune*, fut ôté le masque de pâte tiède, le visage du mort réapparut boursouflé, tuméfié, privé de sourcils et, par endroits, de barbe dont les poils étaient restés pris dans le plâtre. Une demi-heure auparavant, c'était encore leur ami Paul Verlaine qu'ils avaient devant les yeux ; à présent, ce n'était plus qu'un cadavre — lamentable spectacle inutile.

— C'est une idée de Coppée, soupira Cazals. En voudrez-vous un exemplaire ? demanda-t-il à Mallarmé qui refusa :

— Je préférerais un de vos croquis...

Dans la cour, une feuille de papier à dessin roulée sous un bras, Mallarmé vit Eugénie et la concierge assises sur des chaises devant la loge éclairée. Près d'une haute pyramide fleurie, elles défaisaient des couronnes, des bouquets, rangeaient les fleurs dans différents seaux — un seau de roses, un seau de chrysanthèmes... —, jetaient les bandes des couronnes mortuaires dans la cour.

« De la part de l'École des beaux-arts », « De la part des lycéens de Condorcet », « De la part de la ville de Metz », « De la part de la *Revue rouge* », « De la part de ses admirateurs anglais »... Célestin Daude, mégot aux lèvres, revint sous le porche avec deux seaux vides pendant au bout des chaînes de son joug : « Et le dixième voyage, ce sera pour où ? »

« Encore aux Halles... », répondit une buée quittant la bouche de sa femme. Sous un gros pull, recouvert d'un tablier dont les bretelles se croisaient en « X » sur sa poitrine et son dos, le vaste corps fuma d'un brouillard : « Ensuite tu iras les fourguer au quai aux Fleurs qui ouvre plus tard. » Près d'elle, Eugénie leva les yeux : « C'est couvert. Quel temps fera-t-il demain ? »

Rue Descartes, Cornuty, imité par le petit François Daude, courut, descendit, remonta la rue, des bandes de couronnes mortuaires pliées en deux par-dessus ses bras écartés qu'il penchait dans les virages. Sous l'effet de la vitesse de sa course, en ballerine et chausson de Verlaine, les bandes de dédicaces mortuaires battaient derrière lui, à l'horizontale, comme des plumes d'ailes sèches. *Flt, flt, flt, flt !...* Les lettres dorées des marques d'amitié sur les bandes jetaient des petites brillances au ciel. *De la part de ! De la part de...*

82.

Le vendredi matin à l'aube, dans la chambre dorée, Bibi, Cornuty et Cazals, qui avaient dormi assis côte à côte sur le canapé démoli, virent le jour se lever et entendirent un murmure. Deschamps, somnolant sur la table de la salle à manger, dressa l'oreille et les rejoignit. À la fenêtre, ils découvrirent qu'une foule s'amassait rue Descartes et obstruait les alentours. Ils se regardèrent...

Le premier qui tira le cordon de la sonnette fut Vanier. Il entra en soufflant sur ses doigts gelés : « Il y a du monde jusqu'au Panthéon. J'ai eu du mal à me frayer un passage », continua-t-il en se frottant les mains.

Le flot des visiteurs dans la chambre reprit tel que la veille, se renouvela sans cesse et la pièce fut à nouveau bondée de jeunes admirateurs, de curieux sympathiques. Presque tous apportèrent des bouquets, des palmes et des guirlandes de fleurs naturelles. Des lettres et des télégrammes de condoléances officiels ou privés affluèrent de tous les points du globe — Hollande, Belgique, Angleterre, Amérique, Autriche, Italie, Russie...

Eugénie monta l'escalier avec un homme à qui elle demanda : « Est-ce que je pourrai avoir une pension de veuve ? » L'homme entra dans le pauvre logis, se recueillit devant la dépouille de Verlaine, dit à Vanier : « Je suis le chef de cabinet de M. Combes, ministre de l'Instruction publique. Grâce à l'insistance du préfet de police, voici le secours demandé. »

L'éditeur compta les billets :

— Cinq cents francs. Ça paiera les obsèques...

Eugénie se recouvrit la tête d'un voile de deuil. Le chef de cabinet s'en alla. Nini Mouton le suivit jusqu'à la porte : « Donc, moi, ma prime de veuve ?... » puis elle regarda l'encombrement dans l'escalier : « Mais que de monde, ici ! » Elle se remit à sa caisse, sur le palier, avec son voile noir :

— Ah-hum ! Ah-hum ! Encore plus de monde que hier. Pourquoi on ne l'enterre pas lundi ? Moi, quand j'étais à Bullier, on n'arrêtait pas un spectacle tout le temps qu'il y avait du public ! Ah-hum ! Ah-hum !

À dix heures moins le quart, pour la mise en bière, les croque-morts, suivis du clergé, eurent de grandes difficultés à monter le cercueil jusqu'au quatrième étage. La cour de l'immeuble ne pouvant contenir la foule, le registre mortuaire fut transporté chez le bougnat et rapidement des dizaines de pages se couvrirent de signatures.

Étant donné la saison, on avait craint que les funérailles du poète ne fussent contrariées par le mauvais temps. Il n'en fut rien...

Lorsque, du porche entouré de tentures avec le « V » initial en argent, sortit enfin le cercueil, sous un flots de roses, il y eut soudain un soleil éblouissant. Les croque-morts hissèrent Pauvre Lelian sur un corbillard de cinquième classe surchargé de fleurs l'enveloppant comme d'un immense bouquet de lilas blanc, d'orchidées. Le temps fut magnifique. Le soleil brilla dans un ciel bleu par un froid à pierre fendre. Le petit peuple du quartier, aux fenêtres et entassé sur les bords de la rue, fut stupéfait par autant de fleurs et de messieurs en jaquette.

— C'était qui ?

— Un poète.

Les hommes se découvrirent. Les femmes se signèrent et s'agenouillèrent.

83.

Les cloches de Saint-Étienne-du-Mont se mirent à sonner ! Les lourds battants tapèrent contre les parois de bronze, lançant des vibrations retentissantes et prolongées sur tout le quartier du Panthéon. Des oiseaux s'envolèrent.

Les élèves des classes de collège se levèrent et s'en allèrent. Les amphithéâtres des grandes écoles se vidèrent aussi devant des professeurs stupéfaits : « Mais vous allez où ? Restez ici ! » Les étudiants, lycéens, collégiens partirent à l'écoute de ce grand bruit du ciel qui battait le rappel. Il en descendit de la Sorbonne, de Polytechnique, de Condorcet, de toutes les universités du quartier, lycées et collèges.

À l'église, Gabriel Fauré jouait des grandes orgues et Eugénie se retournait sans cesse sur son prie-Dieu : « Si Esther vient, je la tue. » Un catafalque était dressé au milieu de la nef. En haut des marches de l'autel, recouvertes d'un tapis noir, le jeune abbé Schœnhentz s'avança.

Il considéra son église qu'il n'avait jamais vue si emplie. Les travées étaient bondées d'adolescents debout. Et grâce au portail grand ouvert, il vit devant lui la foule estudiantine qui s'étendait jusqu'aux murs du Panthéon. Ils avaient tous des visages ardents et beaux. L'abbé qui était à peu près de leur âge les contempla fraternellement. La musique s'était arrêtée. Ils attendirent.

Le jeune curé à peine sorti du séminaire, *Sagesse* à la main, regarda un triangle de ciel bleu à une haute fenêtre de l'abside, écouta le silence de la place et constata d'une grande voix claire qui fit trembler les plombs d'un vitrail :

84.

Le ciel est, par-dessus le toit,
Si bleu, si calme !
Un arbre, par-dessus le toit,
Berce sa palme.

La cloche, dans le ciel qu'on voit,
Doucement tinte.
Un oiseau sur l'arbre qu'on voit
Chante sa plainte.

Mon Dieu, mon Dieu, la vie est là,
Simple et tranquille.
Cette paisible rumeur-là
Vient de la ville.

— Qu'as-tu fait, ô toi que voilà
Pleurant sans cesse,
Dis, qu'as-tu fait, toi que voilà,
De ta jeunesse ?

85.

Ils furent cinq mille, dix mille selon la police !

Quand le cortège se reforma, la rue Soufflot fut noire de monde. Par centaines, des adolescents venus des rues adjacentes se joignirent à lui. Rue de Tournon, ils passèrent devant chez Foyot. C'était un long trajet de cinq kilomètres pour aller jusqu'au cimetière des Batignolles. Boulevard Saint-Germain, de nombreux jeunes quittèrent les cafés pour se mêler au cortège et des étudiants, des artistes, descendirent de leurs sixièmes étages, sortirent des ateliers avec leurs maîtresses pauvrement vêtues. Ce fut une promenade un peu débraillée, un désordre bon enfant qui aurait plu au Pauvre Lelian. Toute impression funèbre avait disparu. Verlaine entrait dans la gloire. Et cette radieuse matinée d'hiver fut pour tous le début de son apothéose... Rive droite, les badauds firent la haie. La place du Carrousel suspendit son activité. Le corbillard passa au pied de l'Opéra. Au-dessus de lui, la statue de la Poésie, qui décore le faîte du bâtiment, déployait ses ailes dorées et son bras droit tendu tenait une lyre par ce glacial froid de janvier.

Quand le cortège apparut au bas de l'avenue de Clichy, ces jeunes récitèrent un poème : « Art poétique ».

— *De la musique avant toute chose...* lança l'un.

« *Et pour cela préfère l'impair...* », lui répondit un autre dans la foule. « *Plus vague et plus soluble dans l'air* », reprit un troisième. « *Sans rien en lui qui pèse ou qui pose* », murmura Cornuty.

Il faut aussi que tu n'ailles point
Choisir tes mots sans quelque méprise :
Rien de plus cher que la chanson grise
Où l'Indécis au Précis se joint.

C'est des beaux yeux derrière des voiles,
C'est le grand jour tremblant de midi,
C'est, par un ciel d'automne attiédi,
Le bleu fouillis des claires étoiles !

Car nous voulons la Nuance encore,
Pas la Couleur, rien que la nuance !
Oh ! la nuance seule fiance
Le rêve au rêve et la flûte au cor !

Fuis du plus loin la Pointe assassine,
L'Esprit cruel et le Rire impur,
Qui font pleurer les yeux de l'Azur,
Et tout cet ail de basse cuisine !

Prends l'éloquence et tords-lui son cou !
Tu feras bien, en train d'énergie,

De rendre un peu la Rime assagie.
Si l'on n'y veille, elle ira jusqu'où ?

Ô qui dira les torts de la Rime ?
Quel enfant sourd ou quel nègre fou
Nous a forgé ce bijou d'un sou
Qui sonne creux et faux sous la lime ?

De la musique encore et toujours !
Que ton vers soit la chose envolée
Qu'on sent qui fuit d'une âme en allée
Vers d'autres cieux à d'autres amours.

Que ton vers soit la bonne aventure
Éparse au vent crispé du matin
Qui va fleurant la menthe et le thym...

« *Et tout le reste est littérature* », firent-ils, à cinq mille, en entrant dans le cimetière.

86.

Au milieu du recueillement de tous, le cercueil fut descendu dans le caveau familial où reposaient déjà son père et sa mère.

Un grand bloc de grès ; quatre noms : mon père
Et ma mère et moi, puis mon fils bien tard
Dans l'étroite paix du plat cimetière
Blanc et noir et vert, au long du rempart.

Eugénie en pauvre manteau gris, sac en toile au bras et empêtrée dans ses longs voiles de crêpe noir, assuma son « veuvage » et s'approcha du trou :

— Verlaine ! Tous tes amis sont là !

« Quel cri ! » admira Deschamps. « Il fallait bien qu'elle eût quelque chose... », soupira Bibi. « Un vague talent de comédienne », grogna Cazals.

Mais déjà François Coppée s'avançait vers la sépulture, tenant des papiers dans une main qui tremblait un peu. Il eut une tête d'enterrement, lugubre, et l'œil creux qui pleure. D'une voix forte et vibrante, il lança :

— Salu-on-ons respectueusement la tombe d'un vrai poète, inclinons-nous sur le cercue-ue-ueil d'un enfant ! Verlaine, dans ton agoni-i-ie, tu crias mon prénom, réclama ma présence : « François ! » Me voilà.

« Oh, la pute ! » fit Deschamps, estomaqué, sa chapka groseille entre les mains. Sur un tas de terre, il y avait une pioche dont Cornuty s'était emparé et qu'il avait levée dans le ciel, visant le dos de Coppée. C'est alors qu'un bras de policier en civil se posa sur le satin d'une épaule d'Henri-Albert :

— Repose ça, petit. Maintenant, c'est fini...

Une autre main de flic lui caressa son naïf chapeau rond :

— Lépine l'a dit...

L'enfant se laissa désarmer en douceur de l'outil de terrassier et s'approcha de l'académicien qui continuait son éloge funèbre avec des sonorités de caveau et de corbeau. Pendant les trémolos, un gardien demanda à des jeunes de ne pas marcher sur les tombes.

— Il y en a d'autres, ici, qui marchent sur les tombes, siffla Cazals. Ce Coppée qui réserve sa place au Paradis près de Verlaine... quand même !

Lorsque Coppée eut fini, son pantalon était mouillé. Deschamps s'approcha pour lui répondre et regarda Cornuty :

— Verlaine, c'est la jeunesse qui vous a aimé, soutenu, quand tous vos anciens amis vous avaient abandonné. Nous, les jeunes, sommes pour vous le début de l'Éternité.

Stéphane Mallarmé s'avança et mit tout le monde d'accord :

— La tombe aime tout de suite le silence.

Cornuty, consterné, leva les yeux au ciel. Les deux mains qui lui avaient, tout à l'heure, retenu le bras ajoutèrent à la montagne de fleurs une couronne traversée d'une bande tricolore sur laquelle on pouvait lire : *Et pourquoi si j'ai contristé ton vœu têtu, Société, me choierais-tu ?*

Le petit François Daude déposa un bonbon habillé d'or puis rejoignit son père qui lui dit, soupçonneux : « Il faudra quand même qu'un jour tu me racontes à quel point tu le connaissais, toi, Verlaine... » Henri-Albert plaça un petit bouquet de violettes aux tiges nouées d'une ficelle qui retenait une étiquette des abattoirs de la Villette au dos de laquelle était écrit : *Petit bonhomme n'est pas mort.*

87.

À la sortie du cimetière, près des lourdes portes en bronze, Coppée montra son pantalon à Tailhade et Bellefond :

— On a uriné sur moi pendant mon oraison !

Autre chose qui parut anormal à beaucoup et presque scandaleux : l'absence à la cérémonie du fils de Verlaine. Pourtant, sur le papier entouré d'une bande noire qu'ils avaient dans les mains, Georges faisait part de la mort de son père.

— Peut-être qu'il est là, dit quelqu'un. Personne ne le connaît.

Ils scrutèrent les visages des inconnus dans la foule, cherchant quelqu'un qui aurait les yeux mongols de Paul. Coppée, qui regarda aussi, demanda à Vanier : « Est-ce que le fils de Verlaine ressemble à Rimbaud ? » et il pouffa de rire en s'essuyant le pantalon avec des feuilles mortes.

Personne ne savait que Georges Verlaine, parti bébé avec sa mère, était devenu un pauvre lourdaud dégénéré de vingt-quatre ans fréquentant régulièrement les asiles, qu'il serait poinçonneur au Métropolitain et mourrait d'une crise de delirium tremens en 1926. Pauvre Lelian n'avait jamais revu son fils atteint d'une anomalie congénitale grave mais songeait souvent à lui :

Te reverrai-je ? Et quel ?

C'était le début d'après-midi. Chacun pensa au déjeuner. La dispersion se fit rapidement. Les fiacres et les omnibus furent pris d'assaut. Eugénie avait relevé son voile et, sac en toile au bras, elle alla d'un étudiant à l'autre, proposa en douce le porte-plume de Verlaine : « L'authentique, le vrai, le seul ! Cinq francs », puis elle fila voir un autre étudiant, sortant un autre porte-plume doré de son sac : « Si ça colle, c'est parce qu'il l'a mal peint ! »

Près de Chauffard, Bibi-la-Purée, pâle et serré avec Pistolet dans sa longue redingote, observait le manège de Nini Mouton :

— Remarquez, docteur, cela aurait fait rire Paul...

Quand Eugénie eut vendu tous les porte-plumes, soldé les derniers, elle s'en alla seule sans que personne ne la salue ou l'accompagne. Le professeur de Broussais la regarda s'éloigner vers l'avenue de Clichy, pattes arquées sous le pauvre manteau gris et le voile de deuil secoué d'une toux : « Ah-hum ! Ah-hum ! »

Dans le petit café-restaurant devant le cimetière, Coppée eut de l'appétit : « Les enterrements m'excitent. Cela me redonne une vitalité. » Il proposa à Vanier de publier le texte de son éloge funèbre en préface des œuvres complètes de Verlaine. Derrière son dos, un perroquet en cage battit des ailes et cria : « Caca ! Caca ! » L'éditeur ne répondit pas à la proposition de l'académicien. Il regarda par la fenêtre l'entrée du cimetière, se rappelant, angoissé, la prédiction de son poète : « Vanier, l'année où je crèverai, vous mourrez aussi ! » Cette prédiction s'avérerait exacte. Le 11 septembre de la même année, Léon Vanier s'effondrerait d'une crise cardiaque. Coppée redemanda à boire, râla parce qu'il dut attendre :

— Depuis l'arrivée du gaz dans les cafés, les garçons, jusqu'ici silencieux et dociles, sont devenus effarés, négligents et bruyants. Ils entrechoquent les assiettes et les couverts puis inaugurent l'argot et parlent nègre. Est-ce vrai que quand on a ramassé Verlaine, il y avait une crotte au milieu de sa chambre ?

Cazals se leva et le traita de brute, sortit du café pour rejoindre Henri-Albert assis sur un banc :

— Deschamps m'a proposé de publier un recueil de mes dessins de Paul. Tu m'écriras une préface ? T'auras qu'à en dire du mal..., sourit-il tristement.

88.

Dans l'après-midi, quand tous les autres furent partis, Cornuty, qui n'avait pu se résoudre à s'en aller, vit arriver une blondinette un peu voûtée — Philomène. Elle s'approcha de la tombe abandonnée et se mit à trembler. Elle poussa des cris, s'arracha les vêtements, les cheveux, voulut se jeter dans le trou livré aux fossoyeurs qui durent la retenir.

Peu à peu, rime à rime, Verlaine avait exercé une fascination sur Esther — il fallait bien qu'il y eût autre chose que l'argent car finalement elle en gagna très peu avec lui. Mais Philomène était devenue de plus en plus poreuse aux vers que ce poète écrivait sur elle et qui n'avait qu'à lui dire pour la rendre heureuse : « Tu sais bien qu'au fond, c'est toi que j'aime. »

Elle hurla, se lacéra le visage : « Laissez-moi le rejoindre ! Laissez-moi le rejoindre ! » Un gros homme traversa précipitamment le cimetière en tapotant, de sa canne blanche, les pavés d'une allée devant lui, se guidant à l'oreille. Il portait des lunettes opaques et avait l'accent normand :

— Mais fi'd'garce, retenez-la ! Vous voyez bien qu'elle devient folle ! Et, nom d'ed Diou, faites appeler une ambulance de Sainte-Anne, à c't'heure ! Dites que c'est de la part de Grand-Maison !

Quand le véhicule à moteur de l'hôpital psychiatrique l'emmena où elle finirait ses jours, Philomène aperçut, par-dessus les toits, le soleil couchant, derrière la pointe de la tour Eiffel, lui lancer une œillade assassine.

À la nuit tombée, Cornuty, les bras de satin blanc autour des jambes, grelottait dans le froid à pierre fendre, assis sur les marches de l'Opéra, lorsqu'il entendit un craquement au-dessus de lui. Il leva la tête. Le bras tendu de la statue de la Poésie qui décore le faîte de l'Opéra s'était détaché avec la lyre d'or qu'il soutenait et vint s'écraser au sol dans une explosion de débris. Il tomba à l'endroit exact où le cercueil de Verlaine était passé le matin même.

89.

Un peu plus tard, devant les grilles du jardin du Luxembourg, Cornuty sonna chez Laurent Tailhade :

— Esther a perdu la tête et la Poésie, son bras !

Celui qui avait perdu un œil dit :

— Pour la poésie, je le savais depuis deux jours... Entrez. »

Henri-Albert pénétra dans l'appartement et reconnut, près de la tenture de soie cerise, la chaise spartiate à simple armature de fer mais elle était habillée d'un squelette humain assis.

Des tiges métalliques avaient été glissées dans les ossements — là où avant passait la moelle — avec des soudures à l'étain aux articulations. Les bras formaient des angles droits avec les avant-bras, devenus accoudoirs au bout desquels pendaient les métacarpes et les phalanges décorées de signes du zodiaque. Les fémurs suivaient de chaque côté l'assise de la chaise dont les pieds verticaux passaient dans les tibias. Au sol, posés bien à plat, les astragales, calcanéums et les métatarses. En fond de chaise, les os iliaques du bassin sous la colonne vertébrale qui faisait un dossier rigide d'où partaient les arrondis des côtes. En cette pénombre d'appartement, du papier d'Arménie brûlait et diffusait son odeur à l'intérieur d'une coupelle d'argent placée dans le crâne aux cavités orbitaires fixes.

— C'est La Nuit ! s'exclama Tailhade. (Cornuty l'avait reconnue aux signes du zodiaque peints sur les dernières phalanges.) Quand je suis revenu de l'hôpital de la Charité, j'ai trouvé ses os nettoyés partout dans l'appartement. Elle aimait s'asseoir là et se contempler dans le grand miroir adossé à la fresque...

Henri-Albert contourna et scruta cette grande femme-fauteuil. Elle paraissait toujours aussi droite, calme et fière.

— Tous ceux qui l'ont connue en parlent à voix basse..., chuchota l'empereur de la Décadence en s'asseyant sur les rotules de son amie pour se faire une injection de morphine. Il tapota des ongles la seringue d'or gravée à ses initiales : « Il ne faut pas en prendre trop, sinon... », puis il reposa son matériel sur une petite table. « J'allais sortir. Ce soir, il y a une fête pour Verlaine à *La Plume*. Vous ne venez pas ? »

Cornuty, en silence, baissa et remonta deux fois le maxillaire inférieur du squelette, étendant les ressorts aux tempes : « Res-tez... »

Tailhade regarda le petit tueur de la Villette en installant la fourrure d'une pelisse par-dessus sa chemise bleu roi constellée de harpes d'Irlande.

« Mais oui, restez ! » sourit-il avec son accent

méridional, laissant apparaître un trou noir parmi les scintillements de ses dents en diamant. Il s'empara d'une canne à pomme d'agate. « Ne craignez pas le boa. Maintenant, on est tranquille pour un an... » Cornuty observa, sur le tapis, le gros pouf multicolore décoré d'écailles jaunes et bleues. Et le Tailhade-Néron s'en alla.

L'appartement retrouva un silence feutré. Henri-Albert ouvrit la bouche de La Nuit et glissa dans son crâne, sur la coupelle d'argent, tous les poèmes qu'il avait écrits à propos de Verlaine et son petit carnet qu'il enflamma — œuvre complète. L'incendie cérébral éclaira l'appartement par les orbites oculaires comme des phares de fiacre et entre les dents filèrent des rais de lumière. Cornuty prit la seringue d'or de Tailhade et se fit une triple injection de morphine.

Ballerine et chausson de Verlaine en loques et noué de ficelle aux pieds, il s'installa dans la grande femme-fauteuil, écrivit quelques mots sur une feuille de papier puis se regarda dans le reflet du miroir, en habit de satin blanc ensanglanté. Les orbites de La Nuit pleuraient des braises sur ses os malaires. Et alors, Henri-Albert parut comme endormi, une joue posée sur un radius et un cubitus de La Nuit. Il était comme une petite fleur des champs flétrie.

Entre les os crayeux de la main droite de La Nuit, une lettre avait été glissée verticalement. Une grosse patte anarchiste et poilue, avec le symbole voyou des trois points tatoués en triangle, prit la lettre et la déplia.

Cher Cazals,

Nous aimons tes dessins malgré les errances du critique modéré et des jalousies de camarade. Ils racontent familièrement la Beauté de Verlaine. Sa vie — bonté, révolte — épandit ses semences épanouies dans nos consciences évolutives vers la pureté.

Envers ceux qui ne ressentiront cet écrit, notre indifférence !

H. A. Cornuty

Remerciements pour leur collaboration plus ou moins volontaire à :

Gustave Le Rouge, *Verlainiens et décadents* (Julliard) / Pierre Petitfils, *Verlaine* (Julliard) / Frédéric-Auguste Cazals, *Paul Verlaine, ses portraits* (Bibliothèque de l'Association, 1896) / Ex-madame Paul Verlaine, *Mémoires de ma vie* (Champ Vallon) / Lucien Adressy, *La Dernière Bohème, Verlaine et son milieu* (Jouve) / J.K. Huysmans, *Le quartier Saint-Séverin à la fin du* XIX*e siècle* (Hervas) / Alexandre Privat d'Anglemont, *Paris anecdotes* (Éditions de Paris) / Jules Renard, *Journal* (Pléiade/Gallimard) / Jean Richepin, *Sur Verlaine. Souvenirs et papiers inédits* (Revue de France, 1926) / Francis Carco, *Verlaine poète maudit* (Albin Michel) / Y.-G. Le Dantec et Jacques Borel, *Œuvres poétiques complètes* (Pléiade/Gallimard) / François Porché, *Verlaine tel qu'il fut* (Flammarion) / Ernest Delahaye, *Verlaine* (Messein) et *Documents relatifs à Paul Verlaine* (Maison du Livre, 1919) / P. V. : poète (30 mars 1844-8 janvier 1896).

Cet ouvrage a été composé par
Graphic Hainaut (Condé-sur-l'Escaut)

ACHEVÉ D'IMPRIMER POUR
LES ÉDITIONS ROBERT LAFFONT
PAR MAURY-IMPRIMEUR
45300 MALESHERBES

N° d'édition : 49269/05 — N° d'impression : 140735
Dépôt légal : janvier 2004

Imprimé en France